英国历史上看不见的手

从玛丽一世到乔治五世

[英] 伊恩·D. 科尔文 著

白宇镜 译

中国华侨出版社

·北京·

图书在版编目（CIP）数据

英国历史上看不见的手：从玛丽一世到乔治五世 /（英）伊恩·D.科尔文著；白宇镜译. -- 北京：中国华侨出版社，2025.2

ISBN 978-7-5113-9075-2

Ⅰ. ①英… Ⅱ. ①伊… ②白… Ⅲ. ①英国—历史—通俗读物 Ⅳ. ①K561.09

中国国家版本馆CIP数据核字(2023)第194501号

英国历史上看不见的手：从玛丽一世到乔治五世

著　　者：[英]伊恩·D.科尔文
译　　者：白宇镜
出 版 人：杨伯勋
策划编辑：唐崇杰
责任编辑：张　玉
特约编辑：王　清
经　　销：新华书店
开　　本：710毫米×1000毫米　1/16开　印张：21　字数：238千字
印　　刷：固安兰星球彩色印刷有限公司
版　　次：2025年2月第1版
印　　次：2025年2月第1次印刷
书　　号：ISBN 978-7-5113-9075-2
定　　价：79.80元

中国华侨出版社　北京市朝阳区西坝河东里77号楼底商5号　邮编：100028
编辑部：（010）64443056-8013
发行部：（010）64443051　　传　真：（010）64439708

如发现印装质量问题，影响阅读，请与印刷厂联系调换。

根据1917年《国家评论》(*The National Review*)办公室所出英语版译出

谨以此书献给我的三个孩子：邓肯·科尔文（Duncan Colvin）、乔治·科尔文（George Colvin）和伊恩·古德霍普·科尔文（Ian Goodhope Colvin）。作为一名以写作为业的父亲，我希望他们将来聪慧、爱国，并能够在他们未来生活的国度里找到希望和前程。

INTRODUCTION

英国历史上看不见的手：从玛丽一世到乔治五世

研究英国[①]历史的人一定对前人总结的历史发展规律不是很满意，因为这些规律总是不能完全解释现实世界中发生的事情。另外，他们知道，人类历史上曾经有过的行为动机不足以解释当今现实世界中人类的行为。如今的政治家会对当前发生的事件做出各种各样的解释。不过，某位研究政治的学生如果真的接受了这些政治家的说法，那么很可能被大家耻笑。既然如此，那么我们为什么要说研究历史的学生应该接受政治家对过去事件的解释呢？

正如人们知道的那样，政治的首要动机是利益。某些政治口号听起来无比响亮，某些道义准则看起来十分合理。在这些口号和道义准则的感召下，那些天真的年轻人在战场上奋不顾身、视死如归。实际上，这些所谓口号和道义准则是某种隐秘目的的借口，类似于人们印在某些旗帜上的标语，具有很强的迷惑性。人类，特别是政治家，很少公开他们的真正动机。人类几乎总是以某种美德、信仰或看似合理的抽象概念来包装这种动机。的确，人类社会也存在某些其他的动机，并且这些动机偶尔也会激励人们去采取某种行动。甚至在某段时间内，这些动机看起来可能比物质激励更加有力。不过，这些动机即使是真诚的，也不可能持续很长时间。只有持续性的动机才会给组织化、规模化的利益带来足够的影响力。只有少数人是在一些崇高动机的激励下从事某些工作。大多数人工作的目的只是获取个人利益。我们如果对此有异议，那么实际上是在质疑人性。毕竟，和国家面临的问题一样，人类个体面临的首要问题是如何生存下去。因此，人的生存问题必定是人类一切行动的基础。

---

① 原文"England"一词指国家时，译者根据史实分别译为"英格兰王国""英吉利共和国""大不列颠王国"（原文部分地方也用Great Britain）及"英国"，其他情况译为"英格兰"。——译者注

序　言

如果英国的政治家受到其他动机的影响，将个人利益凌驾于国家利益之上，那么英国的处境就会变得非常危险。政治家是国家事务的托管人。某位政治家如果不顾公众利益，沉溺于自己的个人信条，那么极有可能形成扭曲的道德观。正如一家酿酒厂的厂长不去努力扩大产品市场，而是由于个人喜好，利用自己的职权提倡全社会禁酒，那么当他的酿酒厂进入破产程序，不得不被破产法庭（Bankruptcy Court）宣布破产时，他绝不会得到法官的丝毫同情。

因此，只要过去和现在的人性是一致的，那么组织化的利益这只看不见的手就有可能创造历史。一个国家最希望看到的情景就是这只看不见的手是本土生长的、对国民友好的，绝不希望它与本国实际格格不入，甚至充满敌意。笔者撰写本书的目的就是通过考察英国的一部分历史来表明，只有在国家利益团体和国家政府团结一致时，英国才会享受到最幸福的时光；一旦国家政府被国外的利益团体控制，那么英国一定正处于最不幸的历史时期中。

笔者之前写过一本叫《在英格兰的德意志人》（The Germans in England）的书。这是一本讲述中世纪（the Middle Ages）英国历史的著作，比较温和地表达了这样一个主题：英格兰王国的主要历史正是由英格兰王国和外国强权之间的经济斗争组成的。根据汉萨同盟（Hanseatic League）在伦敦（London）的代理人的说法，汉萨同盟曾一度"掌控英格兰王国"。在伊丽莎白[①]的领导下，英格兰王国开始奋起反抗德意志人的经济控制。经过近三百年的斗争，英格兰王国最终取得了胜利。伊丽莎白领导着英格兰王国上下团结一致的民族利益团体，最终驱逐了德意志人，赢得了英格兰王国的经济独立，以及随之而

[①] 即伊丽莎白一世（Elizabeth Ⅰ，1533—1603）。——译者注

来的政治独立。

英格兰女王①与西班牙国王②的婚姻显示了汉萨同盟想要在英格兰王国重建霸权的意图。众所周知，在爱德华六世③充满悲剧色彩的短暂统治下，汉萨同盟在英格兰王国的霸权曾遭受过重创。最近发现的相关证据再次证实了我的这一观点。

根据罗亚尔·泰勒④编辑的《国家文件日志》(Calendar of State Papers)中关于1553年西班牙王国状况的叙述，以及维也纳(Vienna)、锡曼卡斯(Simancas)、贝桑松(Besançon)和布鲁塞尔(Brussels)等地档案馆提供的资料，我们可以了解到汉萨同盟在这场婚姻谈判中采取的全部行动。当两国王室成员进行婚姻谈

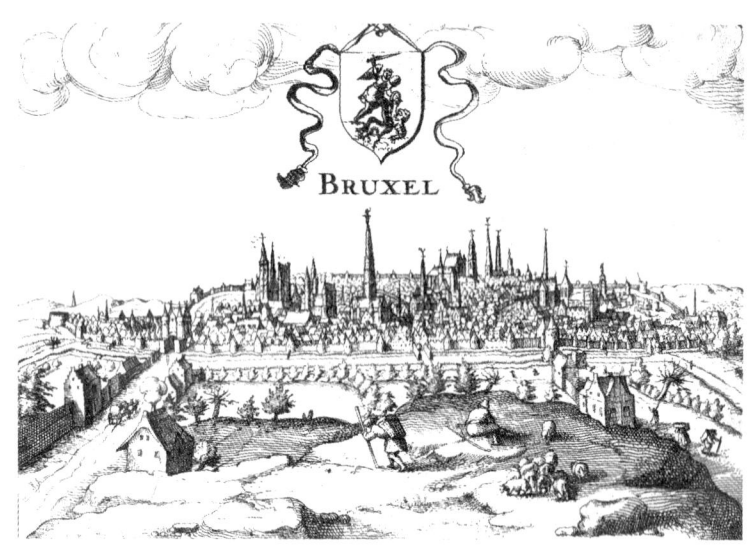

布鲁塞尔
作者信息不详，约绘制于1610年

① 即玛丽一世(Mary I, 1516—1558)。——译者注
② 即腓力二世(Philip II, 1527—1598)。——译者注
③ 爱德华六世(Edward VI, 1537—1553)。——译者注
④ 罗亚尔·泰勒(Royall Tyler, 1884—1953)。——译者注

序　言

判时，代表汉萨同盟利益的神圣罗马帝国（the Empire of Germany）[①]大使吉安·沙伊[②]正在伦敦与英格兰王室成员进行谈判，主要商谈恢复汉萨同盟特权的事宜。我们还注意到，当时，这两次谈判是同时进行的。1553年6月13日，在布鲁塞尔，神圣罗马帝国皇帝[③]给在伦敦的神圣罗马帝国大使吉安·沙伊写信说，由于"科隆（Cologne）和其他城镇的人民是我们神圣罗马帝国的臣民"，"必须帮助从这些城镇派往英格兰王国的使者，要求英格兰王国恢复他们曾长期享有的特权和自由"。

根据罗亚尔·泰勒的说法，当时的王室事务官（Master of the Household）佩吉特[④]勋爵"专门管理与神圣罗马帝国相关的事务"，并且"急于弥补自己在诺森伯兰（Northumberland）遭受的巨大损失"，心甘情愿地充当神圣罗马帝国大使的工具。温切斯特主教（Bishop of Winchester）加德纳[⑤]当时担任英格兰王国大法官（Lord Chancellor）。加德纳尽管很不情愿，但仍然同意恢复德意志人的特权。1553年10月24日，这一点得到了确认："当时，英格兰王国颁布了一些限制法令。根据这些限制法令，某些货物不能自由出入英格兰王国。不过，某些规定城镇的商人仍然可以继续自由运输英格兰王国的各种货物，并且根据他们在限制法令施行前享有的特权开展贸易活动。"

沙伊的继任者西蒙·雷纳德[⑥]向神圣罗马帝国皇帝报告了他与加德纳关于玛丽一世婚姻事务的争论。加德纳认为，英格兰女王和西班牙国王的结合"意义重大、影响深远，也体现了两人的真挚感情"。不过，加德纳也

[①] "Germany"一词指国家时，译者根据史实分别译为"神圣罗马帝国""德意志邦联""德意志帝国"，其他情况译为"德意志"。——译者注
[②] 吉安·沙伊（Jehan Scheyfve, 1515—1581）。——译者注
[③] 即查理五世（Charles V, 1500—1558）。——译者注
[④] 即威廉·佩吉特（William Paget, 1506—1563）。——译者注
[⑤] 即斯蒂芬·加德纳（Stephen Gardiner, 1483—1555）。——译者注
[⑥] 西蒙·雷纳德（Simon Renard, 1513—1573）。——译者注

有自己的顾虑。西蒙·雷纳德说了这样一段话：

> 加德纳说，他不知道英格兰商人对恢复德意志人的特权会有什么样的反应，只知道这样做就如同向外国人敞开了英格兰王国的国门，会让外国人变得越来越富裕，而可怜的英格兰王国居民会越来越贫穷。前段时间，施蒂尔亚德公司[①]的特权……恢复时……英格兰商人就已怨声连连。我回答说，绝对不能让英格兰女王推迟恢复外国人的特权。至于英格兰商人可能提出的反对意见，我对加德纳表达了自己的观点。我认为，我们两国的联盟会给双方带来大量财富，可以在两国之间实现优势互补，绝对不会让英格兰王国陷入贫困。我们两国的联盟会使两国的商船航行更加安全，两国的商品贸易也会更加自由。

狡猾的雷纳德立即将加德纳的反对意见报告给了佩吉特勋爵。佩吉特勋爵将这件事报告给了英格兰女王，结果"英格兰女王对加德纳的做法非常生气"。英格兰王国的国家利益就这样被出卖了。为了获得爱情，玛丽一世最终失去了英格兰王国臣民的拥戴。

这样的情况不是第一次出现，也绝不是最后一次出现。我们由此看到了操纵英格兰王国国家事务的那只看不见的手。"我们被国家内部虚伪的政客背叛了。"那些贪婪的大臣和软弱的政治家出卖了英格兰王国的国家利益。然而，人们也欣喜地认识到，英格兰王国有能力自主摆脱对外国经济体系的依赖。经过长期的努力，英格兰王国终于诞生了一个代表民族利

---

① 施蒂尔亚德（Stillyard）公司属于汉萨同盟。——译者注

序 言

益的国家政府和一个代表民族利益的经济团体。两者相互协作，最终使英格兰王国获得了经济独立和政治自由。

到底是什么激发了英格兰人拯救国家的力量？我想列举两个因素：一是爱国主义，或称民族精神；二是与爱国主义契合的国家利益。纵观英格兰王国历史，到底哪一个因素更强大，我不能贸然下结论。我的一个朋友不认可国家利益更重要的物质主义观点。他认为，在拯救英格兰王国的斗争中，没有一个英格兰人仅仅是在为自身的利益而战；在爱国情怀的感召下，无数英格兰人前赴后继、甘洒热血，这才是普遍的事实。这样的观点应该说是合理的。不过，我们需要牢记的是，尽管在拯救英格兰王国的这场斗争中随处可见崇高的民族感情，但英格兰人迸发出的民族感情正是英格兰人对国家利益遭受外部侵害时做出的正常反应。也就是说，民族仇恨和民族对抗最终是国家间经济竞争的表现。如果这一点不被认可，那么至少我们得承认，人们的日常活动是在利益动机的驱动下进行的。这是一种永不停息、永不过时的动机，在人类行动的所有借口背后默默地、秘密地运作着。当商业利益与爱国主义冲突时，国家就会变得软弱无力，并且很容易遭受背叛。一旦商业利益和爱国主义实现统一，国家政府在执行政策时就会变得坚决果断。整个国家会集合其全部力量，运用所有手段与对手一决高下，对待对手就会冷酷无情、毫不怜悯。

随后，我们会发现，在与西班牙王国的斗争中，英格兰王国集中了其全部国力，迅速、坚决地采取了一系列行动，最终取得了胜利。也就是说，英格兰王国上下团结一致是其取得斗争胜利的关键。在向威尼斯 (Venice) 总督 (Doge)① 及国会 (Senate) 汇报时，威尼斯驻罗马 (Rome) 大使乔瓦

---

① 即帕斯夸莱·奇科尼亚 (Pasquale Cicogna, 1509—1595)。——译者注

尼·格里蒂(Giovanni Gritti)提到了自己与教皇(the Pope)西克斯图斯五世(Pope Sixtus V)关于英格兰王国与西班牙王国之间斗争的谈话。教皇说了以下一段话：

> 西班牙国王对待西班牙无敌舰队(Spanish Armada)如同儿戏，但英格兰女王十分重视海军建设。她如果是一名天主教徒，那么肯定很受我们的喜爱，因为她做的一切都让人心悦诚服。看看德雷克[①]吧！他是什么大人物吗？他有什么了不起的军队吗？但他在直布罗陀海峡(Strait of Gibraltar)烧毁了二十五艘西班牙的船。他还抢劫了西班牙的商业船队，洗劫了圣多明哥(San Domingo)……对发生的一切，我们深感痛心。我们很不看好西班牙无敌舰队，非常担心它

德雷克抢劫了西班牙的商业船队
作者信息不详，来自纽约公共图书馆

---

① 即弗朗西斯·德雷克(Francis Drake，约1540—1596)。——译者注

序　言

会遭受灭顶之灾。1587年9月，当我们将德雷克有可能攻击西班牙无敌舰队一事告知西班牙国王时，他就应该出海备战。快速反应很重要。不过，西班牙国王能做什么呢？他又没有什么钱。

英格兰王国能够取得斗争的胜利是有秘诀的。西班牙王国的经济组织和军事组织处于相互分离、相互敌对的状态。西班牙王国的海上贸易活动严重依赖佛兰德斯(Flanders)和德意志提供的巨额资金。汉萨同盟向西班牙王国提供了大量的船、海军物资和武器弹药，而西班牙王国只需支付极低的租赁等费用。然而，在英格兰王国与西班牙王国交战时，德意志人始终保持中立态度，并且至少有一座汉萨同盟城镇——施塔德(Stade)——被英格兰王国收买了，实施了有利于英格兰王国的措施。

西班牙人十分不满德意志商人和佛兰德斯商人的所作所为，对德意志商人和佛兰德斯商人产生了怨恨的情绪。西班牙王国依赖的经济组织和军事组织不可能协作行动。

我们可以对比一下当时英格兰王国的情况。英格兰王国的商业探险家同盟(The Merchant Adventurers)是一个有着两千多人的全国性组织，几乎掌控着整个国家的对外贸易活动。商业探险家同盟的成员都是土生土长的英格兰人，不允许娶国外女子为妻或在国外拥有不动产。他们心甘情愿地充当英格兰王国的特工，每天向英格兰王国报告有可能威胁到国家利益的任何事情。

通过在欧洲大陆交易过程中所采取的行动，商业探险家同盟停止了西班牙王国的贷款业务，将西班牙无敌舰队的行动推迟了长达一年的时间。后来，当西班牙无敌舰队开始采取行动时，商业探险家同盟立即武装了一百多艘船，大力支持国家防御。在这件事中，我们看到英格兰王国的民族利益和爱国主义的完美结合，而西班牙王国在对抗英格兰王国的过程中铺张浪费、效率低下，这也显示出了西班牙王国当时的经济体系有多么的不稳固。

有些人倾向于相信爱国主义情感是现代才出现的事物。他们认为，在铁路、邮政和各种其他媒介将王国的各个部分联系起来前，爱国主义情感是不存在的。不过，我认为，在伊丽莎白统治时期，英格兰人的爱国主义情感表现得比现在更加强烈。我们发现，英格兰人的爱国主义情感明显存在于当时的国家公文、民族戏剧以及商业通信中。

在伊丽莎白与大臣的往来通信中，我们也能看到爱国主义情感的存在。当时，有人提议安茹公爵（Duke of Anjou）[①]可以与伊丽莎白实现王室联姻。对此，伊丽莎白首先想到的是如何保证安茹公爵不接受尼德兰（Netherlands）对他提出的涉及英格兰王国主权的提议。她写了这样一段话：

> 我不敢向安茹公爵保证王室联姻一事会产生什么样的结果，除非我能弄清楚他对待那些低地国家（the Low Countries）的态度和方式。我宁愿不结婚，也不要在自己身上附加任何不利于英格兰王国的盟约。仅仅为了所谓"法兰西[②]王国继承人"的光环，我就会对英格兰王国要遭受的长远伤害感到欢欣鼓舞吗？不！我永远不会这样。

我们发现，英格兰人的爱国主义情感也体现在当时商业公司采取的商业策略中。在采取商业策略时，这些商业公司把增强国家经济实力和实现

[①] 即后来的法王亨利三世（Henri Ⅲ，1551—1589）。——译者注
[②] 原文"France"一词指国家时，译者根据史实分别译为"法兰西王国""法兰西共和国""法兰西帝国"，其他情况译为"法兰西"。——译者注

序　言

国家政治独立当作自己的首要目标。在著名的《1630年至1640年英格兰王国对外贸易财富录》 (England's Treasure by Foreign Trade Between 1630 and 1640) 一书中，英格兰商人托马斯·芒 (Thomas Mun) 详细地描述了这些商业公司采取的商业策略。我们甚至可以说，托马斯·芒主张的商业策略正是伊丽莎白统治时期英格兰王国的国家政策的体现。托马斯·芒说"商人的工作主要是与其他国家开展商业活动。商人也可以被称为'国家的管家'，并且他们的名声一点也不比信托机构差。商人需要具备高超的商业技巧和极强的责任心。只有这样，个人利益才能和公众利益相辅相成。"我们知道，《1630年至1640年英格兰王国对外贸易财富录》一书主要探讨了英格兰王国利用制造业和可赚取利润的对外贸易活动，逐步增强国家经济力量并最终实现国家政治独立的过程。现在，我们只需引用托马斯·芒的一小段话就可以展现英格兰商人当时的爱国主义情感：

> 我们仔细思考一下就会知道，无论是在海洋上还是在陆地上，英格兰王国国域广袤、景色优美、人口众多、国力强盛。另外，人民勇武，马、船、弹药等物资十分充裕。这些都是英格兰王国在国防和对外贸易方面拥有的有利条件。英格兰王国有许多优良海港，使对手很难接近，而本国居民可以来去自如。同时，英格兰王国拥有羊毛、铁、铅、藏红花、玉米等粮食，以及兽皮、蜡和其他天赐物产，是君主政体国家中的佼佼者。试问，还有哪个国家拥有如此多的荣耀和优势？还有哪个国家拥有如此充裕的粮食、钱财，以及战争时期、和平时期所需的一切物资？还有哪个国家的这些物资不仅能够自用，还能每年出口到其他国家去赚取大量利润？英格兰王国能够拥有如此丰富的物产实

在是件幸运的事……事实上，如果我们给这种天赐物产进行些许加工，在获取自然资源的方式上稍加改进，那么我们的财富将很可能达到让所有人都佩服甚至感到恐惧的地步……

事实上，一个国家需要以本国的财富和工业制成品为立国之本。一个国家必须拥有开展对外贸易活动的"货物"才能自立。曾经的西班牙王国只依赖国家的对外贸易活动赚取利润，最终失去了全部的国家财富。民族工业是健全国家经济的真正基础。

因此，国家政策必须建立在国家利益之上。这一原则既鼓舞了伊丽莎白统治时期的英格兰政府，也促进了当时英格兰王国的商业活动。这一原则贯穿于当时的英格兰王国商业体系中。构建国家商业体系的主要目的并不像有些人设想的那样仅仅是有利于实现本国的贸易平衡，其重要性甚至不亚于国家的独立和强大。由于缺乏运输船、弹药和金银货币，在崛起前的黑暗、落后时代，英格兰王国曾一度国力虚弱，所需物资严重依赖其他国家。英格兰王国海军的发展曾直接受控于波罗的海(the Baltic)地区，因为波罗的海地区能够生产船建造、装配所需的所有材料。如果英格兰王国没有波罗的海地区的物资供应，那么船的生产根本无从谈起。当时，所有决定海军命运的资源都处在汉萨同盟的掌控下。在金属、火药和武器方面，德意志人同样控制着相关市场。甚至连英格兰王国的长弓也是用汉萨同盟掌控的船从波罗的海的北部运来的。中世纪时期，欧洲的通用货币曾是由英格兰王国生产的银制成的。不过，没过多久，强大的德意志—犹太财团(German-Jewish Syndicates)就开始在波希米亚(Bohemia)、蒂罗尔(Tyrol)和其他地方开采银矿。当西班牙王国发现新世界的矿藏时，德意志—犹太财团立即开展行动，以充分利用新发现的矿藏带来的机会。之后，西班牙王国的海军舰队

序　言

便和德意志人拥有的大量资本紧密结合起来。后来的很长一段时间内，英格兰王国的流通货币被德意志人操控。德意志人还长期掌控着英格兰王国的国家贷款。英格兰王国对德意志人的财政依赖正是英格兰王国依赖神圣罗马帝国政治体系的主要原因之一。

想要解决以上问题，英格兰王国必须立即采取果断措施。于是，在伊丽莎白统治时期，英格兰王国的国家自我供应政策顺利登上了历史舞台。英格兰王国出台国家自我供应政策的目的是用"十分合理的国内依赖"来代替对国外势力的依赖。为了达到这个目的，伯利男爵(Baron Burghley)[①]邀请了霍赫施泰特家族(the Hochstetters)成员和其他德意志冶金专家前往英格兰北部和爱尔兰(Ireland)勘探矿石；作为国家企业的采矿厂和炮弹厂成立起来了；英格兰王国还通过了一整套法规，以保护"关于士兵、水手的装备和配套设备的精湛工艺知识"。在伊丽莎白统治时期，英格兰王国对外探索活动的主要目标是：一方面继续探索新的"宝藏"来源，另一方面寻找一个"新波罗的海地区"从而摆脱与"伊斯特林人(Easterlings)[②]的不合理交易"。如果这样的地区能够被找到，那么英格兰王国就可以顺利获取沥青、焦油、船桅、亚麻、大麻、松节油、咸鱼等航运必需物资。纽芬兰(Newfoundland)是英格兰王国建立的第一个殖民地，被当作英格兰王国的"新波罗的海地区"，受到了英格兰人的热烈欢迎。自此，我们的布里斯托尔(Bristol)渔民真正让自己成了"港口领主"，从而为英格兰王国海军力量的发展奠定了坚实的基础。

出于类似的目的，英格兰王国开发了弗吉尼亚(Virginia)。英格兰王国

---

① 即威廉·塞西尔(William Cecil, 1520—1598)。——译者注
② 古代欧洲人称来自"东方国家"的人为"伊斯特林人"，但"东方国家"的具体区域不清楚。——译者注

主要进行布匹贸易，而布匹贸易活动的开展需要独立的染料供应。伊丽莎白统治时期，英格兰经济学家并没有屈服于法兰西王国、西班牙王国和奥斯曼帝国①对菘蓝、洋苏木、紫胶、靛蓝及其他染料的控制。在当时的情况下，如果没有这些染料，那么英格兰人"精湛的染色技能"将无用武之地。哈克卢伊特②多次提到了英格兰王国搜寻染料的活动。当时，在英格兰王国决策者的激励下，英格兰王国的水手负责搜寻染料。

为应对汉萨同盟对波罗的海地区的垄断，英格兰王国开发了从英格兰到阿尔汉格尔斯克（Arkhangelsk）的北角（North Cape）的路线。与此类似，英格兰王国的第一次印度（India）航行也被迫开展起来。当时，神圣罗马帝国控制下的地中海（the Mediterranean）和黎凡特（Levant）严格控制着英格兰王国的往来运输货物。莫斯科公司（Muscovy Company）③十分重视打通从阿尔汉格尔斯克到里海（the Caspian）的河运路线，试图建立一条新的商业路线，开辟一条穿越波斯（Persia）和中亚的东方路线。不过，事实证明，这条路线代价高昂、充满危险。在某种程度上，英格兰东印度公司（the East India Company）不愿意尝试这条路线。

英格兰东印度公司之所以不愿尝试新路线，可能有以下几个原因。在航运过程中，英格兰东印度公司及公司海员获得的国家资源太少，因为英格兰王国非常担心国家资源会被浪费在英格兰东印度公司这样一个成本高昂、前景不明的企业上。与现在相比，当时来自东方的香料，特别是胡椒，对英格兰的国民经济来说非常重要，因为英格兰人主要依赖腌渍的碎肉过冬。印度处于热带地区，布匹的供应能满足国内需求。因此，从某种

---

① 原文"Turkey"一词指代国家时，根据史实译为"奥斯曼帝国"，其他情况译为"土耳其"。——译者注
② 即理查德·哈克卢伊特（Richard Hakluyt，约1553—1616）。——译者注
③ 1555年成立的一家英格兰贸易公司，也是英格兰的第一家特许公司，垄断了1555年至1698年间英格兰和莫斯科的贸易。——译者注

序 言

意义上来说，印度不会成为英格兰王国的布匹"倾销地"。英格兰王国如果开发穿越波斯和中亚的东方路线，那么就只能出口自己来之不易、价值不菲的"宝贝"——布匹，而回航时只能购买一些十分昂贵但并不是必不可少的货物。

另外，我们的食品杂货商看到，荷兰共和国利用从西班牙王国和葡萄牙王国（Portugal）手中夺取的垄断权力肆意抬高胡椒价格，导致胡椒价格一路上扬。后来，胡椒价格高得离谱。人们甚至认为如果这种情况得不到控制，那么饥荒肯定难以避免。当时，人们普遍认为，从事胡椒贸易活动的回报非常丰厚。于是，在这种情况下，英格兰商人被要求在一定条件下才能开展胡椒贸易活动，如参与胡椒贸易活动的船的数量和要运出国门的金、银等财富的总值受到了限制；商业探险家同盟的商人必须随身携带一定数量的英格兰布匹，在东方国家市场上销售，等等。这些限制条件表明，从17世纪开始，英格兰王国就非常清楚地理解和坚定地践行基于国家利益制定的国家政策。

尽管这些商业活动范围广阔、充满浪漫气息的世界级企业让那些生活阅历较少的学生迷恋不已，但我们不应忘记，英格兰王国最应该关注的仍然是距离其最近的欧洲市场。欧洲市场对英格兰王国的国家利益至关重要。正如我们知道的那样，英格兰王国的主要贸易商品——英格兰布——非常适合制作人们在寒冷气候下穿的衣物，其主要市场在德意志。因此，英格兰王国对外政策的主要目标是让莱茵河（Rhein River）和汉堡（Hamburg）对英格兰王国运送布匹的船队始终保持开放的状态。英格兰王国的国家利益在两个方面得到了彻底诠释：一是英格兰王国要和欧洲其他国家保持势力平衡；二是荷兰共和国要拥有独立的国家政策。任何控制英格兰王国最大贸易港口的国家都会直接威胁到英格兰王国的生存。另外，从很久以前的伯利男爵时代到离我们稍近的两任首相威廉·皮特[①]时代,再到爱德华·格雷[②]时代,荷兰共和国的政策独立性或"中立性",一直是影响英格兰王国外交政策的关键因素之一。

英格兰王国17世纪和18世纪的历史正是基于英格兰王国国家利益的政策反复变化史。斯图亚特王朝(the Stuarts)采取了一系列错误的国家政策,结果造成了英格兰王国的混乱。这种混乱状况与伊丽莎白统治时期的和谐局面形成了鲜明的对比。这种差异不是由一些人认为的宗教因素和宪法分歧造成的,而是由表层现象下根深蒂固的经济因素决定的。这也是社会变革甚至社会革命的根本原因。詹姆斯一世[③]和大臣们对来自贡多马尔(Gondomar)的那只看不见的手言听计从。英格兰商人对西班牙人的腐败和暴政无计可施。不过,英格兰商人开始不再相信西班牙王国政府做出的任何承诺。

不过,来自贡多马尔的干扰并不是斯图亚特王朝违背英格兰王国国家利益的唯一因素。人们还怀疑荷兰人与西班牙人签订了秘密协议。实际上,当时的荷兰人已取代汉萨同盟,控制着西班牙的对外贸易活动。荷兰共和国的船不仅垄断了西班牙的沿海运输,还成为当时西属美洲(Spanish America)的运输主力。通过游说俄罗斯沙皇国[④]和波罗的海沿岸国家,荷兰共和国关闭了曾对英格兰商人开放的阿尔汉格尔斯克和厄勒海峡(Øresund)。在亚洲,安汶大屠杀(the Massacre of Amboyna)[⑤]只是荷兰人的众多暴行之一。此后,英

---

① 指老威廉·皮特(William Pitt the elder,1708—1778)和小威廉·皮特(William Pitt the Younger,1759—1806)。——译者注
② 爱德华·格雷(Edward Grey,1862—1933)。——译者注
③ 詹姆斯一世(James I,1566—1625)。——译者注
④ 原文"Russia"一词指代国家时,根据史实译为"俄罗斯沙皇国""俄罗斯帝国",其他情况译为"俄罗斯"。——译者注
⑤ 1623年,在安汶岛,荷兰人杀害了十名英格兰人。英格兰王国和荷兰共和国的矛盾自此加深。——译者注

荷兰人在安汶用酷刑折磨英格兰人及处死英格兰人
铜版画，作者信息不详，约创作于1700年

格兰的食品杂货商被赶出香料行业。尽管有许多不满,英格兰的商业公司却无法从斯图亚特王朝的任何一位国王那里获得任何援助。据说,詹姆斯一世和查理一世[①]都接受了荷兰共和国的贸易贿赂。1642年,英格兰王国发生内战(the Civil Wars)。荷兰共和国和英格兰王国的密切联系在这次内战中有所体现。早期的斯图亚特王朝不仅没能保护国外的英格兰利益团体,还对国内的商业公司实施了很不友好的政策。仔细研究了斯图亚特王室与英格兰王国贸易组织的争斗后,我认为两者间的争斗有力地证明了这样一个结论:一个国家可能遭受的最大灾难来源于其经济组织和国家政权的不和。1642年英格兰王国发生的内战由英格兰商人在背后支持,因为查理一世跟他的父亲一样,一方面掠夺英格兰商人的贸易特权和资本,另一方面未能给予在国外开展贸易活动的英格兰商人任何保护。

与西班牙王国一样,荷兰共和国同样忽视了国家制造业。在最优秀的政治家的建议下,荷兰共和国越来越依赖对外贸易活动和银行业务。克伦威尔[②]追随伊丽莎白的重商主义政策(Mercantilist Policy),无疑是受到了伦敦市商业公司的启发。最初,克伦威尔正是依赖这些公司的财力支持才取得了执政权力。随后,他与荷兰人开战,与西班牙人交恶。这些史实肯定会令那些从宗教和宪法角度寻找克伦威尔政策根源的历史学家感到非常困惑。如果我们更多地从"肮脏"的角度考虑,那么这个问题就会变得很明了。长期以来,英格兰王国一直向荷兰共和国供应"白色布匹"[③]。之后,这些布匹在荷兰共和国进行加工,再由荷兰共和国卖给西班牙王国,从而换取西班牙王国在西印度群岛(West Indies)生产的黄金。在这个过程中,实际上是荷

[①] 查理一世(Charles I,1600—1649)。——译者注
[②] 即奥利弗·克伦威尔(Oliver Cromwell,1599—1658)。——译者注
[③] 指未染色、未加工的粗布。——译者注

序 言

兰共和国的船把英格兰的布匹运到西班牙王国进行销售。英格兰王国只是充当了技术工人的角色，而荷兰共和国扮演着资本家的角色。在克伦威尔时代，西班牙王国已不再是海军强国，而是逐步变成了英格兰王国布匹贸易的有利可图的市场。在这种情况下，荷兰商业体系介入其中，发挥着沟通的作用。

克伦威尔的个人狂热和新政权的需求使他决定与西班牙王国断绝联系，这其实也让他与伦敦城 (City of London) 的商人断绝了联系。从这时起，英格兰王国的商业组织就开始为查理二世[①]的复辟做准备。最终，在伦敦城的商人的支持下，查理二世回到了英格兰。正如伊丽莎白和克伦威尔一样，复辟后，查理二世采取的国家政策明显受到伦敦城商人的影响。在查理二世统治时期，我们重新看到了英格兰国家政权和国家经济组织和谐相处的局面。英格兰王国重新回到了伊丽莎白统治时期的幸福和满足的状态。不过，此时一种新的因素开始发挥作用，一只新的看不见的手开始影响英格兰王国的国家政策，进而威胁到英格兰王国的国家利益。

法兰西王国复制了英格兰王国的经验，逐渐拥有了强大的生产能力。亨利四世[②]、黎塞留[③]、柯尔贝尔[④]为法兰西王国的工业独立和海军独立做出了巨大贡献。他们竭力建立贸易体系，培育新兴产业，鼓励造船业发展。无论是在法兰西还是在世界其他地方，法兰西王国政府从政治和军事上全力支持法兰西人的商业活动。法兰西王国从意大利 (Italy) 获得了丝绸织造的"精湛技艺"，并且通过偷渡的方式从英格兰引入了纺织工、进口

---

① 查理二世（Charles Ⅱ, 1630—1685）。——译者注
② 亨利四世（Henry Ⅳ, 1553—1610）。——译者注
③ 即阿尔芒·让·迪普莱西·德·黎塞留（Armand Jean du Plessis de Richelieu, 1585—1642）。——译者注
④ 即让-巴蒂斯特·柯尔贝尔（Jean-Baptiste Colbert, 1619—1683）。——译者注

了羊毛，同时试图从荷兰人手中攫取亚麻布贸易和海上运输的控制权。法兰西王国还和波罗的海沿岸国家建立了联盟，以确保其海军所需物资的供应不受干扰，并且建立了生产效率优于英格兰王国和荷兰共和国的造船业。法兰西王国的地理位置及军事实力为其开辟了西班牙和德意志的商品市场。法兰西王国还力图保护自己力量相对薄弱的商品市场。实际上，马赛(Marseilles)成了法兰西王国在黎凡特和君士坦丁堡(Constantinople)开展商业活动的指挥中心。从国内生产活动中积聚起力量后，法兰西王国开始觊觎世界市场。在亚洲和北美洲(North America)，法兰西王国派出了大量的商业代理人和探险队伍。这些人为一个新帝国的形成奠定了强大基础。

正是法兰西王国这一新侵略势力的隐秘之手，迷惑了之后的斯图亚特王室，使其偏离了谋取英格兰王国国家利益的既定路线。路易十四[①]采取的方法简单、原始。他利用法兰西女人和大量金钱成功贿赂了查理二世。之后，路易十四又巧妙地将这些做法用在了英格兰的一些政治家和大臣身上。他认为，这些人能够影响英格兰政府，让英格兰王国实施有利于法兰西王国国家利益的政策。

路易十四及大臣们为查理二世编造好了一切开脱的理由。查理二世能言善辩。他最有激情的辩护者是肖[②]。他学识渊博，整理了不少当时的国库文件。肖说，因为议会对查理二世表现得过于吝啬，对他申请的款项经常不予批准，他被迫"向国外寻求维持收支平衡的手段"；在求助路易十四的过程中，查理二世并"没有做任何有损英格兰王国国家利益的事情"；"在查理二世时代，英格兰海军扩张道路上的对手不是法兰西王国，而是荷兰共和国"。

---

① 路易十四（Louis XIV，1638—1715）。——译者注
② 即威廉·阿瑟·肖（William Arthur Shaw，1865—1943）。——译者注

序　言

现在，道德学家可能会同意这种说法，那就是，作为国王，实施贿赂和接受贿赂一样可耻，尽管政治家不可能这样认为。事实上，肖的说法存在严重错误。1672年的荷兰共和国已经衰落，甚至在克伦威尔时代，当"金山之国"①被"铁山之国"②打败时，这种衰落就已经很明显了。英格兰王国意识到了荷兰共和国的衰落，同时意识到了法兰西王国的日益强盛。与英格兰王国一样，法兰西王国也采取了依赖发展国内生产能力从而增强国力的政策。为了达到这个目的，法兰西王国制定了相应的航行保护法律和工业保护法律。与之相对的是，议会十分不信任查理二世，对王室所需款项的申请处处设限。事实上，如果当时英格兰王室真的愿意维护国家利益，那么议会很有可能表现得慷慨一些。历史上，英格兰王室和议会的确有过关系和谐的时期。例如，在不遗余力地维护国家利益的英格兰王国两任皮特首相执政时期，王室的资金需求不需要大费周折就能够得到议会的批准。

事实证明，后来的斯图亚特家族对英格兰王国贸易对手的依赖最终导致了斯图亚特王朝的灭亡。法兰西王国的势力范围一度延伸到西班牙及意大利的大部分地区，跨过德意志南部，直达莱茵河口。欧洲国家间的势力均衡状态和英格兰王国的布匹贸易市场受到了严重威胁。在此情况下，英格兰王国不得不采取一系列措施，阻止法兰西王国攫取欧洲北部作为其布匹市场的企图。

英格兰王国最终选择了汉诺威(Hanover)作为自己对抗法兰西王国的前沿阵地，这一决策受到了大家的欢迎。一方面，汉诺威远离法兰西王国的影响；另一方面，汉诺威的影响力能直接覆盖汉堡，而汉堡当时是英格兰

---

① 指当时强大的荷兰共和国。——译者注
② 指当时弱小的英格兰王国。——译者注

王国布匹贸易的最大中转站。汉诺威，这个曾经把英格兰王国"据为己有"的汉萨同盟城市，现在竟然被我们轻而易举地变成了英格兰王国保持北欧市场的"码头"，这令人感慨不已。

法兰西王国和英格兰王国这两个制造业与海洋强国的斗争起伏构成了这一时期我们所知的历史脉络。在这场斗争中，我们看到，英格兰王国被迫三次和法兰西王国签订和约，结果每一次和约都没有解决两国间存在的根本问题。英格兰王国三次被法学家和政治家背叛，却一再成功地回归基于国家利益的国家政策上来。基于国家利益的国家政策是对付对手的力量源泉，也正是由于这个原因，始于欧洲两国的斗争最终蔓延到世界的各个角落。

在很大程度上，法兰西王国和英格兰王国的海军建设、经济发展依赖北美洲和西印度群岛提供的物资。布雷顿角（Cape Breton）和纽芬兰大浅滩（Grand Banks of Newfoundland）是法兰西王国和英格兰王国海员的物资补给站。依靠波旁王朝（Bourbon）的影响力和强大的军事力量，法兰西王国攫取了与西班牙王国和地中海沿岸各国开展贸易活动所需的鱼类供应权。法兰西王国还利用其殖民地所产的木材建造了规模巨大的造船厂。这些造船厂的造船能力令英格兰王国和荷兰共和国望尘莫及。法兰西王国还从加拿大获取了大量毛皮，垄断了美洲利润巨大的帽子贸易。法兰西王国利用西印度群岛的种植园向西班牙、荷兰和德意志供应糖料。依靠这些巨大的原材料来源地，法兰西王国垄断了欧洲利润丰厚的商品贸易市场，建立起了控制整个欧洲大陆的庞大军队。

面对法兰西王国这样一个大国，英格兰王国有时会感到十分绝望。像博林布罗克子爵（Viscount Bolingbroke）[1]和比特伯爵（Earl of Bute）[2]这样的政治家，英格

---

[1] 即亨利·圣约翰（Henry St. John, 1678—1751）。——译者注
[2] 即约翰·斯图尔特（John Stuart, 1713—1792）。——译者注

博林布罗克子爵

绘者为法国人,具体信息不详,绘于1712年到1714年间

兰人曾对他们产生过怀疑。在英格兰王国和法兰西王国的这场斗争中，他们表现得很不积极。这使英格兰王国不会原谅他们。法兰西王国虽然向欧洲大陆提供了大量的生活用品和工业制成品，但从未打开过英格兰王国的市场。通过垄断西印度群岛种植园的销售市场，英格兰王国最终保障了自身的糖料供应，并且成功粉碎了法兰西王国闯入英格兰王国商业体系的企图。1713年，在博林布罗克子爵的诱惑下，筋疲力尽的英格兰王国不得不和法兰西王国签订《乌得勒支和约》(Peace of Utrecht)，从而在与法兰西王国的对抗中陷入了僵局。不过，当博林布罗克子爵提出英格兰王国应向法兰西王国生产的葡萄酒和白兰地酒开放市场时，英格兰人最终还是坚决否决了他的提议。英格兰王国的贸易体系是在国家利益的基础上建立起来的。因此，英格兰王国有足够的力量对抗博林布罗克子爵在政治上的背叛，从而捍卫国家利益。由于爱尔兰和新英格兰(New England)的自我主义盛行，重商主义政策在这些地区推行失败。不过，重商主义政策成功地保护了英格兰王国，使其能够免受外部商业渗透的影响。我们知道，对一个国家的独立和完整来说，外部商业渗透是一种十分危险的攻击手段。

在英格兰王国和法兰西王国的经济斗争中，英格兰王国与苏格兰王国建立了商业联盟。此前，苏格兰王国一直是法兰西王国商业势力的前哨。英格兰王国还与葡萄牙王国签订了《梅休因条约》(Methuen Treaty)。这些都是英格兰王国精心策划的反制措施。在老威廉·皮特执政时期，大不列颠王国的国家政权、海军与经济组织完全融为一体。在这种情况下，精妙的御敌政策自然就应运而生了。除非意识到老威廉·皮特与伦敦商人、伦敦商业公司之间存在融洽的协作关系，否则我们绝不会理解他制定的国家政策。老威廉·皮特对波旁王朝采取了一系列打击措施。这些措施不仅源于他本人的智慧，还源于其政策顾问团，即那些伦敦商人。我们如果从这个

序　言

角度看，那么对后面发生的事情就不会感到奇怪了。例如，在贵格会 (the Quaker) 教徒卡明①的建议下，大不列颠王国快速占领了法属西非 (French West African Empire)；在威廉·贝克福德②的建议下，大不列颠王国拟定计划后占领了加拿大和西印度群岛。

与马尔伯勒公爵 (Duke of Marlborough)③一样，老威廉·皮特最终被政客出卖了。不过，在老威廉·皮特执政期间，大不列颠王国的海军实力获得了迅速发展。这几乎提前决定了大不列颠王国和法兰西王国之间斗争胜负这一终极问题。

我们如果根据这些史实来审视亚当·斯密④的政治经济学，那么就会清楚地看到其理论系统的谬误。国家实力这一因素决定着国家间规模宏大的经济斗争的走向。国家间的贸易活动绝不是表面上看起来的个体利益的和平交换活动，相反，其充斥着不同国家间经济组织和国家权力的残酷斗争。贸易活动本质上是一个国家企图榨取另一个国家，并且企图以武力阻止竞争对手进入供应市场或原材料市场的行为。虽然亚当·斯密提到了国家财富的概念，但其理论体系很少涉及国家实力的问题。他设想的是塔希提岛 (Tahiti) 般诗意的世界，不是现实中的世界。在现实世界里，为控制糖料贸易、纽芬兰大浅滩和鱼类晾晒场，大不列颠王国与法兰西王国展开了激烈的对抗。这些国家层面要考虑的因素迫使他承认：如大家熟知的那样，他曾提到过的《航海法案》(Navigation Acts) 会威胁到他的整个理论体系。亚当·斯密的观点影响了几代人，原因是这些人和他一样，对历史不

---

① 即亚历山大·卡明 (Alexander Cumming, 约1733—1814)。——译者注
② 威廉·贝克福德 (William Beckford, 1709—1770)。——译者注
③ 即约翰·丘吉尔 (John Churchill, 1650—1722)。——译者注
④ 亚当·斯密 (Adam Smith, 1723—1790)。——译者注

是那么熟悉，容易接受其理论前提。只要人们接受了他的理论前提，那么他的逻辑就会变得无懈可击。不过，当我们根据史实审视其理论基础时，他的整个理论体系立刻就会土崩瓦解。

随后，我们将会看到，首先是法兰西王国，其次是英国，先后在这些自由贸易原则下制定了一些国家政策。法兰西王国采取的自由贸易的国家政策直接导致了法兰西王国社会革命的爆发，而英国采取的自由贸易政策使德意志帝国经济实力大增，在欧洲的政治地位也大大提升。限于篇幅，我将在最后一章简要回顾一下德意志帝国的发展史，而当前[1]德意志帝国之所以敢于挑战英国，正是英国实施自由贸易政策导致的结果。

对我们来说，国家间争斗的无耻、残酷和不道德无关紧要。事实可能的确如此，也可能有所偏差。不过，正是这些已发生的史实形成了历史的主脉。历史上发生的事情极有可能在将来会继续发生，没有哪一位政治家能够从根本上改变人性和国家的本质。有史以来，人性和国家的本质从来就没有改变过。如果某位政治家非要试图改变人性和国家的本质，那么最终的结果必定让他大失所望。对政治家来说，唯一安全的原则就是始终如一地忠诚于基于国家利益的国家政策。这种政策必须基于历史经验，而不能建立在道德和玄学的基础上。我们如果仔细审视一下欧洲现在发生的战争[2]，以及两任威廉·皮特首相和伯利男爵时期发生的事件，那么肯定会得出这样的结论：当国家的统治者对国家经济利益和国家整体国力的关系有比较清晰的认知时，国家就会变得政通人和、无比强大。

---

[1] 本书英语版出版于20世纪初。因此，行文中表示"现在"这一概念的都是指20世纪初。——译者注
[2] 指第一次世界大战。——译者注

目 录

第1章
商业探险家同盟　001

第2章
017　立足国内的发展政策

第3章
杰克和巨人　035

第4章
059　贸易禁止措施的初次实践

第5章
做杂货生意的约翰·布尔　079

第**6**章
内部纷争 **091**

第**7**章
103 欧洲的状况

第**8**章
金山之国和铁山之国 **115**

第**9**章
159 王政复辟

第**10**章
一位国王的手 **169**

第**11**章

势力均衡　**181**

第**12**章

195　三国联合

第**13**章

和平进程停滞　**209**

第**14**章

221　查塔姆伯爵

第**15**章

海军政策　**237**

第16章
自由贸易理论 261

第17章
271 两个相关实例

结 论 289

第1章

商业探险家同盟

THE MERCHANT ADVENTURERS

英国历史上看不见的手：从玛丽一世到乔治五世

在《在英格兰的德意志人》一书中，我尽力向大家阐述了这样一个观点，即长期的经济独立斗争构成了英格兰历史的主线。这一历史事实像是被放进了棺材中，长期以来，几乎被人遗忘，但它是民族精神和国家政策的关键所在。在《在英格兰的德意志人》中，我回溯了英格兰王国从汉萨同盟的羊毛产地发展成强大的工业国，以及从生产羊毛到生产布匹的历程。英格兰王国一点一点地从外国商人和布匹贸易运输者手中夺取了布匹贸易的主动权。后来，布匹贸易逐渐发展成了英格兰王国的国家财富和底层民众的经济支柱。民族英雄主义，就像英格兰盛开的玫瑰一样，从充满物质利益斗争的历史中蓬勃发展起来。在《在英格兰的德意志人》一书中，我还向大家展示了英格兰王室几个世纪以来成为外国势力控制英格兰的爪牙的历史，以及在英格兰人爱国主义情感和极强能力的干预下，英格兰王国摆脱艰难困境的过程。例如，西蒙·德·蒙特福德(Simon de Montfort)穿着粗糙的、用英格兰布匹制成的衣服，显示了英格兰人对本国产品的信心；"造王者"[1]与德意志商人在海上展开了激烈的斗争；在安特卫普交易所(Bourse of Antwerp)和伦敦法院(London Law Courts)，托马斯·格雷沙姆[2]对其他国家或个人不断发起指控，竭力维护英格兰王国的国家利益；伊丽莎白采取了依靠国内生产的政策，使英格兰王国成为当时欧洲最强大的王国。我们不需要深入挖掘史实就能够证明施莫勒[3]的格言，即"国家力量的强大和国家经济的辉煌通常发生在那些拥有国家权力、维护正义的统治者同时是国家经济组织领导人的时候"。我要阐明的是类似的观点，即国家的和谐与安全取决于国家统治者和生产者能否实现通力合作。

---

[1] 即理查德·内维尔(Richard Neville, 1428—1471)。——译者注
[2] 托马斯·格雷沙姆(Thomas Gresham, 约1518—1579)。——译者注
[3] 即古斯塔夫·冯·施莫勒(Gustav von Schmoller, 1838—1917)。——译者注

第1章　商业探险家同盟

在伊丽莎白统治时期，我们顺利地进行着这种和谐的国家生产活动，并且试图寻求一种将国家利益放置在首位的国家政策。幸运的是，这种政策最终在伊丽莎白统治时期得以出台。我想说的是，也正是在这个时期，英格兰王国实现了国家的经济独立。

我需要引用一位当时敌视英格兰王国的见证者说过的话来支持以上论断。这位见证者就是施蒂尔亚德（Steelyard）公司的总管。另外，他也是"德意志商人协会"（Society of German Merchants）在伦敦的首席代理人。下面的这封信写于1581年2月23日，是萨托里乌斯①在讲述汉萨同盟历史时提及的。

"太可恶了，"写信给吕贝克（Lübeck）市政厅的这位议员愤怒地说，"难以想象，英格兰王国的商业探险家同盟竟然能够压制我们的汉萨同盟，而不久前我们仅需调动几个汉萨同盟城镇的力量就可以将整个英格兰王国牢牢控制住。"

这位生活在16世纪的神圣罗马帝国的见证者对当时的状况抱怨不已，而这恰恰体现了我们所述内容的主题。绝不让英格兰王国受到任何国家的掌控，这是我们国家政策的终极目标。经过长期斗争，英格兰王国最终摆脱了困境。现在，我们需要研究一下支撑英格兰王国对外斗争的贸易组织的行为方式，以及英格兰王国为获取胜利而采取的措施。这项研究的成果肯定会带给读者一些新的启示。

首先，我们要研究的这个贸易组织是一个全国性组织，是英格兰王国商业探险家同盟组建的、协会性质的商业组织。这个组织不是合伙制商业组织。尽管商业探险家同盟的总部设在伦敦，但它实际上不属于任何一个城镇。商业探险家同盟绝不亚于英格兰任何一家组织严密、条例明确

---

① 即格奥尔格·弗里德里希·萨托里乌斯（Georg Friedrich Sartorius，1765—1828）。——译者注

的出口贸易公司。商业探险家同盟的秘书约翰·惠勒[①]对这个商业组织有过详尽的描述。他说，商业探险家同盟"有着大量富裕，并且经验丰富的来自伦敦、约克(York)、诺里奇(Norwich)、埃克塞特(Exeter)、伊普斯威奇(Ipswich)、纽卡斯尔(Newcastle)、赫尔(Hull)等地的商人。在商品贸易实际需求的促使下，这些商人通过商业探险家同盟进行联络。这些商人从事着各种商品的贸易活动。这些商品包括普通布、凯西斯布(kersie)[②]，以及在英格兰王国内外售卖的各种商品。根据组织条例，商业探险家同盟开展贸易活动时依据的相关规则和海关政策，也是非组织内成员的其他公司认可的规则和政策"。他还说"商业探险家同盟有不少于三千五百名成员。这些成员的活动范围覆盖了伦敦和许多其他城镇，特别是那些海滨城镇。"商业探险家同盟的成员都是大宗货物批发商人。他们被禁止"以零售或分割的方式售卖任何货物，也不允许在小商店售卖低于六十磅[③]的货物"。商业探险家同盟的成员包括几乎所有在德意志和荷兰从事羊毛制品贸易活动的商人。当时，德意志和荷兰是羊毛制品的主要销售地。因此，我们可以说，这三千五百多名成员实际上从事着英格兰王国当时绝大部分的对外贸易活动。由此可见，当时，英格兰人牢牢掌握着羊毛制品的贸易活动。在商业探险家同盟的势力范围内，"在法兰西王国的索姆河(Somme)流域、在神圣罗马帝国控制的海洋上"，"商业探险家同盟成了一个受到皇家特许状(Royal Charter)精心保护的垄断组织。它由某一位权威人士管理，所有成员宣誓服从管理"。

对我们的探讨目的来说，商业探险家同盟的内部组织和贸易方式并不

---

① 约翰·惠勒(John Wheeler, ？—1617)。——译者注
② 一种质量较好的布。——译者注
③ 1磅约等于453.59克。——译者注

第1章 商业探险家同盟

是那么重要。不过，值得一提的是，商业探险家同盟的成员并不是以合伙的方式进行统一的贸易活动，而是依据自己的布匹数量及其在布匹总量中所占的比例按规定进行个体贸易活动。商业探险家同盟成员之间不是相互竞争的关系。在相互帮助和友好协商的基础上，内部成员由商业探险家同盟进行"规范调节"。每个商人出口的布匹数量必须得到组织认可。第一年至第三年，组织内的每名成员只能出口四百匹布匹，第四年为四百五十匹，第五年为五百匹，以此类推，直到第十五年达到最高限额一千匹。类似地，出口布匹的质量和交易价格也会受到约束。每位成员要服从"贸易总管、副总管及助理的调度和安排"，并且和其他同行业的从业者保持良好关系。如果这些规则会让那些法律出身的政治家感到吃惊——这些政治家通常认为，自由贸易应适用于其他任何人，但他们本身根本不相信自由贸易，那么我只能回应说，律师公会 (Inns of Court) 也是人类现存的、曾经覆盖人们生活方方面面的某种体系的遗留物之一。法律和贸易规则都是为约束人们的行为而制定的。既然法律不能被废除，那么我们为什么要废除这些贸易规则呢？

重要的是，无论是从自身的运行规则方面来看，还是从英格兰王国的法律制度方面来看，商业探险家同盟都具有很强的国家组织的性质，其功能和组成部分亦是如此。通常情况下，现代人会对伊丽莎白那个时代不屑一顾，认为当时的人们根本不会有国家利益的概念。不过，当时的英格兰商人已不仅把自己看成一个个受合法利益驱使的个体，还把自己当成国家利益脉络上的一员。这种理念由托马斯·芒巧妙地表达了出来。他没有忘记这个跨越时代的优良传统——国家利益应永远被置于首位，曾写道："爱国意识和服务意识不但体现在其他人的职责上，还体现在我们的实践中。我们的商业联盟可以称得上英格兰王国的国库管理员，通过与其他国家进行贸易活动控制着国家财富。这是一个名誉和信任并重的组织，其工作需要高超的技艺和良知。在这样的商业组织中，私人所得利益必须与公共利益相辅相成。"商业探险家同盟的成员必须是在英格兰王国出生的臣民。商业探险家同盟制定的规则和条款明文规定"非英格兰王国真正臣民不得入会……父母非英格兰人者不得入会"，还有娶外国女子者、拥有国外财产者不得入会等规定。这些规定不仅是商业探险家同盟组织内部的规定，还是皇家特许状的规定。这样一来，商业探险家同盟的存在就有了合法性。1564年，皇家特许状规定任何商业探险家同盟的成员只要娶非英格兰王国女子为妻，或者拥有、使用任何英格兰王国及殖民地之外的土地财产，或者与英格兰王国及殖民地之外任何地区的人达成某种秘密协定，或者当时及以后信任任何在英格兰王国及殖民地之外拥有土地的人，都将被永久开除。

因此，商业探险家同盟的成员不仅是土生土长的英格兰人，而且在利益方面完全代表了英格兰王国。商业探险家同盟的成员相互联系，共同宣誓"以上帝为证，真诚效忠英格兰国王"。在实际执行誓言时，商业探险家同盟的成员可能会更加彻底地执行："你如果知道任何人用任何方式有意伤害、损害或不尊敬国王陛下、英格兰王国及商业探险家同盟，或者拥有类似的越轨行为，那么就必须将你知道的信息报告给商业探险家同盟的总管或者助理；个人不允许自由买卖和加工任何外国商品，并且根据商业探险家同盟的规定，任何外国商品都不能进入自由流通市场。"

所有这些苛刻的法律条文和规则只有这样一种解释：实际上，商业探险家同盟是一种国家经济武器。这种武器在国家间的经济斗争过程中产生，为国家间的经济斗争服务。当时，英格兰王国的经济斗争对象是汉萨同盟。汉萨同盟是德意志各城市间的经济联盟。这个组织处处与商业探险

第1章　商业探险家同盟

家同盟为敌，是惠勒说的"我们的宿敌"。事实上，我曾大胆地提出，商业探险家同盟是以汉萨同盟为模式的组织，正如汉萨同盟是以意大利城市联合体为模式的组织。同理，意大利城市联合体可能是以迦太基（Carthage）为模式的组织。我们发现，《威尼斯航海法》（Venetian Navigation Law）逐渐演变成为神圣罗马帝国的"汉萨同盟的货物必须由汉萨同盟的船运输"的法律条文，这种法律条文进而发展成了英格兰王国制定的一系列具体规定。英吉利共和国时期，政府颁布了《航海法案》，其中的规定仿照了汉萨同盟的做法[①]。商业探险家同盟对成员娶外国女子或持有外国财产的规定同样在效仿汉萨同盟。

　　联盟的力量归功于整个组织。以吕贝克为中心，统一指挥的汉萨同盟足够强大，能够扶植英格兰国王甚至推翻他的统治，能够左右英格兰王国的政府开支。汉萨同盟秘密地调整着英格兰王国的商业政策，并且利用英格兰王国的海关优惠政策保证自己的利益不仅优于其他外国人，甚至优于英格兰人。为了与"汉萨同盟"这个强大的组织进行斗争，英格兰王国所有商业力量必须组织起来、联合起来，在共同的誓言和良好的相互合作中凝聚在一起。实际上，商业探险家同盟就像一支利用联合资源与控制英格兰王国的外国势力进行斗争的商业军队。在伊丽莎白统治时期，英格兰商人非常了解对手的这种组织化的力量，一点也不信任毫无限制的自由竞争学说。

　　在伊丽莎白统治时期，英格兰政府与商人相处得十分融洽，因此很难说清楚英格兰王国的外交政策在多大程度上是伊丽莎白女王的政策，又在多大程度上是公司的政策。我们可以说，伊丽莎白是以民族运动领袖的身

---

① 英吉利共和国时期颁布的《航海法案》规定：英吉利共和国的货物必须由英吉利共和国的船运输。——译者注

份登上王位的。相反，玛丽一世的统治完全依赖神圣罗马帝国皇帝[①]和西班牙。汉萨同盟曾公开侮辱影响其利益的王后安妮·博林（Anne Boleyn），甚至利用神圣罗马帝国的武力威胁英格兰王国。玛丽一世统治时期，汉萨同盟曾有希望夺回其在爱德华六世统治时期失去的特权。事实上，汉萨同盟也的确恢复了一些特权。它不仅控制了英格兰布匹和波罗的海地区农产品的运输权，还控制着挪威（Norway）、冰岛（Iceland）和俄罗斯工业产品的生产及运输权。此外，它还是葡萄牙王国香料贸易的主宰者，以及北欧（Northern Europe）的铸币商和债权人。依据自身的国家利益，汉萨同盟采取了以上种种措施，最终构筑起威胁英格兰王国利益的庞大国家实力。当时，德意志与罗马基本上处于结盟状态，并且德意志还控制了威尼斯。英格兰王国的商业探险家同盟是新教（Protestant）性质的团体，其大部分成员是新教徒，于是，它自然就成了伊丽莎白对抗天主教（Catholic）和玛丽一世的依靠。英格兰王国的商业探险家同盟依赖本国的生产制造业，其成员更青睐国家保护主义。同时，新教徒伊丽莎白与商业探险家同盟关系密切。于是，英格兰王国国家政权和国家经济组织的联合就这样自然形成了。

　　我们首先在英格兰王国的国家财政上看到了国家政权和国家经济组织的联合。1553年，商业探险家同盟和羊毛出口公司（The Staplers）一起接管了王室的债务，从而获得了玛丽一世在对抗汉萨同盟上的支持。玛丽一世统治时期，商业探险家同盟在枢密院（Privy Council）的影响力十分强大，甚至调查了腓力二世在英格兰王国的政治势力。当伊丽莎白登上王位时，商业探险家同盟提供的贷款使她能够摆脱神圣罗马帝国的控制。不过，实际情况可能稍有曲折。伊丽莎白向商业探险家同盟提出的第一次贷款申请并未通

---

① 应指查理五世。——译者注

身穿加冕礼服的伊丽莎白

作者信息不详,绘于1600年到1610年间

过。梅特兰①引用史铎②的话说"我们与安特卫普——之前安特卫普在某种程度上被认为是英格兰王国的国库所在地——的交涉……被阿尔瓦公爵(Duke of Alva)③拒绝了。由于缺乏资金,伊丽莎白不得不向伦敦的商业探险家同盟申请贷款。由于极大的疏忽,商业探险家同盟对此次贷款申请不屑一顾,并且将贷款申请提交到了议会的常设法庭(General Court)。伊丽莎白在议会遭受了奇耻大辱,并且她的贷款申请最终被否决了。不过,贷款申请被否决一事遭到了枢密院的强烈反对……十三位伦敦市议员和商业探险家同盟成员,以及琼·拉克斯顿夫人(Lady Joan Laxton)筹措资金,借给伊丽莎白期限为六个月的款项。款项总额达一万六千英镑,利率为百分之六……到期后,又以同样的条件将还款期限推后了六个月。"不管怎样,伊丽莎白越来越频繁地倚重这些"纯粹商人"来支持国家政策。"伊丽莎白统治时期的国家文件,"林格尔巴克④写道,"很多都是商业探险家同盟的财务账目,有的符合商业探险家同盟的利益,有的符合伊丽莎白的利益。"事实上,毫不夸张地说,在格雷沙姆第一次在欧洲大陆逗留期间,商业探险家同盟大力资助了伊丽莎白。

1570年,一系列不幸事件接连降临到英格兰王国⑤。从这些事件中,我们看到,英格兰王国的商业公司并不认为王室对商人的依赖是一种负担,恰恰相反,这种依赖正是这些商业公司采取的部分经营政策的体现。汉萨同盟借钱给英格兰王室的同时,自然会控制英格兰王国的国家政

---

① 即威廉·梅特兰(William Maitland, 1525—1573)。——译者注
② 即约翰·史铎(John Stow, 约1524—1605)。——译者注
③ 即费尔南多·阿尔瓦雷斯·德·托莱多(Fernando Álvarez de Toledo, 1507—1582)。——译者注
④ 即威廉·埃兹拉·林格尔巴克(William Ezra Lingelbach, 1871—1962)。——译者注
⑤ 1570年,由于教派纷争,天主教采取孤立英格兰王国的政策。英格兰商人受到严重影响。——译者注

第1章　商业探险家同盟

策。当商业探险家同盟成为伊丽莎白的"银行"时，默瑟大厅(Mercers' Hall)[①]自然会取代施蒂尔亚德[②]。在伊丽莎白登基时，托马斯·格雷沙姆曾给她写过一封信，信的内容清楚地表明了这一点。格雷沙姆向伊丽莎白解释说，德意志商人操纵英格兰王国的货币市场，造成货币贬值，会造成"王国的毁灭"。德意志商人的特权永远不能够恢复，并且伊丽莎白应永远支持英格兰的"纯粹商人"，永远依靠英格兰商人去获取自身所需的一切物资。

掌握了国家财政意味着掌握了国家政策。伊丽莎白如果能够依赖英格兰商人寻求金钱方面的支持，那么一定会支持英格兰商人的公司，并且会站在英格兰商人这一边，反对汉萨同盟及其在欧洲的支持者。伊丽莎白必须独立，不能受到外国商人的控制，在金钱方面如此，在战争所需的物资方面同样如此。

梅特兰说了以下内容：

在伊丽莎白时代，相比以前，英格兰王国的国家贸易活动更多地由英格兰商人进行。不过，在英格兰王国的矿产行业，荷兰商业协会(The Society of Dutch Haunce)，实际上也就是汉萨同盟，仍然通过其分工明确的贸易组织和享有的特权占据着优势。在英格兰王国内，几乎所有矿产贸易活动都由荷兰商业协会主导。当英格兰王国对外发动战争时，伊丽莎白只得按照外国人制定的价格，购买大麻、沥青、焦油、火药和其他海军军需用品。在英格兰王国的国土上，几乎没有一个地方能够在紧急时刻给她提供这些物资。当时，即使她愿意开出较高的价格，英格兰人也不可能在国

[①] 指代商业探险家同盟。——译者注
[②] 指代汉萨同盟。——译者注

内寻找到这些物资。另外，战争时期，英格兰人极少参与任何形式的商业贸易活动。

为改变这种局面，伊丽莎白认为，自己必须依赖英格兰商人才能取得完全独立。她必须独立拥有那些必要的物资，以便在最需要的时候不至于无处可寻。经过深思熟虑，她和议会认为，解决问题的最好办法就是鼓励英格兰人从事商业贸易活动。于是，她便扶持了几个商业协会，如伊斯特兰公司（Eastland Company）和其他几个公司的商业协会，同时取消了荷兰商业协会的许多特权。通过这种方式，英格兰王国的对外贸易总体上逐渐转变为由英格兰人进行经营管理。英格兰王国对外贸易活动的利润逐步累积到了英格兰王国的商业公司中。英格兰王国的对外贸易总量和航运总量开始增加，关税收入也大大增加。英格兰王国的商业贸易活动最初毫无起色，但逐渐被伊丽莎白统治时期的英格兰人掌握在自己的手中。之后，伊丽莎白更加依赖本国人民来获取军需用品和其他各种商品。此后，无论情况多么紧急，她需要的物资和商品都能够摆脱邻国的控制。

通过建立一系列的商业协会、保护和鼓励商业探险家同盟的商业贸易活动，英格兰王国的商业贸易活动逐渐被英格兰人夺回，后来又逐渐发展起来，最终形成了相比于周边国家的巨大优势。

这样的完美结论在精神内涵上是正确的，但在具体细节上是错误的。事实上，伊丽莎白并没有创建这些商业协会。商业探险家同盟有着更加古老的商业谱系。早在1248年，商业探险家同盟就从布拉班特公爵

第1章　商业探险家同盟

(Duke of Brabant)[①]那里获取了第一份皇家特许状。1399年，商业探险家同盟又从亨利四世那里得到了一份有益于其发展的皇家特许状。正如梅特兰所说，伊斯特兰公司在亨利四世统治时期的第六年（1405年）建立；莫斯科公司在爱德华六世统治时期取得了王室的支持，并且从玛丽一世那里获得了皇家特许状。不过，只有伊丽莎白全力支持英格兰商人。此前，英格兰商人从来没有得到过如此大力的支持。同时，伊丽莎白采取了多种措施来保护英格兰商人的对外贸易活动。从阿尔汉格尔斯克到黎凡特，欧洲各地几乎全部被商业探险家同盟占据。莫斯科公司的船绕过北角，航行到了北极的冰冻水域；伊斯特兰公司向波罗的海南岸进发，据说该公司的命名与此有关；目前，在荷兰共和国境内，我们能够看到商业探险家同盟开展的一些活动；商业探险家同盟同时组织开展了与意大利、黎凡特和土耳其的贸易活动。所有参与其中的公司都是商业探险家同盟的组织成员。商业探险家同盟内部各公司具体贸易活动区域的不同主要来源于其主体内部的不同分工。莫斯科公司由一些来自伦敦和布里斯托尔的商业探险家同盟成员组成，决心开发北角航线。不过，大多数商业探险家同盟成员仍然只是按照章程规定进行相互间的支持和协作。"商业探险家同盟，"惠勒说，"没有银行，没有设置一般公司都会有的股份，也没有专业的代理商为整个组织买卖货物。组织内的每一个成员，各自以本公司贸易量在整个组织的占比为依据，开展独立的贸易活动；各自有自己的代理人员和服务人员。"

重要的是，商业探险家同盟的成员不像现代意义上的公司。像现在的律师和医生一样，这些成员因共同的目标而团结在一起。商业探险家同盟呼吁建立符合组织利益的国家政府，利用国家权力来保护自己在国内外的

[①] 即亨利三世（Henry Ⅲ, 约1230—1261）。——译者注

一切利益。商业探险家同盟中的一小部分公司可能会联合起来与俄罗斯沙皇国或西班牙王国开展贸易活动，但其仍然是商业探险家同盟的成员。因此，在伊丽莎白统治时期，英格兰王国的商业探险家同盟是为了实现各个具体公司的具体利益而组织起来的同盟组织，并且各公司的共同利益是一致的。只有这样，商业探险家同盟才能将其全部影响力传递至组织内的每位成员。

在外交政策上，商业探险家同盟也形成了一股强大的力量。商业探险家同盟支持俄罗斯沙皇国对抗但泽（Danzig）和波兰（Poland），并且成功地让俄罗斯沙皇国在伦敦派驻大使。商业探险家同盟甚至贿赂了查理五世。1544年，在纽卡斯尔从事商业贸易活动的商业探险家同盟组织成员筹集钱款，为查理五世购买了一件价值一千英镑的礼物，以使查理五世发动对商业探险家同盟有利的战争，维护商业探险家同盟享有的特权。

从但泽人的怨恨反应中，我们猜测商业探险家同盟有可能也贿赂了条顿骑士团（Teutonic Knights）。正是因为条顿骑士团偏袒英格兰人，但泽最终选择支持波兰。当阿尔瓦公爵把商业探险家同盟商人赶出佛兰德斯时，代表商业探险家同盟利益的伊丽莎白给东弗里西亚伯爵（Count of East Frisia）[①]送了一大笔钱，以使属于商业探险家同盟的公司有权进入埃姆登（Emden）。后来，汉萨同盟的势力日渐衰微。即便随后诸多神圣罗马帝国皇帝竭尽全力，也没能将商业探险家同盟从神圣罗马帝国境内赶出去。

1597年，神圣罗马帝国颁布了一项诏书。这项诏书意图强制执行神圣罗马帝国于1582年颁布的帝国法令（Imperial statute），诏书中提到以下内容：

---

① 即埃查德二世（Edzard II，1532—1599）。——译者注

第1章 商业探险家同盟

商业探险家同盟建立了许多特殊机构,其中,有负责主要贸易活动的商业机构,有专业化的研究机构,还有负责联络组织内各成员的通信机构。通过各种手段,商业探险家同盟让神圣罗马帝国颁布的各种垄断禁令,以及与其他国家签订的各种条约和协定无法发挥实际作用。这些做法对神圣罗马帝国非常不利。商业探险家同盟无视神圣罗马帝国的帝国权力和帝国法令,给我们的商业活动带来了极大的威胁。商业探险家同盟甚至还随心所欲地控制价格,抬高布匹和其他货物的价格,其手法和汉萨同盟拥有特权时如出一辙。

在商业探险家同盟的大力协助下,英格兰王国海军最终击败了西班牙无敌舰队。林格尔巴克说:"商业探险家同盟的部分成员拖延支付热那亚(Genoa)银行涉及西班牙王国的款项。在荷兰的商业探险家同盟成员进一步对西班牙王国的商业信贷做手脚。商业探险家同盟将西班牙无敌舰队的行动推迟了足足一年。1587年,商业探险家同盟提前准备了一百一十艘船。一声令下,这些船立即前往荷兰,监视帕尔马公爵(Duke of Parma)[①]撤离荷兰。"

我们需要再次思考一下伊丽莎白统治时期英格兰王国外交政策的内在意义。毫无疑问,这样的外交政策主要是为了实现英格兰王国的经济独立。经济独立不仅是英格兰政府追求的目标,也是英格兰政府和商业探险家同盟开展合作的最终目的。当时,英格兰王国最主要的目标是摆脱德意志人的压迫。为了达到这个目的,英格兰王国寻求与俄罗斯沙皇国、丹麦王国(Denmark)结盟:与俄罗斯沙皇国结盟以获得必要的航运商品;与丹麦

[①] 即亚历山大·法尔内塞(Alexander Farnese,1545—1592)。——译者注

王国结盟以确保自己的船能够安全通行，尽管这一做法的真实意图还不能完全确定。荷兰那些"偏远"的城镇，从来没有被汉萨同盟接纳过。于是，英格兰王国鼓励这些荷兰城镇与汉萨同盟、西班牙王国开战。在腓力二世的命令下，佛兰德斯和布拉班特拒绝英格兰布匹入境。通过贿赂，通过埃姆登、施塔德和汉堡这几个城市，英格兰王国让英格兰布匹进入了神圣罗马帝国的市场。由于德意志商人资助了葡萄牙王国、西班牙王国在美洲和印度的贸易活动，英格兰王国随后通过封锁佛兰德斯击中了神圣罗马帝国商业制度的命脉。在追溯英格兰王国的国家政策时，我们发现，英格兰王国总能"寻找到一个销售出口"，将英格兰布匹运往国外。在法兰西、意大利、土耳其，英格兰王国与神圣罗马帝国的商业体系进行着不屈不挠的斗争。伊丽莎白甚至不惜借用奥斯曼帝国的力量来对抗神圣罗马帝国。伊丽莎白统治时期，英格兰商人遍布各地。他们充当着英格兰王国商业代理人和情报员的角色，彼此间有着千丝万缕的联系。出于自身本能，在共同誓言的感召下，在法庭上、在交易所里、在海上、在陆地上，这些英格兰商人秘密地、坚强地战斗着、探索着、实践着，为英格兰王国的强大和安全贡献自己的力量。商业探险家同盟的对外贸易活动给我们的主要启示是：英格兰王国的商业体系只有在国家利益的基础上进行组织和构建，才能够再次实现辉煌的胜利。

第2章 立足国内的发展政策

A WELL-GROUNDED DEPENDENCE

伊丽莎白统治时期，英格兰王国的国家政策通常被称为"重商主义政策"。这一称谓使这种政策显得不是很正义。我更愿意将这种政策称为"国家主义政策"，因为国家主义政策的基础更多依赖于英格兰王国的国家力量和国家安全，而不只是国家财富。英格兰商人被称为"英格兰王国财富的管家"，得到了国家政权的大力支持。英格兰商人为英格兰布匹"找到了销售的出口"，并且为英格兰王国积聚了大量财富。不过，英格兰王国实施的国家政策是为了实现更加重要的目标，那就是"使英格兰王国在国家内部找到可信赖的依靠"。在制定国家政策时，英格兰王国不应该继续"对陌生人毕恭毕敬"。简言之，英格兰王国需要在国家内部生产出满足国家生产生活需要的各种物资。

我们看到，英格兰王国国家主义政策的出台是一件很自然的事情，与当时英格兰王国的国情相一致。当我们发现英格兰王国的国家主义政策起源于英格兰王国"丰富的商品"——英格兰布匹时，这一政策出台的合理性再次得到了确认。

我们要牢记这一点，英格兰布匹是当时英格兰王国的主要贸易商品。在曾经很长一段时间里，英格兰王国的主要贸易商品是羊毛。那时，英格兰王国是"汉萨同盟的羊毛产地"。数百年来，英格兰王国的国家政策就是要"把英格兰羊毛制成英格兰布"，并且用英格兰王国的船进行运输和销售。哈克卢伊特说："没有其他任何商品能给穷困的英格兰人带来如此多的工作机会，能给英格兰王国带来如此大量的财富，能让英格兰商人变得如此富裕，能让英格兰王国建立起如此强大的海军。"因此，"英格兰布匹的大量销售是英格兰王国迫切需要做的事情"。

这就是伊丽莎白统治时期英格兰王国国家政策的主线：把羊毛加工成布匹，并且为布匹寻找销售市场；不仅要"带回财富""发展海军"，还

第2章　立足国内的发展政策

要"让众多贫穷的英格兰人"有事可做。正如哈克卢伊特所说："对贸易商、布匹加工商、羊毛生产商，以及布匹业各个环节上的无数穷人来说，对英格兰王国布匹业的任何破坏都会使整个英格兰王国陷入混乱。"

在历史上，为了保护自身利益，佛兰德斯人曾极力阻碍英格兰人加工羊毛。汉萨同盟也曾全力阻止英格兰人出售布匹。从这些史实中，我们可以清楚地认识到，英格兰布匹才是英格兰王国国家政策的源泉。

由于英格兰王国羊毛布匹业的发展史对我们讨论的主题实在太重要了，请原谅我再多说一点。羊毛布匹业是英格兰的民族产业，但这样的民族产业是从佛兰德斯借来的。爱德华三世[1]将这种利润巨大的产业引入英格兰，同时引入大批佛兰德斯织工。富勒[2]曾说过以下一段话：

> 现在，英格兰人意识到了荷兰人此前从英格兰获得了多么巨大的利益。为纪念"大胆"查理（Charles the Bold），英格兰王国曾设立金羊毛勋章（Order of the Golden Fleece）。不过，虽然羊毛是我们的，但金子是荷兰人的。通过开展羊毛布匹的贸易活动，荷兰人赚取了大量财富。正是在这种情况下，爱德华三世决定，如果可能，他打算将这种贸易活动转移到英格兰进行。不过，对如何将羊毛加工成各种毛织物，英格兰人当时还不是很精通。除了一些粗布，英格兰人当时能做出的最好布匹不过是一些缎带而已。不过，不久后，巨大的改变发生了。

通过充分利用富勒所说的"荷兰人"，英格兰人逐渐从外国人手中

---

[1] 爱德华三世（Edward III, 1312—1377）。——译者注
[2] 即托马斯·富勒（Thomas Fuller, 1608—1661）。——译者注

取得了羊毛布匹贸易的大量财富。这是一个跨越几个世纪的、渐进的过程。甚至到了伊丽莎白时代，为了"将布匹制造商的技术提升到更加完美的地步"，仍然有许多"荷兰人"被带到英格兰。这些荷兰移民主要定居在英格兰东部，从事的行业被称为"新布匹业"（New Drapery）。他们也是教会发展史上最合适的研究对象，因为他们是一批顽固的、不信奉英格兰教会的清教徒。

需要指出的是，虽然伊丽莎白统治时期的国家政策是要确保布匹贸易控制权掌握在英格兰人手中，但对部分外国人来说，这一国家政策在具体实施时有例外：某些外国人有时能够控制英格兰王国的部分布匹贸易活动，但前提是他们要么需要教会英格兰人新的布匹生产技艺，要么能够让英格兰王国旧有的布匹生产技艺得到提升。

不久之后，荷兰著名的政治家约翰·德·维特[①]阐述了伊丽莎白的归化政策（Naturalization Policy）。他说："英格兰的生活条件很有吸引力，信奉新教的荷兰移民非常愿意在英格兰定居，但英格兰政府十分反对他们去没有布匹加工活动的区域，或者没有任何税收的区域定居。"

由此可见，针对愿意移民的外国人，英格兰王国当时设计了一项完美的国家政策：只有需要改善民族产业时，他们才被允许进入英格兰。同时，我在其他地方发现有文件规定，移民的外国人必须雇用英格兰人做学徒。只有这样，他们的生产秘密才有可能被英格兰人掌握。

英格兰王国的布匹业是一项从国外引进的产业。伊丽莎白统治时期的国家政策是使英格兰王国的布匹业更加完善、强大。在国家政策的大力支持下，英格兰王国的布匹业逐渐变得强大起来。英格兰人对此深有体

[①] 约翰·德·维特（Johan de Witt, 1625—1672）。——译者注

1652年的约翰·德·维特

阿德里安·汉内曼（Adriaen Hanneman，约1603—1671）绘

会。这样的变化是有一定原因的：一是英格兰产的羊毛质量较好；二是英格兰的劳动力相对廉价，尤其是英格兰拥有落差较大的河流，给织布机提供了十分廉价的动力。

1582年，哈克卢伊特写了以下一段文字：

> 羊毛是天然出产的，完美的染料……也是天然出产的，在所有布匹织造所需的条件中，只需要让其中某个条件明显优于竞争者，我们就可以占据有利地位。英格兰气候宜人，工人可以全年生产布匹……英格兰的食物丰富，生活成本较低，劳动力也相对廉价。因为佛兰德斯的河流比较平坦，织布商难以使用可以全年不休的水力纺纱机。织工只能用人力加厚、裁剪布匹。因此，佛兰德斯生产的布匹成本较高。与之相反，在英格兰，几乎所有郡镇的织坊都建于其境内的河流之上。这些处于温带的河流不仅具有高度差，而且常年流淌。夏季，西班牙炎热、干旱，境内的河流早已干涸，但英格兰的河流仍然流水淙淙；冬季，欧洲北部天寒地冻，河流早已结冰，但英格兰的河流仍然川流不息。我们的织坊可以随时开工。因此，加工布匹的成本随之降低。我们还有沃克（Walker）和奥斯本（Osborne）等地出产的用于洗涤布匹的黏土。在洗涤和加厚布匹方面，这些黏土的作用与肥皂不相上下。我们也有大量染色用的明矾和金属铜的储备，有足够的劳动力去做如纺线和其他坊主不愿做的事情。如果有人能够引入可以给英格兰布匹染色的染料；能够想出妙计，为英格兰王国引入能够在英格兰自然生长的原材料，那么他……绝对有可能会在英格兰王国的历史上永垂不朽。

第2章 立足国内的发展政策

下面我要提到哈克卢伊特写给一位商业探险家同盟成员的一封信。这封信与英格兰布匹业的发展息息相关，其内容如同田园诗般令人愉悦。这封信的名字叫《君士坦丁堡要旨》(Principal Factor at Constantinople)。哈克卢伊特要这位商业探险家同盟成员弄清楚土耳其布匹贸易的所有秘密；要他把土耳其染色布匹的样品送到英格兰王国设立的染色坊(Dyers' Hall)；要他带一个从小就学习染色技术的"聪明的年轻人"，或者把熟练的土耳其染工和织工带回英格兰；如果有必要，那么他还可以贿赂"一些土耳其权贵"或"通过私下活动使自己"赢得法兰西王国大使的青睐，当时法兰西王国在君士坦丁堡的势力较大；要他弄清土耳其染色技术的所有秘密，"不管某种染料是由某种或某几种常见野草制成的，还是由某种植物、树皮、木莓、种子、谷物或矿物质等其他物质制成的"，他必须对这些物质耳熟能详。如果"某种蓝色染料"是由某几种野草混合配制而成的，那么他必须得到这几种野草的种子或根。只有这样，这些染料的原材料才能成为英格兰王国"天然的产品"。"靛蓝就是这样被引入英格兰的，之后逐渐在英格兰旺盛地生长起来。我们的宿敌——法兰西王国因此遭受了巨大损失。"藏红花也是这样被引入英格兰的。哈克卢伊特希望"苏马克(Sumack)——西班牙王国制作优质黑色染料的植物"也能被引入英格兰。为了国家利益，这位商业探险家同盟成员最重要的事情是尽可能将所有染料的原材料引入英格兰。有一种叫圆木或者叫"帕洛坎佩乔"(Palo Campechio)的木材，"它的价格很便宜"，并且能够提炼出散发耀眼的蓝色的染料，"但我们无法确定其中的奥妙"。因此，这位商业探险家同盟成员必须"尽力"发现其中的秘密。有一种胡麻属的植物，最早生长在埃及，后来被引入了意大利。这种植物能提炼出油状染料，也有可能在英格兰茂盛生长。因此，哈克卢伊特叮嘱这位商业探险家同盟成员特别注意这种植物。

如果某种染料的原材料不能在英格兰种植，那么英格兰商人很有可能会把它们种植在其他气候适宜的国家。这是因为某一种必需的商品如果被某一个国家控制，那么它的交易价格就会比较昂贵。将来某一天，如果英格兰王国不得不依赖某个敌对国家去获取某种染料，那么英格兰王国的处境就会十分被动。因此，哈克卢伊特这么做是有道理的。

从这封信的内容中我们可以看到，在这位商业探险家同盟成员离开英格兰前，哈克卢伊特要求他必须事先精通英格兰王国羊毛产业的各个环节，这样他才有可能知道如何修改我们的布匹产品来适应土耳其人的品位："英格兰布匹可以根据外国人的需求改变款式，无论他们想要的布匹是厚的、薄的、宽的、窄的、长的、短的，我们都能做出来。"

不过，前提是我们必须有一个"常项准则"：

我们的布匹制作要尽可能由本国人民参与。对这一点，我们要足够重视。世界上最疯狂的事情莫过于将我们未加工的羊毛直接出口到国外，或者我们仅仅把部分羊毛制成粗布后就出口到国外。更加可怕的是，我们还以同样的方式处理我们十分珍贵的凯西斯布。同样大小的两个袋子，一个装满羊毛，另一个装满羊毛制成的布匹，两者虽然看起来体积差不多，但所得利润有天壤之别。英格兰商人应肩负起应负的社会责任，尽最大可能照顾到英格兰王国的穷苦大众。进一步来说，我们如果能够把羊毛制成帽子，那么赚取的利润就会比前面所述的两种情况高得多。英格兰王国要尽量不再出口"白色布匹"，那样我们就可以将这些"白色布匹"染上各种颜色后再出口。这样一来，英格兰人就有可能获取最大利益。另外，染布时，我们要尽量使用英格兰自然出产

第2章 立足国内的发展政策

的染料，尽最大可能不用外国染料。

这就是英格兰王国对羊毛产业采取的国家政策：出口羊毛布匹强于仅仅出口羊毛，出口羊毛布匹制成品强于仅仅出口半成品，出口高度加工的布匹制成品强于仅仅出口简单的织物，出口染色布匹强于仅仅出口"白色布匹"，出口用本国染料染色的布匹强于出口用外国染料染色的布匹。所有这一切都有一个共同目标：让英格兰人获取最大利益。

随后，我们看到，以哈克卢伊特在《君士坦丁堡要旨》中提到的策略为基础，英格兰王国枢密院制定了无数类似的国家法规。例如，对布匹修整和染色十分必要的明矾也引起了英格兰王国的高度关注。当时，美第奇家族几乎垄断了明矾的生产。这让佛罗伦萨的织工占据了极大优势。过去，我们加工布匹所用的明矾产自意大利和德意志。从国家利益安全的角度来看，这种状况非常危险。在伊丽莎白统治时期的档案中，我们发现了许多与寻找明矾有关的文献。以下是哈克卢伊特写于1565年6月的内容：

> 科尔内留斯·德·沃斯[1]和伊丽莎白签订了契约，共同寻找明矾、铜或同类矿物的矿场，特别是在怀特岛(Isle of Wight)。

1566年5月22日，芒乔伊男爵(Baron Mountjoy)[2]从普尔(Poole)写信给塞西尔，感谢他将朱利奥(Julio)博士派过来，同时报告了他们在寻找明矾、铜和其他矿物方面的工作进展。找寻工作持续了很长一段时间，英格兰王国最终在约克郡建立起明矾工业，从而保证了英格兰布匹业的安全。

---

[1] 科尔内留斯·德·沃斯(Cornelius de Vos, 1584—1651)。——译者注
[2] 即詹姆斯·布朗特(James Blount, 1533—1582)。——译者注

羊毛梳是羊毛产业的另一个基本要素。长期以来，英格兰王国所需的羊毛梳是从佛兰德斯进口的，用德意志生产的黄铜丝制成。这种依赖同样很危险，但激发了我们发展金属产业的决心。羊毛梳的制作需要黄铜丝和其他金属片。为制作羊毛梳，我们必须拥有锌、铜等金属。不过，当时这些金属的冶炼技术都被德意志人垄断。

扬森[①]记录了以下内容：

> 采矿技术源于德意志人，之后被其他国家竞相学习……在苏格兰，德意志人发现了矿脉，并且教会了苏格兰人如何采矿。1452年，英格兰王国从奥地利大公国的魏森（Weisen）和波希米亚王国引进了矿工，让他们从事矿山开采工作。不过，当时矿山由英格兰王室控制。

早在黑太子[②]时期，汉萨同盟就已经在康沃尔（Cornwall）的锡矿上开矿了。因此，当伊丽莎白需要用黄铜做羊毛梳和军械时，她不得不到德意志去寻找专家。

接下来，我要讲到的霍赫施泰特家族是16世纪德意志金属协会（Metallgesellschaft）的实际控制者。这个家族人口众多，主要聚集在奥格斯堡（Augsburg）。根据扬森的说法，霍赫施泰特家族成员采用了"最简单、粗暴的方法"开采蒂罗尔的铜矿和银矿。他们挖空了很多矿场，还在其他方面制造了一些小麻烦。例如，安布罗斯·霍赫施泰特[③]曾试图在水银矿产开

[①] 即约翰内斯·扬森（Johannes Janssen, 1829—1891）。——译者注
[②] 即黑太子爱德华（Edward the Black Prince, 1330—1376）。——译者注
[③] 安布罗斯·霍赫施泰特（Ambrose Hochstetter, 1463—1534）。——译者注

第2章　立足国内的发展政策

发中占得一席之地。"他投资了二十万弗罗林去开发水银矿产，"扬森说，"但他最终损失了三分之一的资金，因为人们在西班牙王国和匈牙利王国发现了大量的水银矿产。"就像有些现代金融家一样，他将自己"伪装成一个虔诚的基督教徒"，结果"大量王公贵族，甚至还有众多农民和农场雇工都把多余的钱借给他，想要获得一些利润"。奥格斯堡的克莱门斯·森德（Clemens Sender）写道："大量的农场雇工，甚至手里连十个弗罗林都没有的人，也要把钱借给安布罗斯。他们认为钱放在他那里比较安全，每年还可以得到一定的利息。"在这个故事中，人们追求个人利益的贪婪本质暴露无遗。扬森对此事所作的评论充满了对这一人性弱点的深切思考。他说："得知安布罗斯·霍赫施泰特破产后，当地议会立即将其关进了监狱。"

我们不知道这些小麻烦是否与霍赫施泰特家族的迁徙有关，但可以肯定的是，霍赫施泰特家族成员与塞西尔的关系密切，参与了很多矿产开发活动。

安布罗斯·霍赫施泰特因开采水银而出名。他的儿子约阿希姆[①]挥霍无度，"经常举办宴会，一次宴会就能花掉五千弗罗林到一万弗罗林。与人赌博时，一出手就是一万弗罗林到三万弗罗林"。我们发现，当安布罗斯·霍赫施泰特被关进新建的监狱时，他的儿子约阿希姆却很高兴地离开了奥格斯堡。1526年，作为一群德意志人和荷兰人的首领，约阿希姆出现在苏格兰。这群人获得了苏格兰王国所有金矿和银矿为期四十三年的开采补助金。"1531年，这笔钱将发放完毕。"听到这样的说法，我们并不惊讶，"因为我们要想有所收获，必然得有一些本金的投入，支付这些矿工

[①] 即约阿希姆·霍赫施泰特（Joachim Hochstetter，生卒年不详）。——译者注

来回的旅费的确算不了什么"。

丹尼尔·霍赫施泰特①很可能是约阿希姆的儿子。1564年9月10日，我们得到了丹尼尔即将在英格兰王国与托马斯·瑟兰②合作成立采矿公司的消息。丹尼尔和托马斯·瑟兰要"在英格兰的某些地方寻找矿产并进行开采"。事实上，早在1561年，伊丽莎白就与约翰·斯坦伯格③和托马斯·瑟兰签署契约，成立了"英格兰矿山开采公司"（Corporation for Working Mines in England）。实际上，1564年成立的公司是对"英格兰矿山开采公司"的重建。后来，新成立的公司逐渐发展成了"王室矿山协会"（Society of Mines Royal）。此时，与矿物开采密切相关的军械工厂开始筹建。不过，遗憾的是，不仅开采矿产所需的矿工要由格雷沙姆从德意志带来，而且一半的开采资金都要在神圣罗马帝国境内筹集。伊丽莎白统治时期的英格兰人很不喜欢这些德意志人。人们怀疑，丹尼尔和他带来的矿工想千方百计阻碍英格兰人寻找"炉甘石"——这种矿石的名字是伊丽莎白统治时期英格兰人命名的。粗锌就是从炉甘石中提炼出来的。另外，新成立的公司内来自英格兰王国的股东抱怨道，公司利润几乎全被霍赫施泰特家族榨干了，尽管"勘探和开采的利润丰厚，但塞西尔只是让德意志人赚了钱。"

在给当时的伦敦市议员达克特④的信中，丹尼尔·霍赫施泰特写道："这真是一个令人高兴的消息，塞西尔在矿产事务中表现得十分积极和友好。他需要的资金已经准备充足了。在开采矿山的过程中，我们一定不能缺钱。"

---

① 丹尼尔·霍赫施泰特（Daniel Hochstetter，生卒年不详）。——译者注
② 托马斯·瑟兰（Thomas Thurland，生卒年不详）。——译者注
③ 约翰·斯坦伯格（John Steynbergh，生卒年不详）。——译者注
④ 即莱昂内尔·达克特（Lionel Duckett，1511—1587）。——译者注

第2章 立足国内的发展政策

为了控制这些新兴工业，英格兰政府和德意志资本家发生了不小的冲突。在文献中，我们可以追溯到这部分历史。在一份契约中，伊丽莎白、造币厂的威廉·汉弗莱[①]及负责开采矿物和制造军械的德意志人克里斯托弗·舒茨[②]规定，合伙企业中的其他"陌生人"不得超过八人，并且这些人的股份不能超过全部股份的三分之一。任何隐瞒股份或转让股份所有权的行为都将受到严厉处罚。丹尼尔·霍赫施泰特竭力尝试利用公司发起人拥有的所有权力来规避这样的规定。1565年，丹尼尔·霍赫施泰特提议，"他可以与其他人一起分享公司利润，这就意味着其他人也要瓜分公司的利润"。他"将一部分产品和利润据为己有，同时为了表达善意和友好，将部分股份自由赠与他人"。他向彭布罗克伯爵[③]、莱斯特伯爵[④]、塞西尔、塔姆沃思（Tamworth）的部分议员，以及达克特免费赠送了部分股份，"希望这些人接受这些股份，从而达到取悦他们的目的"。此外，人们最终发现，丹尼尔·霍赫施泰特及其管理的德意志矿工背后是一家势力庞大的德意志公司。这家公司之前在纺织品和香料贸易中很有名，但当时已接管匈牙利境内富格尔家族（the Fuggers）经营的矿场。

不过，塞西尔的最终目的是丹尼尔·霍赫施泰特这种卑鄙的人做梦也想不到的。

1559年6月，英格兰的地方政府给斯克罗普[⑤]写了一封信，信中说"凯西克（Keswick）附近的冶铜厂是由外国人开设的，但其依赖的矿山属于英格兰王室。于是，我们采取了一些手段，让那些外国人遭受了重大损

[①] 威廉·汉弗莱（William Humphrey, 约1515—1579）。——译者注
[②] 克里斯托弗·舒茨（Christopher Schutz, 1521—1592）。——译者注
[③] 即威廉·赫伯特（William Herbert, 1501—1570）。——译者注
[④] 罗伯特·达德利（Robert Dudley, 1532—1588）。——译者注
[⑤] 即亨利·斯克罗普（Henry Scrope, 1534—1592）。——译者注

失。那些外国人遭受的损失远远超过了冶铜厂给他们带来的利润。我们的最终目的是希望伊丽莎白和英格兰王国能够比较容易地获得制造军械的物资，而不是毕恭毕敬地听从外国人的摆布。那些外国人本来是为我们服务的，不应该在我们这里指手画脚，随意发号施令。"在谈到两家矿业公司时，W.R.斯科特（W.R.Scott）向我们展示了英格兰王国的整个国家计划：

> 乍一看，制造黄铜和制造金属丝的操作流程似乎是脱节的，但实际上并不是这样，制造黄铜和制造金属丝的环节对生产羊毛梳都很重要。更引人注目的是，羊毛梳的生产过程蕴含着一个"综合产业"。在萨默塞特（Somerset），冶铜厂拥有"炉甘石矿"。这里生产的矿石被运到诺丁汉（Nottingham）或伦敦，因为冶铜厂在这两个地方设有冶炼黄铜的分厂。黄铜生产过程中所需的红铜可以从"王室矿山协会"购买。之后，黄铜就可以被制造出来。在蒙茅斯（Monmouth），冶铜厂还拥有铁矿厂。在获得铁矿石后，我们还可以制造"奥斯蒙德铁（Osmond Iron）"，并且将其拉成铁丝。最后，无论生产出来的是铁丝还是黄铜丝，我们都可以用它们来制造羊毛梳。

不过，比制造羊毛梳更加重要的是，人们还可以利用黄铜制造军械。神圣罗马帝国在其势力进入英格兰王国的初期，一直控制着军械的生产，只有很小一部分军械是在英格兰王国制造的。通过档案，我们可以追踪到英格兰王国在军械方面对其他国家的依赖。例如，在一份玛丽一世统治时期没有标明具体日期的文件中，我们可以看到英格兰王国需要从国外购买火药和其他弹药的清单。1552年8月1日，在给塞西尔的信中，彼

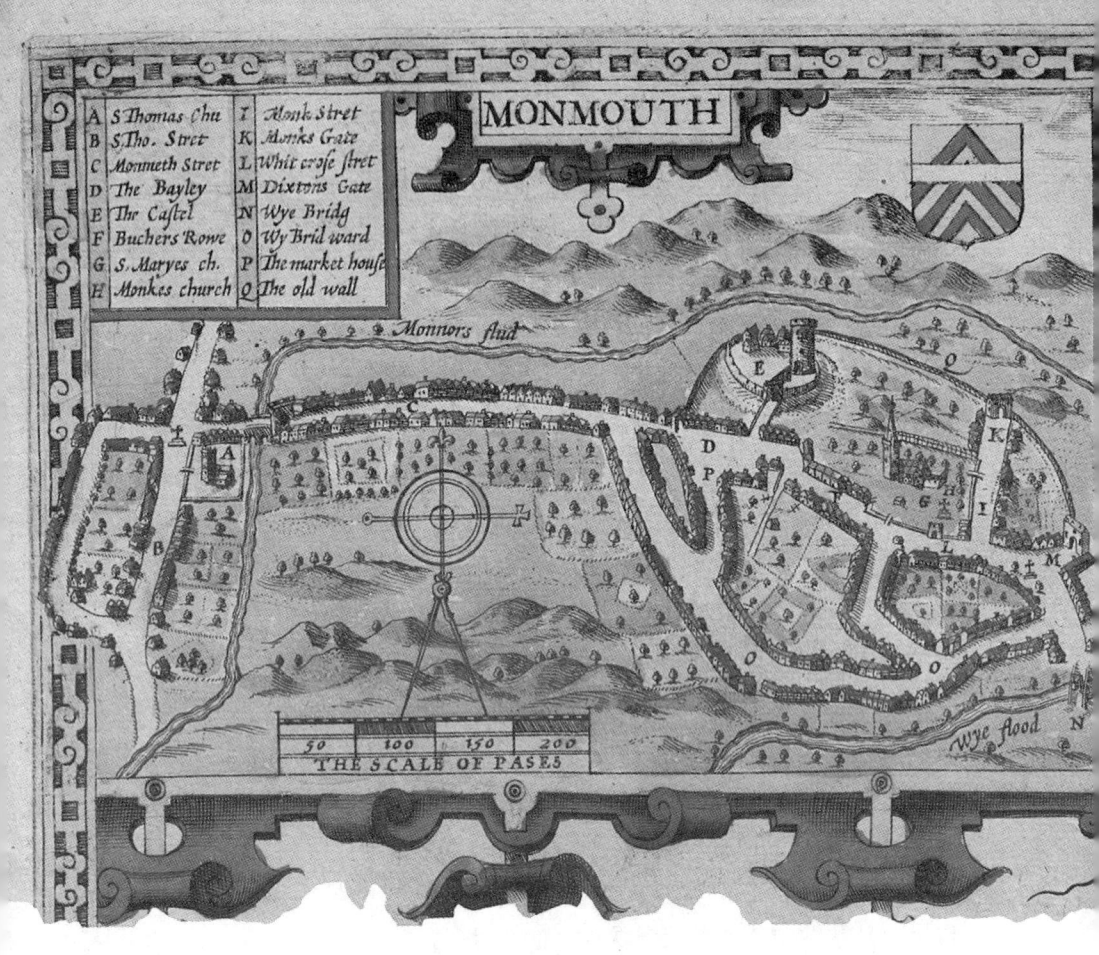

1610年的蒙茅斯

约翰·斯皮德（John Speed，1551或1552—1629）绘

得·霍比爵士(Sir Peter Hoby)写道："我们需要向西班牙王国申请运输许可证，因为达姆塞尔(Damsell)先生需要替英格兰王国购买火药用于防卫安特卫普。"在伊丽莎白统治初期，我们发现有无数条关于购买军械的条目。这些条目清楚地写明"武器、盔甲和弹药将由当时伊丽莎白在安特卫普的代理人格雷沙姆提供"。事实上，当时的英格兰王国"对那些国外的陌生人毕恭毕敬"，很难实现政治和军事政策的独立。

坎宁安[①]说："用于制造火药的硝石和硫黄，以及用于制造军械的铁和铜，只能通过我们潜在对手控制的港口才能获得。难怪西班牙人会轻蔑地认为征服英格兰王国是件非常容易的事情，因为当时英格兰王国几乎没有任何武器装备。"

为实现军事工业的独立，英格兰王国随后邀请霍赫施泰特家族入境，让其协助寻找炉甘石并冶炼金属。塞西尔十分关注此事，甚至为此哄骗德意志专家，为他们提供资金，并且通过保护专利、实施垄断、调整关税和颁布禁令等措施来保护英格兰当时还处在萌芽阶段的军事工业。塞西尔的努力得到了回报。其任期结束时，他已为英格兰王国的军械制造业打下牢固基础。实际上，当时的西班牙人曾试图通过走私的方式购买英格兰王国制造的军械。1591年，为买到一百磅重的英格兰王国制造的军械，西班牙人甚至愿意出价十九先令到二十二先令，"还愿意再给走私者终身每月四十先令的养老金"。也正是因为英格兰王国实现了军械制造的"自给自足"，塞西尔才能够安享晚年、怡然自得。

我对英格兰王国的金属生产与依赖状况探讨得比较详细，主要是因为英格兰王国金属产业的发展历程有力地说明了一个行业的发展可以带

---

① 即威廉·坎宁安（William Cunningham，约1520—约1578）。——译者注

第2章 立足国内的发展政策

动另一个行业的发展。毛纺织业十分依赖羊毛梳，而羊毛梳的生产需要黄铜，于是黄铜冶炼产业就顺势发展起来了。出售羊毛梳能赚取大量利润，这些利润为进一步发展军事工业提供了资金。此外，由于在羊毛梳的制造过程中，金属丝必不可少，于是，英格兰王国建立了自己的金属丝制造工业。

一位时事评论作家说："通过将军事工业和民用工业结合在一起，在经历了许多困惑和低质量的生产阶段后，军械和金属丝联合生产公司（The United Battery and Wire Company）使黄铜丝的制作工艺达到了完美的地步。后来，英格兰王国大大降低了来自荷兰和德意志的黄铜丝的进口量，直至最终完全不再进口国外生产的黄铜丝。"

对这种"对内依赖"政策的理解，我们可以从任何一种商品入手，然后通过当时的国家文件进行跟踪研究。火药就是另一个例证。当时，神圣罗马帝国各港口控制着硫黄和硝石的供应。直到1595年，我们还听说有十名商业探险家同盟成员从施塔德港采购"硝石和火药"。据说，为了让这些物资顺利进入英格兰，商业探险家同盟花重金收买了施塔德港的相关管理人员。也就是说，施塔德港的管理人员虽然名义上效忠神圣罗马帝国，但其所作所为与神圣罗马帝国的国家利益背道而驰。从施塔德港采购"硝石和火药"的活动是"弗朗西斯·维尔[①]与阿姆斯特丹（Amsterdam）商人私下秘密进行的"。不过，早在1561年3月，伊丽莎白就与来自神圣罗马帝国的一个叫杰勒德·洪里克（Gerard Honrick）的海军将领签订了一项协议。杰勒德·洪里克是"神圣罗马帝国的一名海军将领，非常擅长制作硝石"。我们还发现，在伊丽莎白统治时期，为了提炼出这种邪恶的商品，当时的制

[①] 弗朗西斯·维尔（Francis Vere，约1560—1609）。——译者注

硝人整日忙于精炼牛棚和马厩地面上的泥沙。类似的商品还有食盐。食盐可以用于腌制鱼类产品，在渔业中必不可少，以前都是从德意志和法兰西进口的。为改变这种状况，英格兰王国采取了一些应对措施。于是，我们看到：1563年，德意志人加斯帕尔·泽勒(Gaspar Seeler)获得了在英格兰王国制盐的财政拨款；1565年，法兰西人弗朗索瓦·贝尔蒂(Francis Berty)获得了同样的拨款。

我们还发现，为实现船部件的独立供应，使英格兰王国不再受制于波罗的海地区，塞西尔整日辛勤工作。他鼓励英格兰人生产木材，种植大麻和亚麻。此外，塞西尔还在斯坦福德(Stamford)培养了大批佛兰德斯亚麻布织工，以便为海军战舰提供帆布。实际上，他竭力培育英格兰境内几乎所有工业，决心通过依赖国内生产的国家政策，使英格兰王国实现国家独立，获得国家安全保障。

从这里我们可以看出，英格兰王国的优胜之处在于其基于国家利益的国家政策。这是一种独立政策、实力政策，而不仅仅是一种建立在财富数量和廉价商品基础上的国家政策。现在，我们必须回到基于国家利益的国家政策上来，把从祖先那里继承下来的这一可贵遗产传给子孙后代，使其成为一种英格兰人世代拥有的、绝对安全的宝贵财富。

第3章 杰克和巨人

JACK AND THE GIANT

正如我们看到的那样，英格兰王国的国家政策是一种基于国家利益制定的国家政策。这一政策诞生于英格兰人不愿再"受制于"外国人的决心。这种政策不是由英格兰政府或者商业探险家同盟单独执行的，而是通过两者的和谐合作来实现的。这一政策曾让英格兰王国与一个庞大的欧洲陆上强国发生冲突，并且最终使英格兰王国安全、荣耀地渡过了难关。接下来，我们来回顾一下这段历史。

我们可以把这段历史称为"杰克和巨人（Jack and the Giant）的对抗"[①]。在伊丽莎白统治初期，苏格兰王国、爱尔兰王国与英格兰王国实际上处于敌对状态。英格兰王国几乎没有陆军和海军，也没有可用的资源去建造和武装军队。当时，英格兰王国只有勇敢的伊丽莎白、智慧的大臣、富有冒险精神的强大的商船队、用世界上最好的羊毛做原料的布匹工厂，以及英格兰人的斗争精神。

当时，欧洲大陆的辽阔领土正处于哈布斯堡家族（House of Hapsburg）的统治下。在历史上，英格兰王国曾与西班牙王国爆发过激烈的冲突。不过，在后文发生的这场冲突中，英格兰王国的对手远比西班牙王国强大。这个对手拥有帝国强权和帝国商业制度，控制着当时世界上大部分财富与海上军事资源。

在西班牙王国发现西印度群岛和葡萄牙王国发现东印度群岛（East Indies）前，神圣罗马帝国几乎控制着世界上大部分的财富和贸易活动。在贸易方面，"德意志商人协会"的势力从贝尔根（Bergen）延伸到威尼斯，从诺夫哥罗德（Novgorod）延伸到伦敦。在《德意志人历史》（History of German People）一书中，扬森写道："正是在15世纪，汉萨同盟的势力达到了顶峰。"汉

[①] 这一说法源于英语童话故事《杰克和巨人》，它讲述了杰克依靠自己的智慧，最终战胜巨人的故事。此处"杰克"喻指英格兰王国，"巨人"喻指神圣罗马帝国。——译者注

第3章 杰克和巨人

萨同盟的商业势力延伸到俄罗斯沙皇国、丹麦王国、挪威王国、英格兰王国、苏格兰王国、法兰西王国、西班牙王国和葡萄牙王国,深入德意志、立陶宛(Lithuania)和波兰。在商业上,俄罗斯沙皇国和斯堪的纳维亚半岛(Scandinavia)上的几个国家完全受制于汉萨同盟。15世纪末,与神圣罗马帝国相比,英格兰王国在贸易方面的地位很低。在贸易方面,英格兰王国与神圣罗马帝国的地位对比情况,基本上与19世纪末德意志帝国与英格兰王国的地位对比情况差不多。

至于财富,"毫无疑问,"菲舍尔[1]说,"对欧洲来说,以前的德意志就像现在的墨西哥(Mexico)和秘鲁(Peru)一样资源丰富。"那位"快乐的绅士"——曾试图欺骗格雷沙姆的曼斯菲尔德伯爵[2]——拥有一座几乎取之不尽、用之不竭的铜矿。我们已见识过霍赫施泰特家族的铁矿石开采过程,以及他们的德意志矿石开采及贸易组织榨取蒂罗尔矿场的过程。不过,与此相比,哈布斯堡家族仅从施瓦茨(Schwarz)的矿山开发中就获得了三十万弗罗林的收入。此外,卡什佩尔斯凯霍里(Kašperské Hory)的金矿支撑起了三百五十家开采和冶炼工厂的运转。克尔科诺谢山(Krkonoše)拥有丰富的金矿资源。厄尔士山脉(Erzgebirge)的银矿出产的矿石数量十分庞大。据说,当时从事此行业的一些代理人中,竟然有人拥有银制的桌椅。同时,正是在大量银币的作用下,伊斯特林人确立了他们的金融权力和地位。

克里斯托弗·哥伦布[3]和瓦斯科·达·伽马[4]改变了世界的金融和商业体系。一个来自南非(South Africa)的朋友曾说,与拥有大量宝藏的阿兹特克人

---

[1] 即尤金·菲舍尔(Eugen Fischer, 1874—1967)。——译者注
[2] 即彼得·恩斯特·冯·曼斯菲尔德(Peter Ernst Von Mansfeld, 1580—1626)。——译者注
[3] 克里斯托弗·哥伦布(Christopher Columbus, 约1451—1506)。——译者注
[4] 瓦斯科·达·伽马(Vasco da Gama, 约1460—1524)。——译者注

（Aztecs）相比，德意志人的矿藏开采方式显得非常"低级"。此外，德意志人长期依靠波斯湾（the Gulf）和红海（Red Sea）的威尼斯商业路线，逐渐无法与经好望角（Cape of Good Hope）的海上航线开展竞争了。

不过，德意志人的资金雄厚，并且其贸易组织内部井然有序，他们立即着手控制新航线上的贸易活动。扬森这样写道，"北德意志人对葡萄牙王国发现的新世界非常感兴趣，并且汉萨同盟派了许多船前往新航线。在第一次前往印度的航程中，瓦斯科·达·伽马就得到了一名德意志人的协助"。1503年，韦尔瑟家族（Welser family）和其他德意志商人在里斯本（Lisbon）建立了一家商业公司。多姆·伊曼纽尔（Dom Emanuel）给予德意志商人的特权"确实比给予自己臣民的特权还要多"。德意志人"在印度开展商业活动时享有优先权。对所有来自印度或新发现岛屿的香料、木材和其他货物，德意志人都可以免税购买和运输"。德意志人还可以在里斯本建立自己的法院。当时，神圣罗马帝国的商业船队甚至可以与西班牙无敌舰队并驾齐驱。在1505年的印度探险中，弗朗西斯科·德·阿尔梅达①使用了大量的船，其中，三艘最大的船属于德意志商人。据估算，德意志商人从这次冒险活动中获得了不低于百分之一百七十五的利润。在这里，我们引用的是扬森的说法，而惠勒的说法是汉萨同盟商人为西班牙人的航行活动提供了大量资金。

汉萨同盟的船把香料和金银运到佛兰德斯、汉堡和波罗的海地区，然后带着制成品、军需品、各种海上物资和玉米回到西班牙王国。在这个商业模式中，英格兰王国扮演着随从的角色。英格兰羊毛及半成品首先被运到汉萨同盟城市佛兰德斯。之后，为满足西班牙和德意志的市场需

---

① 弗朗西斯科·德·阿尔梅达（Francisco de Almeida，约1450—1510）。——译者注

弗朗西斯科·德·阿尔梅达
作者信息不详,绘于1545年之后
现藏于里斯本古代艺术国家博物馆

求，英格兰羊毛及半成品在佛兰德斯进行编织、整理和染色。在意大利城市——威尼斯、那不勒斯(Naples)、佛罗伦萨的资助下，以及各任教皇的协助下，哈布斯堡王朝构建了体系完备的商业制度。

在伊丽莎白统治时期，英格兰王国的奋起反抗，正是对这种古老、优越的商业制度的反抗。在胆小的人看来——如果伊丽莎白统治时期的英格兰王国有这种人，这种反抗成功的希望十分渺茫。不过，在任何无懈可击的国家机构中，在任何巨人的盔甲下，肯定会存在某些弱点。在政治上，查理五世从未能够统一整个神圣罗马帝国。由于查理五世的无能，神圣罗马帝国最终一分为二——一边是建立在旧德意志基础上的帝国区域，另一边是勃艮第(Burgundy)、西班牙及意大利。除了都拥护哈布斯堡王朝，这两个政治集团没有任何共同利益。哈布斯堡王室成员虽然有一定的政治能力，但不能调和两者间存在的巨大利益冲突。

神圣罗马帝国本身没有足够强大的政府力量来维持内部团结。神圣罗马帝国虽然进行了多次尝试，但由于缺乏有效的方式，以及帝国内部各王国间的相互猜忌和利益冲突，这些尝试最终都失败了。

1522年至1523年，纽伦堡帝国议会(Diet of Nuremberg)召开。神圣罗马帝国各地联合提出了一项税收计划，旨在团结神圣罗马帝国各地，增强神圣罗马帝国的国力。扬森说："这项计划提出，神圣罗马帝国需要征收一种一般性关税，征收范围包括进出口商品和所有非生活必需类商品。预征收关税的税率为百分之四，按商品的销售价格征收。"

这项税收计划立即在政治上将神圣罗马帝国分成两派，一派代表王公贵族和农业利益，另一派代表商业和金融利益。汉萨同盟极力支持代表商业和金融利益的、支持自由贸易的人的观点。1523年2月2日，申诉城市上书请愿。请愿书中说，该关税将"摧毁所有现有的贸易活动，并且将激起

第3章　杰克和巨人

人民的强烈反对，甚至会导致人民采取危险的行动"；"所有工匠和高级技术工人都会被驱赶到其他国家，这将使神圣罗马帝国变得穷困潦倒"。

代表王公贵族和农业利益的关税改革派认为，"这项税收不会给老百姓带来沉重负担"，因为食品和原材料是不征税的，"只征收奢侈品和非生活必需品的税款"。"其他国家已对奢侈品和非生活必需品征收了类似的关税，甚至征收的税率更高"，但"贸易和商业活动丝毫没有减少"。此外，外国人也需纳税："这项关税只会影响到其他国家，如波希米亚王国、匈牙利王国、波兰共和国、英格兰王国等我们进口应税货物的地方。"汉萨同盟被这些言论压得喘不过气来，于是派了一个代表团到里昂(Lyons)面见法兰西国王[1]，请求他表达反对征税的意见。当时，法兰西王国与神圣罗马帝国冲突不断。法兰西国王毫不犹豫地告诫臣民，法兰西人受到了神圣罗马帝国残酷的、不公正的对待。此时，汉萨同盟派遣了一个代表团到巴利亚多利德(Valladolid)面见查理五世。"该项税收计划的唯一结果是，"代表团成员对查理五世说，"将彻底摧毁一切贸易活动，无论其贸易规模是大是小，也无论其贸易形式是大宗批发还是零售贸易。所有商人将会从神圣罗马帝国移民到异国他乡。"这些不久前还与神圣罗马帝国的对手进行合作的支持自由贸易的人毫不羞耻地争辩道，征收关税"会激怒普通民众，甚至会进一步导致他们的反抗和骚乱，因为普通民众已表现出许多不服从的迹象"。

某些城市的反抗活动是由马丁·路德[2]暗中协助开展的。然而，支持自由贸易的人向查理五世保证：马丁·路德的宣传书已遭到没收；当前，某些城市发生的反抗活动不是因为宗教，而是由新的税收计划引发的。当

---

[1] 即弗朗索瓦一世(François I，1494—1547)。——译者注
[2] 马丁·路德(Martin Luther，1483—1546)。——译者注

然，支持自由贸易的人也没有忽视游说的作用。他们说，新的税收计划不会给查理五世带来什么收益，获得的税收很容易被其他人中饱私囊。另外，查理五世将会失去那些一直愿意以百分之八至百分之十二的利率向他提供军费借款的爱国金融家的支持。在游说活动中，利益这只看不见的手没有缺席。"神圣罗马帝国议员汉纳特（Hannart）得到了汉萨同盟五百弗罗林的好处费承诺；与查理五世的使者打交道的其他三位议员每人得到了两百弗罗林好处费的许诺"。于是，汉纳特向汉萨同盟城镇承诺，"他将在查理五世面前及议会中为汉萨同盟争取利益"。

支持自由贸易的人那些貌似崇高、有力的言论占了上风。最终，查理五世倾向于采取自由贸易政策。神圣罗马帝国的关税计划"以一种令人遗憾的方式被搁置……这一结果绝对不利于神圣罗马帝国的国家利益"。

在这种国家财富重于国家统一、贸易活动优于生产活动的政策指引下，神圣罗马帝国境内各城市在16世纪末一直处于领先地位。伊丽莎白登基后，神圣罗马帝国对英格兰王国曾提出抗议，但这种抗议并不是因为英格兰王国的廉价布匹冲击到神圣罗马帝国的织布业，而是因为英格兰王国运输英格兰布匹时仅使用本国船，并且只有英格兰人才能进行英格兰布匹的交易活动。

在谈到神圣罗马帝国与英格兰王国的冲突前，我们可以再引用一下扬森的话来说明自由贸易政策对德意志的影响。扬森给我们描绘了一幅貌似富裕，但充满不满的图景。德意志厂商的处境每况愈下："一切都乱了套，每个技工都想当师傅……只想损人利己。技工匆忙完工，只顾及产品外表是否说得过去；德意志采购商只考虑商品价格是否便宜，从来不考虑商品质量。"在各个阶层中，人们都在追求洋货和新的时尚物品。另一个同时代的人写道："奢侈的衣服使德意志贵族一贫如洗。德意志贵族渴望

第3章 杰克和巨人

像富有的城市商人一样穿着华丽的衣服,因为以前只有他们才能引领时尚。现在,德意志贵族从庄园拿到的收入不及商人的二十分之一……我担心现在发生的一切会给神圣罗马帝国带来非常严重的后果。"

时尚"每年都会改变"。盖勒·冯·凯泽伯格(Gailer von Kaiserberg)对这些乱象表示惊叹,说"女人戴的帽子帽檐精致、光彩夺目。她们打扮得就像教堂里的圣人一样……全身上下、里里外外都透露着愚昧无知……她们追求的时尚物品花样繁多……政府应禁止女人穿那些短得令人讨厌的衣服。"甚至众多农民及其妻子"也开始购买昂贵的外国商品,穿上天鹅绒和丝绸做的服装,装作贵族"。

德意志旧有的制造商逐渐没落,这正是自由贸易政策带来的后果。商人指责教会荒淫奢侈,而教会指责商人高利盘剥。各阶层、各利益集团、各王国相互嫉妒,造反之心蠢蠢欲动。对外贸易带来的巨额利润,对金属和胡椒的疯狂投机,各公司的夸张宣传和商品垄断,所有这些活动的确曾给神圣罗马帝国带来巨额财富,但这种巨额财富既没有带来国家的安宁,也没有带来民族的团结。

在神圣罗马帝国不断重视商业贸易的同时,西班牙王国开始专注于发动战争,并且以此夺取战利品和赢得国家荣耀。西班牙王国忽视制造业,把国家的主要精力用在操练士兵和打造军队上。尽管拥有丰富的财富,但在不断开展的对外战争中,逐渐变得穷困潦倒。西班牙王国只能不断向神圣罗马帝国申请获得所需的各种物品。当时,西班牙王国需要进口几乎所有必需品。于是,西班牙王国从国外得到的黄金就这样进入了其他国家的口袋。西班牙王国的国家经济过于依赖德意志及其他地区,但这些地区离西班牙王国较远。因此,西班牙王国只得支付重金从这些地区进口物品。这样的经济模式极不安全。西班牙王国需要到佛兰德斯寻找布匹，还需要到神圣罗马帝国寻找船和粮食。在西班牙无敌舰队遭遇失败后，塞西尔说，如果没有神圣罗马帝国的补给，那么"西班牙王国绝对没有能力打造出这么一支随时可以征战的海军，但这是一支你能想象得到的最卑鄙、无能的军队"。

英格兰王国制定了一系列基于国家利益的国家政策。不久，英格兰王国的国家政策就与神圣罗马帝国这个庞大、低效的政治和经济体系发生了冲突。此时，伊丽莎白登上了王位。

1560年，神圣罗马帝国派遣大使向伊丽莎白提出了一系列无礼要求：

第一，汉萨同盟商人以前享有的特权需保持不变。

第二，伊丽莎白应该按照惯例确认汉萨同盟商人的特权。

第三，如果英格兰王国臣民无须缴付较大数额的通行费和关税，那么汉萨同盟商人亦须豁免缴付较大数额的通行费和关税。

如果伊丽莎白对这些要求不满意，那么德意志人建议第三方——可供选择的是查理五世或腓力二世——在伊丽莎白和汉萨同盟之间进行仲裁。或者，如果这一建议也不能使伊丽莎白满意，那么德意志商人可以将争议诉诸法庭由审判者来裁决。审判者可以由一些无利益相关的国王、亲王或大学学者组成。在等待审判期间，德意志商人应与英格兰人一样，按照同样的税率缴纳关税。

这些要求和建议令伊丽莎白很不高兴，但她的谈判专员太过软弱，对其中存在争议的要求和建议，这些谈判专员最终竟然同意"在布鲁日（Bruges）、根特（Ghent）或勒芬（Louvain）设立特别法庭"。不过，伊丽莎白以侮辱王室尊严为由对谈判结果不予理会，并且立即着手采取反制措施。随

第3章 杰克和巨人

后,德意志商人被告知,只要他们不把特定布匹运送到安特卫普、布拉班特、佛兰德斯、荷兰、西兰岛(Zealand)或神圣罗马帝国任何一个城市,也不会把凯西斯布通过以上汉萨同盟城市运送到意大利,那么德意志商人就可以支付"与英格兰王国臣民等额的通行费和关税"。

显然,伊丽莎白决心要为英格兰商人保住主要的布匹市场,但同时她知道英格兰王国还没有强大到足以取消所有汉萨同盟特权的地步。与其他外国人相比,在进出口布匹时,德意志人需要缴纳的关税要少得多。德意志人还获得了向"安特卫普和部分地区"运输一定数量布匹的许可。

德意志商人乐于接受但决不会满足于这些条件。在伊丽莎白统治时期,德意志商人从未停止请愿和"相关活动",以恢复他们"过时的特权"。英格兰人轻蔑地称这些特权为"过时的特权"。德意志商人对此事紧追不舍,导致即使是深沉、有耐心的塞西尔有时也顾不得自己的身份,变得不耐烦起来。伊丽莎白不会忘记谈判中遭受到的被要求仲裁的侮辱。很久以后,她用简洁有力的拉丁语对被侮辱之事做出了猛烈抨击。"德意志人竟然希望,"她写道,"让其他国家的国王去裁决德意志人拥有的、早就有争议的特权。"这件事显然极大地损害了王室尊严。然而,英格兰政府还是小心翼翼地不与汉萨同盟决裂。很久以前,英格兰王国就禁止出口"白色布匹"。这条准则可以视为伊丽莎白统治时期国家政策的必然要求。不过,几乎到伊丽莎白统治时期结束,汉萨同盟城市仍对获取出口"白色布匹"的许可念念不忘。

英格兰王国的布匹贸易政策取得了成功。受此鼓舞,伊丽莎白发动了第二次对外攻击。这次攻击主要是为了扶持英格兰王国的制造业。1562年,伊丽莎白颁布了一项法案。这项法案的序言中有这样的记述,"腰带匠、剪刀匠、马鞍匠、手套匠等工匠",以及"他们的妻子和家人"在开展生产活动时，都可以得到英格兰政府的"支持"。这些工匠从事的行业对"很多从事这一行业的英格兰年轻人学习相关的精湛技艺有好处"。然而，上述这些行业当时已"被大量的洋货"——事实上是倾销——"彻底破坏了"。这些行业相关的精确、细致知识已无从搜集和复原。"英格兰境内的许多城镇因此遭受了巨大损失"，甚至"整个英格兰王国都遭受了巨大损失"。

在这种情况下，英格兰政府规定，此后禁止进口"腰带、剑、刀、鞘、柄、吊坠、链条、马具、手套、针头、皮革、蕾丝和别针，这一规定在圣约翰浸礼[①]盛宴期间或之后开始实施"。

从以上商品的清单中，我们可以清楚地看出，伊丽莎白一方面要保护英格兰王国的工艺技术，另一方面特别关心当时还很弱小的军事工业。然而，这项法案在佛兰德斯遭到了强烈抵制。毫无疑问，在布鲁日和安特卫普，势力强大的汉萨同盟让事态变得更加严重了。

亚当·安德森[②]说："这些规定极大地震动了荷兰人，尤其是安特卫普的市民，当他们看到英格兰人热火朝天地进行商业活动时，顿时怒火中烧。"此外，英格兰王国提高了出口到荷兰共和国的布匹关税，还提高了从荷兰共和国进口的商品关税。这些措施惹怒了荷兰人，并且直接促使荷兰的帕尔马的玛格丽特[③]发布公告，禁止向英格兰王国出口任何涉及布匹生产的商品和原材料。她还以当时在英格兰王国肆虐的瘟疫为借口，禁止进口英格兰毛织品。因此，英格兰王国的商业探险家同盟不得不把羊毛布

---

① 圣约翰浸礼是基督教的入教仪式，施浸礼者把水滴在入教者的额头上，表示入教者的"原罪"得到了赦免，自此入教。——译者注
② 亚当·安德森（Adam Anderson，约1692—1765）。——译者注
③ 帕尔马的玛格丽特（Margaret of Parma，1522—1586）。——译者注

约1562年的帕尔马的玛格丽特

安东尼斯·莫尔（Antonis Mor，约1517—1577）绘

匹带到东弗里西亚的埃姆登进行销售。此后很长一段时间，商业探险家同盟一直在埃姆登进行布匹贸易活动，甚至后来完全抛弃了荷兰市场。随后，腓力二世颁布禁令，禁止任何西班牙人在埃姆登与英格兰人开展贸易活动。不过，伊丽莎白毫不退缩，最终战胜了所有反对势力。腓力二世知道，处于自己控制下的荷兰人只有与英格兰人和平相处才能保证他们的真正利益。最后，他不得不撤销针对英格兰王国的贸易禁令，允许英格兰人同荷兰人开展贸易活动，这等于恢复了之前《马格纳斯贸易条约》（Intercursus Magnus）中的基础条款所做的规定。

这是伊丽莎白和商业探险家同盟的再次胜利，但此时战斗才刚刚开始。1566年，"为更好地利用布匹加工技术和增加就业，救济大量伊丽莎白的臣民"，英格兰王国又通过了一项法案。该法案规定，出口商每出口九匹未加工的布匹，就必须同时出口一匹"已加工的布匹，即裁好的、处理好线头的、标准一致的、用统一标准羊毛做成的"布匹，并且完全禁止出口肯特（Kent）和萨福克（Suffolk）生产的未加工布匹。1567年，商业探险家同盟成功地将汉堡从汉萨同盟中分离出来，之后在汉堡整整坚守了十年。不过，在第十年结束时，在其他城市的强迫下，汉堡最终还是驱逐了商业探险家同盟的商人。汉萨同盟不断利用神圣罗马帝国的立法机构，最终将"垄断"的商业探险家同盟公司全部驱逐出神圣罗马帝国。作为回应，伊丽莎白用金钱贿赂了东弗里西亚伯爵和不伦瑞克-吕讷堡公爵（Duke of Brunswick-Lüneburg）[1]，并且支持荷兰的"边远城镇"反抗西班牙王国和汉萨同盟。

商业探险家同盟因此保住了埃姆登。此外，在"西班牙王国政治团体"的驱使下，商业探险家同盟的众多公司"成群结队"地定居在管理者

---

[1] 即威廉六世（William VI, 1535—1592）。——译者注

第3章　杰克和巨人

腐败丛生的汉萨同盟城镇施塔德。1582年，通过奥格斯堡帝国议会 (Diet of Augsberg)，汉萨同盟成功地获得了驱逐商业探险家同盟的帝国法令。汉萨同盟发现，这项法令刚开始很难执行。但大约四年后，英格兰王国的商业状况就开始变得非常糟糕了。在给哈顿[①]的信中，塞西尔写道："英格兰王国找不到商品的销售市场。这件事影响巨大，涉及的商品不仅包括我们最好的布匹，还包括其他大量商品。这件事涉及的地区包括西班牙、葡萄牙、柏柏里 (Barbary)、法兰西、佛兰德斯、汉堡，以及神圣罗马帝国的其他城市。随着时间的推移，这肯定会给生活在和平时代的英格兰人带来巨大危险和变数。如果没有商品销售市场，那么英格兰人要么会因物资匮乏而坐以待毙，要么会通过暴力活动明目张胆地抢夺他人财物以生存下去。"

1586年，一名在伦敦的西班牙间谍兴高采烈地写信给腓力二世：

> 整个英格兰王国都没有什么商品贸易活动，因为这里的航运和商业活动主要依靠西班牙王国和葡萄牙王国来进行。这种状况不知道怎样才能改变。随着英格兰王国与神圣罗马帝国布匹贸易活动的中断，英格兰人将会失去更多的利益。现在，英格兰人对此已有所察觉。以前，英格兰人在荷兰和莱茵河上游开展布匹贸易活动。不过，现在努茨 (Nutz) 在莱茵河被抓了。此后，英格兰人的一切布匹贸易活动都会归我们所有。英格兰人的其他市场也已消失殆尽。如果贝克 (Berck) 也被抓了——上帝对此事肯定会很高兴，那么英格兰人将无法运送任何布匹。这势必会在英格兰各地引起许多不满。英格兰王国与神圣罗马帝国其他港口，以及与莫

---

① 即克里斯托弗·哈顿 (Christopher Hatton，约1540—1591)。——译者注

斯科的贸易活动无关紧要，因为英格兰人从这些地方带来的所有商品只能运到西班牙才能进行销售。不过，现在英格兰王国与西班牙王国的贸易活动已完全消失。剩下的些许贸易活动对英格兰人来说是没有用的，因为他们根本不知道如何处理从其他国家进口的商品。

这就是在西班牙无敌舰队覆灭前出现的景象。塞西尔的警觉和西班牙人的喜悦，帮助我们认识到经济冲突在这场战争中扮演了多么重要的角色。英格兰海军与西班牙无敌舰队的战斗只是一起生动事件，但其重要性远比不上更深层次的经济冲突。

在上一本书[1]中，我简要叙述了德意志人和西班牙人在与英格兰人的斗争准备过程中是如何合作的。在这里，我再引用一条确凿的额外证据。1591年，在一份笔记中，塞西尔写道："在两年的时间里，德意志人雇用了大量伊斯特林人，用巨大的船——表面上装载的是不会用于战争的普通商品——把大量的桅杆、绳索、硝石和火药秘密地运入西班牙，以装备西班牙海军。除了西班牙的船，汉萨同盟城镇的船在船体及运力方面几乎无人匹敌。"塞西尔对"德意志人被迫作战"的想法嗤之以鼻。他说，要不是德意志人去西班牙"装备战舰"，那么1588年英格兰王国和西班牙王国之间根本不可能发生战争。如果没有德意志人的帮助，那么西班牙人"根本无法打造出这么一支可以随时出征的强大舰队"。

我们也可以这样认为，16世纪末期，德意志商船在进行商业航行的冒险活动时，通常依靠的是当时与其关系还很友好的西班牙人的保护。这一

---

[1] 即1915年在伦敦出版的《在英格兰的德意志人》。——译者注

第3章　杰克和巨人

点很重要，因为它说明了盲目追求廉价成本带来的优势很有可能被绝对实力打败，而这一点恰恰被支持自由贸易的人忘记了。

一位属于商业探险家同盟成员的英格兰商人说"伊丽莎白如果撤销对汉萨同盟商人的限制法令，那么肯定会损害施塔德的英格兰商人的利益。如果汉萨同盟的施塔德商人能够像英格兰商人那样，可以自由地将英格兰王国生产的商品运送到汉堡①，那么相比英格兰商人，施塔德商人应该会更具优势，能够买到更便宜的商品。这最终会对英格兰王国的贸易活动和航海运输活动造成伤害。"然而，事实是，许多英格兰商人得益于限制汉萨同盟到汉堡进行商业贸易活动的法令，而施塔德的旧有贸易系统被逐渐推翻。最后，汉萨同盟在英格兰王国的贸易活动和航海运输活动被迫退出历史舞台。

驶往汉堡或施塔德时，商业探险家同盟运输布匹的船队不仅自身全副武装，还有伊丽莎白派出的战舰护送。如果贸易活动完全依赖纯粹的经济学理论，那么英格兰商船就会被汉萨同盟这样的"掠夺者"赶出对其贸易有威胁的任何海域。不过，纯粹的经济学从来没有，也许永远不会决定这样的历史问题。因为英格兰王国寻求的不是最便宜的布匹运输方式，而是最能增强国家实力和实现国家独立的方式。

然而，就贸易活动是否完全依赖纯粹的经济学理论来说，我们即使仅从利润及损失的狭隘角度进行理解，也有可能会发现，伊丽莎白统治时期的英格兰人通过控制欧洲布匹市场获得的利润完全超过了因比较昂贵的运

---

① 施塔德人用船运货时，船上只有三四个成年人和一个十几岁的随从，并且他们的商船载货容量大。由于与西班牙人关系友好，途中他们能够得到西班牙人的保护。与之相反，西班牙人对英格兰人怀有敌意。因此，英格兰的船的构造必然不同，需要大量水手、弹药和防御物资一起同行。——原注

输方式而增加的运输成本。例如，扬森曾说过这样一段话：

> 1582年，汉萨同盟在神圣罗马帝国权力机构的代表说，在当前的欧洲市场上，比起神圣罗马帝国的布匹和羊毛，英格兰王国的布匹和羊毛的价格至少要便宜一半。在英格兰人出口的二十万件布匹中，至少有四分之三到了德意志。德意志布匹制造商沦落到非常潦倒的境地：以前有数以百计的纺织工人和熟练布匹加工工人的城镇，现在要么一个高级技术工人也没有，要么只剩下寥寥无几的几个技术工人，并且仅有的这几个技术工人只能被迫用劣质的布匹做衣物。在法兰克福（Frankfurt）的集市上，商人卖的主要是英格兰布匹……现在，几乎所有用人或农妇都会穿一些英格兰布匹做的衣服。

我们如果仔细考虑一下这段话，那么就会发现，英格兰布匹商虽然在打造装备精良的运输船时花费了巨资，但最终把德意志布匹商赶出了竞争市场，甚至包括其本国市场。随后，英格兰商人控制了布匹价格，为英格兰人争取到了运输和销售布匹的利润。此外，英格兰商人建造的商船帮助维护了英格兰王国的自由和安全，这是比黄金还要贵重的东西。当弗朗西斯·德雷克与西班牙无敌舰队作战时，伦敦运送布匹的船队立即出动，协助荷兰人封锁了帕尔玛。自由贸易经济学家利用经济体系里面的数学计算公式绝对算不出商人会采取这样的行动，但当时的英格兰商人完全理解这样做的必要性，他们采取的行动为英格兰王国的事业奠定了坚实的基础。

从伊丽莎白统治时期英格兰水手的远航实践中，我们再次感受到了这一基本理念，即国家政策的制定一定要以国家利益为基础。在英格兰王

第3章 杰克和巨人

国国家事务的方方面面,这样的理念发挥着巨大作用。正是依靠这样的理念,商业探险家同盟才找到了"坚实的依靠"。此后,无论是黄金、商品、染料,以及香料的供应,还是英格兰布匹的销售,英格兰王国完全实现了独立。潜在对手对英格兰王国再也无计可施。

正如我在《在英格兰的德意志人》一书中所述,莫斯科公司的成立是为了确保英格兰王国航运所需物资的独立供应,并且恰逢人们试图打破当时盘踞在伦敦的汉萨同盟势力。英格兰商人意识到,汉萨同盟依靠贸易垄断,在俄罗斯和波罗的海地区建立起强大的势力。为应对汉萨同盟,英格兰王国只得迂回开发阿尔汉格尔斯克航线。

不过,在俄罗斯的德意志人势力过于强大,伊丽莎白统治时期的英格兰人实在无力对抗,不得不考虑开发更长的航线。在给哈克卢伊特的信中,克里斯托弗·卡莱尔[1]讨论了这个问题。克里斯托弗·卡莱尔试图说服"莫斯科公司的商人和其他人"筹措资金,组织船队"航行到遥远的美洲"。克里斯托弗·卡莱尔说,"高超的贸易技巧"对控制俄罗斯的贸易活动十分必要。然而,现在的"荷兰人——实质上是德意志人的代表——每天都在那里扩张贸易活动。这不得不让我们怀疑,神圣罗马帝国是否真的愿意信守对英格兰王国做出的不损害其国家贸易体系的承诺。由于气候原因,我们一年可能只有一次机会通过阿尔汉格尔斯克,但如果我们能够通过厄勒海峡去往更远的地方,那么丹麦人"肯定会对我们钦佩不已"。

"众所周知,伊斯特林人对英格兰商人很不友好,并且对英格兰商人施加了无数的伤害。最近,伊斯特林人和以前一样施展计谋,剥夺了英格兰商人长期享有的特权。在几乎所有英格兰商人曾顺利开展贸易活动的大

---

[1] 克里斯托弗·卡莱尔(Christopher Carlile,约1551—1593)。——译者注

城镇里，英格兰商人都遭到了当地人的驱逐。"另外，西班牙王国对英格兰王国虎视眈眈，并且英格兰王国在地中海地区的利益也受到其威胁。

因此，英格兰人一定要尝试开发北美洲。在北美洲，我们可以找到波罗的海地区和俄罗斯拥有的所有原材料，"沥青、焦油、大麻与绳索、桅杆、驯鹿皮、丰富的毛皮，以及其他类似的东西。这样一来，在任何方面，我们都不会受制于丹麦王国或其他国家。否则，这些国家就会变得像现在威胁英格兰王国利益的那些国家一样，通过管控的海峡——厄勒海峡和直布罗陀海峡，以及拥有的强大航运能力，随心所欲地指挥英格兰的船"。

北美洲的西部及南部地区甚至可能有生产酒和油料的潜力。如果英格兰商人在这里建立殖民地，教化当地人，那么这些地区很有可能会成为"英格兰布匹非常合适的代言人"。由于这片"向北蜿蜒"的新土地"比整个欧洲都大"，"一旦各地居民认可了英格兰布匹，那么英格兰布匹业将受益颇深"。

长期以来，在纽芬兰大浅滩，英格兰渔民享有至高无上的地位。去那里捕鲸鱼和鳕鱼的西班牙人和法兰西人都承认英格兰人是"他们要去捕鱼的港口的主人"，正如荷兰人是格陵兰岛（Greenland）捕鲸业的主人一样。人们认为纽芬兰可能成为英格兰人新的"波罗的海"地区。在《汉弗莱·吉尔伯特爵士[①]航海日记》(Journal of Sir Humphrey Gilbert's Voyage)中，爱德华·海斯（Edward Hayes）写了如下一段话：

> 与我们在欧洲东部和北部的邻国差不多，随着时间的推移和相关产业的建立，北美洲各地也会出产大量与欧洲各国物产相似的

[①] 汉弗莱·吉尔伯特爵士（Sir Humphrey Gilbert，约1537—1583）。——译者注

第3章 杰克和巨人

产品,如蔷薇花、沥青、焦油、松木板、船桅、毛皮、亚麻、大麻、玉米、绳索、亚麻布等。此外,这里的树大多产树胶和松脂。

1585年9月3日,在英格兰王国的"新堡垒"①,拉尔夫·莱恩②写信给哈克卢伊特,信中谈到了弗吉尼亚。拉尔夫·莱恩说:"西班牙王国、法兰西王国、意大利或东方各国③能够给我们提供的商品,如葡萄酒、油、亚麻、蔷薇花、沥青、乳香、葡萄干等,这里都有出产。"另外,"这里的人很有礼貌,很好交往,并且他们特别需要布"。弗吉尼亚也产有染料,"在制作鞋子时,长有乳香的树可以把鞋子染成黑色"。"还有其他各种各样的树,包括当地人称为'坦戈莫科诺米恩奇(Tangomockonomindge)'的树。这种树的树皮可以制成各种浓度的红色染料,尽管它们在英格兰布匹上的着色效果还有待验证"。

当然,获取黄金也是开发美洲航线的主要目标之一。1583年8月29日,当时天气朦胧,在开普雷斯(Cape Race)和布雷顿角之间的某个地方,一个叫丹尼尔的撒克逊冶金学家与汉弗莱·吉尔伯特和"欢乐"号一起沉没在波涛汹涌的大海中,而这片海域周边尽是浅滩和沙地,非常适合淘金。即使是雷利④在去圭亚那(Guyana)寻宝时也不忘报告,"在河的南部有大量的森林和各种各样的浆果,这些浆果可以制成深红色和粉红色的染料"。

在《献给罗伯特·塞西尔⑤爵士的圣书》(Epistle Dedicatorie to Sir Robert Cecil)中,哈克卢伊特写道,"我们的主要愿望"是"寻找英格兰王国的天然商品——

---

① 指北美洲。——译者注
② 拉尔夫·莱恩(Ralph Lane, 约1532—1603)。——译者注
③ 指波罗的海沿岸各国。——译者注
④ 即沃尔特·雷利爵士(Sir Walter Raleigh, 1552—1618)。——译者注
⑤ 罗伯特·塞西尔(Robert Cecil, 1563—1612)。——译者注

羊毛布匹的自由销售市场",并且在结尾处提到"最适合的地方"是"日本(Japan)的多个岛屿和中国(China)的北方",因为据说这些地区的冬季像佛兰德斯一样气候寒冷。

1553年,为了寻找更好的象牙、黄金、香料和谷物,商业探险家同盟来到了非洲西海岸。1593年,控制着威尼斯和地中海地区的西班牙王国施展诡计,迫使英格兰杂货商和意大利商人前往东印度群岛。这为之后詹姆斯·兰开斯特[①]寻找香料的航程做了准备。然而,伊丽莎白关注的区域主要在英格兰王国的东北方向和西北方向。英格兰王国的主要目标是寻找到一个造船所需的、不受外国势力控制的原材料产地和英格兰羊毛布匹的自由销售市场。

我已梳理完英格兰王国基于国家利益制定国家政策的历程,现在再总结一下这种国家政策的主要特点和目的。英格兰王国的终极目标是让自己在涉及本国的一切事务上实现独立,让英格兰王国从唐斯(Downs)的牧羊人变成海上的商业主人。英格兰人要用自己生产的黄铜制成的羊毛梳梳理英格兰生产的羊毛,要用英格兰的明矾修整英格兰生产的布匹,要用英格兰的染料印染英格兰生产的布匹。运送英格兰布匹的船要由英格兰水手驾驶,还要配备英格兰生产的军械。英格兰商人根据英格兰王国的政策,在保持开放和友好的港口销售英格兰布匹。如果英格兰不适合种植某些必需品的原材料,那么这些原材料就一定要在英格兰王国的殖民地进行种植。

这样的国家政策到底是由某个人设计的,还是由许多人集体设计的,我们至少可以做些许猜测。有证据表明,这样的国家政策起源于英格兰政府和商业探险家同盟的密切联系。政府向商人寻求金钱和情报支

---

① 詹姆斯·兰开斯特(James Lancaster,约1554—1618)。——译者注

第3章 杰克和巨人

持,而商人向政府寻求外交支持和武装保护。由于两者都在与共同的对手作战,伊丽莎白实施的所有政策都很及时,并且十分恰当。实力比较弱的"大拇指"汤姆 (Tom Thumb)[①]聪明、机警,因为他的目的清晰明确;"巨人"[②]行动迟缓不定,因为其内部存在利益分歧。德意志商人和西班牙王国的政治家永远背道而驰:德意志商人向西班牙王国提供劣质的物资和弹药,而西班牙人鄙视和憎恶德意志人。一边是贿赂和腐败,另一边是仇恨的大肆散播;两者的冲突从偶尔爆发发展到"安特卫普大屠杀"(Fury of Antwerp)。这就是德意志人和西班牙人笨拙组合的特征。西班牙王国尽管很富有,但行动时获得的回报很少,并且花费不菲。伊丽莎白拥有一支由英格兰商人和水手为她打造的海军。腓力二世试图重振商船水手和海军士兵的士气,结果发现一切都是徒劳。伊丽莎白尽管财力上相对不足,但物资供应充足,海军装备精良。腓力二世尽管富有,但调动海军的效率低下,准备不足。

教皇西克斯图斯五世对乔瓦尼·格里蒂说了以下一段话:

> 看看德雷克吧!他是什么大人物吗?他有什么了不起的军队吗?但他在直布罗陀海峡烧毁了二十五艘西班牙的船。他还抢劫了西班牙的商业船队,洗劫了圣多明哥……我们对发生的一切深感痛心。我们很不看好西班牙无敌舰队,非常担心它会遭受灭顶之灾。

[①] "大拇指"汤姆是《格林童话》中的人物,身材矮小,但聪明机敏。此处喻指英格兰王国。——译者注
[②] 指西班牙王国。——译者注

如何解释西班牙王国与英格兰王国的这种反差呢？在神圣罗马帝国和西班牙王国，制造业的发展遭到忽视。神圣罗马帝国和西班牙王国一个致力于发展商业，另一个只关注是否能够赚取利润。为达到各自的目的，其他一切行业都被牺牲了。然而，在英格兰王国，制造业获得了足够的重视，国家力量依赖的"精湛知识"得到了精心的呵护。伊丽莎白实施了一套建立在生产基础上的国家政策。通过这一政策，英格兰王国征服了西班牙王国。也正是因为缺乏这一政策，西班牙王国最终被击败；神圣罗马帝国最终被摧毁。

第4章

贸易禁止措施的初次实践

AN EXPERIMENT IN PROHIBITION

英国历史上看不见的手：从玛丽一世到乔治五世

在伊丽莎白统治时期，我们看到了基于国家利益制定的国家政策取得了巨大胜利。我们发现，取得这一胜利的主要原因在于国家商业贸易组织与国家政府的和谐相处。在斯图亚特王朝统治时期，我们将看到相反做法导致的相反结果。国家政府和国家商业贸易组织的不和最终导致了英格兰内战的爆发。有人认为，英格兰内战是议会和国王之间关于宪法的分歧引发的；也有人认为是坎特伯雷大主教（Archbishop of Canterbury）[1]和长老会（Presbytery）之间的宗教分歧造成的。实际上，英格兰内战爆发的根本原因在于英格兰政府和英格兰商人之间存在分歧。

关于英格兰内战，我们可以追溯到詹姆斯一世执政的第一年[2]。詹姆斯一世非常胆小。在统治苏格兰王国时，他对西班牙王国和英格兰王国充满恐惧，特别是对英格兰王国。在开始统治英格兰王国后，詹姆斯一世本该底气十足，但事实恰恰相反，他对西班牙王国依然无比恐惧。此外，西班牙王国"那只看不见的手"[3]正在詹姆斯一世的宫廷里运作。英格兰王后[4]青睐西班牙王国，又是一名天主教徒，即便不贿赂她，她也会偏袒西班牙王国。英格兰王后的首席侍从[5]收受了西班牙大使提供的一笔丰厚的贿金。我们有充分的理由相信北安普敦伯爵（Earl of Northampton）[6]、萨福克伯爵夫人（Countess of Suffolk）[7]和威廉·蒙森爵士[8]都收取了一千英镑的贿赂款。1604年，贿赂款上升到一千五百英镑。这个说法依据的是一位西班牙大使的

---

[1] 即威廉·劳德（William Laud，1573—1645）。——译者注
[2] 即1603年。——译者注
[3] 指西班牙王国用于收买英格兰王室成员和政府官员的贿金。——译者注
[4] 即丹麦的安娜（Anna of Denmark，1574—1619）。——译者注
[5] 即简·克尔（Jean Ker，约1685—1643）。——译者注
[6] 即亨利·霍华德（Henry Howard，1540—1614）。——译者注
[7] 即凯瑟琳·霍华德（Catherine Howard，约1523—1542）。——译者注
[8] 威廉·蒙森爵士（Sir William Monson，1569—1643）。——译者注

坎特伯雷大主教威廉·劳德

安东尼·范·戴克（Anthony van Dyck，1599年3月22日—1641年12月9日）绘

一份支出报表。不过，对那些研究西班牙王国腐败状况和塞西尔的人来说，这份支出报表证明不了当时的西班牙王国有多么腐败，并且塞西尔防范西班牙人的做法的必要性似乎也没有体现[1]。

不管怎么说，詹姆斯一世的第一个想法是与西班牙王国和平相处。加德纳[2]说："在很大程度上，这个主张得到的大多数回应是西班牙王国不情愿的沉默，不时也会说几句'愿上帝保佑我们在荷兰和西兰岛周边的好邻居[3]'。"虽然有点愤世嫉俗，但我们可以猜测到，对"我们在荷兰和西兰岛周边的好邻居"的担忧并不是这种和平提议不受欢迎的唯一原因。冷静、实事求是的安德森提到了一个更具说服力的原因。他说，西班牙王国想到了"英格兰无数的武装民船。伊丽莎白统治时期，正是靠着这些武装民船，英格兰商人成功抵御了西班牙王国的进攻"。随后，安德森悲哀地补充道："詹姆斯一世立刻采取了一些措施，使英勇无畏的英格兰人再也无法将以前的功绩发扬光大。"

不过，和平提议不受欢迎的主要原因是西班牙王国和葡萄牙王国当时所处的联合状态，因为两国当时处于同一位国王的统治下。西班牙王国和葡萄牙王国几乎垄断了西印度群岛和东印度群岛的各种贸易活动。只要西班牙王国和葡萄牙王国的联合状态继续存在，那么崛起的英格兰王国和衰落的西班牙王国之间就不可能有真正的和平。事实上，这个问题在英格兰王国和西班牙王国战后缔结的和平条约中被完全忽视了。因此，英格兰王国和西班牙王国之间的主要问题仍悬而未决。

---

[1] 忠诚守卫英格兰王国利益的威廉·塞西尔向来小心谨慎、行事稳健，曾为防范西班牙王国对英格兰王国的势力渗透付出了大量心血。——译者注
[2] 即历史学家塞缪尔·罗森·加德纳（Samuel Rawson Gardiner, 1829—1902），本书后文出现的加德纳均为此人。——译者注
[3] 指英格兰王国。——译者注

第4章 贸易禁止措施的初次实践

当然，詹姆斯一世的确拥有某些坚实的、看似合理的优势。例如，英格兰王国和西班牙王国缔结的和平条约中谈道："英格兰、苏格兰和爱尔兰的商品可以自由进入西班牙的领地，而不必支付新征收的百分之三十的关税，只需按旧有关税税率缴纳税款即可。"

詹姆斯一世可能会说，西班牙王国是英格兰王国财富的主要来源地，也是英格兰王国制成品最有价值的市场。英格兰王国既然可以通过与原有的西班牙王国港口进行直接的贸易活动，进而获得自己所需的各种商品，那么为什么还要大费周折到印度和美洲去获取黄金、香料、原木和胭脂呢？我们如果按照这种论点进行推理，那么得出的结论就应该是，英格兰王国应放弃在东印度群岛和西印度群岛独立开展贸易活动的主张，并且依赖西班牙王国来获得香料及其他珍贵物品。事实上，这是一个詹姆斯一世没有推行，并且伊丽莎白也绝不会接受的政策。

在与西班牙王国达成这种不稳定的和平后，詹姆斯一世开始与支持自由贸易的人结盟。支持自由贸易的人谴责商业探险家同盟、英格兰东印度公司和其他所有"受管制的公司"，认为这些公司的贸易活动是某种"垄断"行为。我的读者可能会记得，"垄断"这种做法曾被汉萨同盟用作对付商业探险家同盟的工具。在神圣罗马帝国的帝国议会上，来自吕贝克的议员曾表示，商业探险家同盟是垄断的非法组织。帝国议会接受了这一观点，立即驱逐了商业探险家同盟。伊丽莎白曾用拉丁语回复说，英格兰王国的商业组织不是垄断公司，汉萨同盟不应提出这样的指控。

然而，我们的国家总是记不住通过战争才能获得国家安全的历史教训。这一教训总会在和平中被人遗忘。

关于商业探险家同盟与支持自由贸易的人的这场争论，相关的文献记录很多，人们对其讨论的热度曾经很高。双方还印刷有不少宣传材料。我们发现，在反对商业探险家同盟的人中，表现很活跃的宣传册作者竟然是荷兰人杰勒德·德·马利纳（Gerard de Malynes）①。他虽然是"商业界的陌生人（Merchant Stranger）"，但并非对商业完全不感兴趣。当时，惠勒是商业探险家同盟的秘书，虽然稍显笨拙，却极力支持商业探险家同盟的事业。

1604年，英格兰议会就《关于自由贸易法案的指示》（Instructions Touching the Bill for Free Trade）这一议案展开辩论。支持自由贸易的人最终获胜。

这一事件的记录者做了如下记录：

> 实际上，大部分英格兰布匹商，痛心疾首地抱怨伦敦富商对贸易的垄断和限制。英格兰布匹商说，伦敦富商会毁掉或者说是极大地阻碍其他行业的发展；四分之三的伦敦商人②联合控诉剩余的四分之一③的商人；在这四分之一的商人中，有些人为了自己公司的利益对控诉无动于衷，却对其他公司的沉默抱怨不已。

当时，詹姆斯一世站在受欢迎的一边。毫无疑问，抱怨的声音中存在一些真相，但有很多似是而非的地方。

然而，英格兰政府用来对付商业探险家同盟的一些论据，暴露出其对危险现实的无知。商业探险家同盟指出了其他国家贸易垄断组织的存在："里斯本的葡萄牙东印度公司和集合会（House of Contraction），威尼斯境内的德意志商馆（Fondaco dei Tedeschi），纽伦堡的特雷维萨纳（Trevesana）。"英格兰政府回

---

① 杰勒德·德·马利纳是英格兰人，但1552年前后，他出生于安特卫普，此地当时属于西班牙控制的尼德兰。作者此处用"荷兰人"的说法是为了表示对其主张的反对。——译者注
② 指支持自由贸易的商人。——译者注
③ 指支持商业探险家同盟的商人。——译者注

第4章 贸易禁止措施的初次实践

应说,"的确存在商人联盟的地方……但更常见的情况是不受任何人限制的自由贸易活动",并且进一步回应说,"自由的航运贸易活动在其他国家——主要是低地国家——蓬勃发展,比在英格兰要兴旺得多,这是全世界都知晓的事实"。

事实上,德意志商馆、荷兰东印度公司和葡萄牙东印度公司过去或现在都是世界上最强大、最具排他性的贸易公司。无论是在英格兰东印度公司开展的贸易活动方面,还是在格陵兰岛的渔业方面,荷兰东印度公司对所有后来出现的商业竞争者绝不仁慈,无论他们是荷兰人,还是英格兰人。后来出现的无数针对荷兰东印度公司的控诉证明了这一点。虽然荷兰人将荷兰的本土贸易活动称为"自由贸易",但英格兰人曾说过,荷兰共和国的每个省实际上都等同于一个独立的贸易公司。米塞尔登[①]写道,1622年,荷兰的商人被号召起来,"相互协作并联合荷兰共和国政权共同对抗商业探险家同盟,这是他们以前从未做过的事情"。如果有人非要说荷兰的本土贸易活动是自由的,那么至少荷兰的主要对外贸易项目肯定掌握在实力雄厚、享有特权的股份制公司手中。

我们如果仅从表面上看,那么很容易就能得出"自由航运"是"商业船队和水手的培育者"这样的论点。现实中,我们也的确能见到这样的实例。但众所周知,这些实例主要发生在低地国家。

商业探险家同盟曾请求在英格兰王国的对外战争中发挥自己的作用:在国家防御系统中,商业探险家同盟曾为英格兰王国的海军贡献了大量的船。不过,一旦处于和平时期,战争所需的防御措施就完全松懈了。

在仁慈的、充满智慧的、爱好和平的"所罗门王[②]"的领导下,英格兰

[①] 即爱德华·米塞尔登(Edward Misselden,生卒年不详)。——译者注
[②] 指詹姆斯一世。——译者注

王国愿意与所有国家结盟或友好相处。这样一来,英格兰人在国外将会拥有更多开展贸易活动的自由。同样,外国人可以在英格兰王国拥有更多的贸易自由。这种政策是与时代的改变相适应的。不过,在周边充满敌对势力的时期,这种政策并不合适。

当时,西班牙王国刚刚拒绝对外开放东印度群岛和西印度群岛的贸易活动。但詹姆斯一世不愿相信这一事实,他要从事的高尚的和平主义事业绝不会被这种"肮脏的垄断贸易"束缚。

英格兰政府逐渐相信了德意志人对商业探险家同盟的诋毁。"为私利而囤积商品"的垄断效应,是神圣罗马帝国多次颁布针对商业探险家同盟的法令的原因,也是促使英格兰商人经常转移市场的原因,还是英格兰商人被人厌恶的原因,因为没有任何一个基督教徒愿意使用或容忍这种受到各种限制的公司生产的商品。

从这些论据来看,英格兰政府似乎赞成废除商业探险家同盟。如果真的这样执行,那么商业探险家同盟的规模肯定会大大萎缩。最终,商业探险家同盟还是继续存在了下去,但某些似乎有利于商业探险家同盟的垄断规则被英格兰政府宣布为非法规则。

此时,有一项贸易活动是完全自由的,那就是英格兰王国与西班牙王国的贸易活动。当时,英格兰人的普遍观点是,对危险的敌对国家,实行贸易管制是必要的,但对与自己和平相处的国家,可以实行自由贸易。有人争辩说,英格兰王国与法兰西王国之间实现了和平,所以两国间的贸易是自由的;既然英格兰王国与西班牙王国也处于和平的状态,那么两国间的贸易也应该是自由的。然而,不幸的是,正如我们看到的那样,由于英格兰王国与西班牙王国之间存在违禁品贸易,两国之间并没有实现真正的和平。

第4章　贸易禁止措施的初次实践

斯佩丁①说了以下一段话：

> 自与西班牙王国缔结和平条约以来，西班牙政府官员就以涉嫌装载违禁品为由，随意拦截和搜查英格兰商船。某些情况下，他们还上行下效，进行严苛的调查。英格兰政府提出抗议，并且收到了他们的民事答复。然而，大约两年过去了，英格兰人并没有收到任何补偿。

按照惯例，这些英格兰商人立即向詹姆斯一世请愿，希望获得"私掠许可证"（Letters of Marque），以便报复西班牙人。严格地说，外交政策的制定是詹姆斯一世应该做的工作，但英格兰商人的请愿还是被提交给了下议院（House of Commons）。下议院将此事提交给议会委员会，要求上议院（House of Lords）召开会议，"向詹姆斯一世请愿，要求西班牙王国补偿"。上议院最终达成了一致意见。在报复西班牙人一事上，大家情绪高涨。英格兰政府的两位主要官员——罗伯特·塞西尔（Robert Cecil）爵士和北安普敦伯爵接管此事，力图平息这场风暴。1607年6月17日，罗伯特·塞西尔爵士和北安普敦伯爵对此事发表演讲。培根②记载了他们的演讲内容。最近，斯佩丁将其中的内容发表了出来。

罗伯特·塞西尔爵士的演讲可以说是对三年前自由贸易辩论的总结性评论。他说，这些商人是自作自受，原因如下：

> 自许多公司被认定为垄断公司从而被解散，并且议院特别会

---
① 即詹姆斯·斯佩丁（James Spedding，1808—1881）。——译者注
② 即弗朗西斯·培根（Francis Bacon，1561—1626）。——译者注

议宣布进入自由市场以来，市场陷入了混乱，而政府对此束手无策。那些支持自由贸易的商人不仅招来了许多麻烦、犯了许多错误，并且不断提起诉讼要求补偿。他们做这些事情时不讲究任何政治技巧，结果除了让我们在国外的常驻使臣——英格兰王国在外国的"眼睛"——偏离本职工作，变成他们的代理人和律师之外，还让自身从事的商业活动很难兴旺起来。

另外，在对待西班牙人的态度上，罗伯特·塞西尔爵士虽然用词"冰冷"，但传达出了对西班牙人的安慰之意。他说，西班牙人有权为英格兰人量身定制任何法律条文。英格兰人必须尊重西班牙王国的法律，也必须尊重众所周知的、效率低下的西班牙王国司法程序。在谈到西印度群岛的贸易活动时，他说："西班牙王国采取了一系列政策，防止财富流失，禁止本国任何贸易组织和个人在西印度群岛与英格兰王国等国家进行贸易活动……西班牙王国就像一条警觉的龙，时刻守护着西印度群岛的'金色羊毛'①。"詹姆斯一世从来没有意识到西班牙人的做法竟然"由于教皇的偏袒而成为西班牙王室的政策基点"。结果，英格兰商人在西印度群岛的贸易活动"悬而未决，既不被禁止，也不被允许。这种模糊不清的状态，使去西印度群岛开展贸易活动的人必须自己承担贸易活动的风险"。

支持自由贸易的商人嚷嚷着要求詹姆斯一世给他们发放"私掠许可证"，试图对西班牙人采取报复行为。此时，难道英格兰商人没有意识到西班牙王国在这场竞争中具有优势吗？他们的这一做法肯定是基于一种奇怪但我们非常熟悉的观点："在英格兰王国境内，西班牙王国生产的商品

---

① 在希腊神话中，佛里克索斯受继母伊诺迫害。生母涅斐勒让佛里克索斯和姐姐赫勒骑着长有金色羊毛的公羊逃离苦海。后来，人们用"金色羊毛"代指珍视的财宝。——译者注

第4章 贸易禁止措施的初次实践

很廉价；在西班牙王国境内，英格兰王国生产的商品价值连城。"鉴于报复西班牙人一事事关战争与和平，通常需要秘密处理，所以英格兰商人将请愿书提交给下议院商讨既是对詹姆斯一世的贬损，也是不明智的举动。

因为拿了西班牙王国的贿金，所以北安普敦伯爵不太关心英格兰王国的利益，他采取了恭维英格兰商人的做法。他夸赞英格兰商人"是英格兰王国物资供应的守护者，是英格兰王国富庶物资运输通道的开拓者，是如同海神涅普顿（Neptune）一般的施舍者，是幸运的冒险家"。谈及英格兰商人的不满，他建议英格兰商人将请愿书送到詹姆斯一世那里，而不是送到下议院，等等。

后文我们将要讨论的这场冲突发生在詹姆斯一世和商业探险家同盟之间，这是一场矛盾更加尖锐、更具灾难性的冲突。我们已经看到，在伊丽莎白统治时期，英格兰王国的国家政策推动了布匹业的发展，即从织造布匹发展到染整布匹。这项政策执行时需慎重，因为染整布匹对英格兰王国来说绝不是一件简单的事。佛兰德斯人一度只是将英格兰羊毛织造成布匹，后来逐渐掌握了英格兰布匹的加工及染色环节的工作。曾经为获得这些贸易项目，佛兰德斯人抗争了很长一段时间，其间还采取了各种反制措施，反对英格兰王国为保证本国布匹贸易安全采取的一切尝试。不得已，伊丽莎白只能允许英格兰王国继续出口"白色布匹"，但同时要求商业探险家同盟成员每出口十匹"白色布匹"，就必须出口一匹染过色、加工过的布匹。所谓的"白色布匹"就是英格兰人所说的未染色、未加工的粗布。同时，英格兰王国不遗余力地提高英格兰人染整的技艺。当"安特卫普大屠杀"和其他暴行将布匹加工贸易活动推入荷兰共和国时，我们可能猜测得到，正是荷兰共和国和英格兰王国的亲密联盟阻止了英格兰布匹商的利益被推向极端的情况的出现①。不过，实际上，这里也存在着一个新的危险。荷兰共和国控制着莱茵河流域，这里恰恰是英格兰布匹的主要市场，并且荷兰共和国在波罗的海地区的贸易活动也很兴旺。因此，荷兰人一旦翻脸，那么可能会对英格兰布匹的贸易活动造成巨大伤害。进一步说，荷兰布匹商实际上一直在向其他国家施压，要求这些国家采取措施保护他们，以免受到英格兰王国生产的商品的影响。荷兰布匹商试图利用一切不利于英格兰王国的垄断行为来积极强化他们的这一主张。

正是由于这些原因，商业探险家同盟迫不得已，只得接受向荷兰共和国出口"白色布匹"的条件。不过，此时在英格兰王国内，一种带有强烈情绪的观点产生了。这种观点认为商业探险家同盟正在损害英格兰王国的布匹业。

在现存的一本雷利爵士撰写的宣传册中，这种情绪得到了淋漓尽致的体现，尽管有人对该宣传册作者的身份提出了一些怀疑。

在该宣传册中，雷利爵士说了以下一段话：

> 那时，英格兰王国每年出口的未染色、未加工的布匹大约有八万匹。过去五十五年来，英格兰每年损失四十万英镑，总数超过两千万英镑。如果这些布匹在英格兰加工、染色，那么英格兰王国除了能够进一步扩大运输规模，还可以对进口的印染原材料增加关税。这样一来，英格兰王国就可以获得更多的财政收入。此外，在过去的这段时间里，贝斯布（Bayes）、英格兰北部及德文郡（Devonshire）生产的凯西斯布每年的出口量大约是五万匹。凯西斯布和贝斯布的数量比值大概为三比一。这样一来，英格兰

---

① 即最坏的情况没有出现，英格兰布匹商此时并没有完全失去布匹加工贸易。——译者注

第4章　贸易禁止措施的初次实践

王国因为未染整这两类布匹又白白损失掉了大约五百万英镑[①]。我们把未加工的贝斯布送到阿姆斯特丹。之后这些布匹在阿姆斯特丹加工、染色，然后再被运往西班牙王国、葡萄牙王国等国。在西班牙王国和葡萄牙王国，这些布匹以佛兰德斯布匹的名义被出售。英格兰的布匹就这样被盖上了佛兰德斯小镇的印章。在此过程中，我们失去了英格兰布匹的商标，而其他国家得到了英格兰布匹的声誉和利润。

染整布匹是一个诱人的项目，但商业探险家同盟认为英格兰王国不可能一下子就能独立染整布匹。不过，当时科凯恩[②]不认可这种说法。

科凯恩是伦敦一位非常著名的英格兰商人。他的父亲老科凯恩曾是伊斯特兰公司（Eastland Company）的总管。科凯恩子承父业。因此，我们推测，他的活动区域主要在波罗的海地区。1619年至1620年，他担任伦敦市市长一职。1620年，他的大女儿[③]嫁给了后来的诺丁汉伯爵（Earl of Nottingham）[④]。他的其他五个女儿的婚姻也十分美满。有人甚至说"科凯恩家族枝繁叶茂，为英格兰王国部分高贵的家族提供了庇护"。

1612年3月至1613年3月，在议会，伦敦的布匹织造及染色工人代表和商业探险家同盟代表面见詹姆斯一世，陈述了双方对禁止出口"白色布匹"的赞成意见和反对意见。

1614年7月23日，英格兰政府发布官方公告。公告称，自1614年11月2

[①] 原文的计算结果有误，前文说凯西斯布"十分珍贵"，因此，即便按照凯西斯布等同于普通布匹的价值计算，此处单单因为未染整凯西斯布的损失就高达一千零三十一万英镑。——译者注
[②] 即威廉·科凯恩（William Cockayne，1561—1626）。——译者注
[③] 即玛丽·科凯恩（Mary Cockayne，生卒年不详）。——译者注
[④] 即查尔斯·霍华德（Charles Howard，1536—1624）。——译者注

日起，英格兰王国禁止出口未染色和未加工的布匹，并且吊销所有已授予商业探险家同盟和其他布匹商人的"白色布匹"销售许可证。科克[①]及后来的拉潘[②]含糊地描述了关于此事内部交易的情况，"科凯恩和一部分富有商人，正如之前说的那样，给北安普敦伯爵、萨福克伯爵(Earl of Suffolk)[③]等送去了大量贿金，最终夺得了布匹染色的特权；詹姆斯一世将收回商业探险家同盟的皇家特许状"等。

关于行贿的指控，可能还会存在其他佐证文件。

旧布匹公司联盟[④]成员放弃了皇家特许状，"经验告诉他们，市场不会接受政府发布的禁止出口未染色和未加工的布匹的限制措施"。科凯恩的新布匹公司联盟取得了经营特权，承诺染色、加工布匹的工序将在英格兰进行。结果，荷兰人反应激烈，立即禁止从英格兰进口加工和染色过的布匹。1615年2月23日，约翰·张伯伦[⑤]写信给卡尔顿[⑥]说："新布匹公司联盟对布匹商的抱怨感到困惑，因为他们竟然卖不出一丁点儿经过加工和染色的布匹。于是，部分新布匹公司联盟的布匹商只能停工，后来染工也不得不全部休假。这些布匹商又开始怀念之前的旧布匹公司联盟了。"1615年5月25日，约翰·张伯伦说："染色、加工布匹的巨大工程一下子停滞了。布匹商抱怨布匹销售不出去；很多染工抱怨工作比以前少了很多。新布匹公司联盟内部争吵不休，于是仓促解散的旧布匹公司联盟被要求复业，一切恢复了原样。"

---

① 即爱德华·科克（Edward Coke, 1552—1634）。——译者注
② 即勒内·拉潘（René Rapin, 1621—1687）。——译者注
③ 即托马斯·霍华德（Thomas Howard, 1561—1626）。——译者注
④ 旧布匹公司联盟属于商业探险家同盟。——译者注
⑤ 约翰·张伯伦（John Chamberlain, 1553—1628）。——译者注
⑥ 达德利·卡尔顿（Dudley Carleton, 1573—1632）。——译者注

萨福克伯爵托马斯·霍华德

作者信息不详，绘于1598年

英国历史上看不见的手：从玛丽一世到乔治五世

1615年8月12日，培根焦急地给詹姆斯一世写了一封信。信中谈到了要给予新布匹公司联盟所需的权力，"正如人们发动战争的目的是维护和平一样，新布匹公司联盟的商人必须首先拥有'白色布匹'经营许可证，最终才能摆脱出售'白色布匹'的窘境"。只有这样，詹姆斯一世才可以"从新布匹公司联盟那获利"，同时，给新布匹公司联盟颁发经营许可证将是"对他们的鞭策和管控，让詹姆斯一世能够一直和平地统治下去"。随后，詹姆斯一世给新布匹公司联盟颁发了经营许可证。这种做法实际上是允许新布匹公司联盟做旧布匹公司联盟过去一直在做的事情，并且让旧布匹公司联盟为新布匹公司联盟的特权买单。但形势仍然每况愈下。

1616年2月25日，培根写信给詹姆斯一世，说新布匹公司联盟第四次与詹姆斯一世决裂了。"一开始，新布匹公司联盟承诺染色和加工英格兰王国所有布匹。然而，不久之后，新布匹公司联盟就投身到'白色布匹'的贸易中去了。"后来，新布匹公司联盟干脆"放弃了英格兰国内'白色布匹'的订单"。也就是说，新布匹公司联盟的商人没有完全按照他们承诺的购买需要染色和加工的布匹。枢密院"敏锐地认识到"新布匹公司联盟的行为是"非法的、不公正的"。培根说，对于这些事情，"陛下[①]是否还愿意继续依赖新布匹公司联盟，任由其继续损害英格兰王国的国家利益？请陛下明鉴"。培根甚至担心荷兰人会占领英格兰的布匹织造业："我害怕，并且长期以来一直担心，这种供给外国人'白色布匹'的行为可能是危险的。我们可能认为，在可以染色和加工布匹前，自己要靠出口'白色布匹'来支撑布匹业的发展。不过，荷兰人也会考虑利用我们的'白色布匹'来发展他们的染色业和加工业，甚至有一天他们还会学会

---

① 指詹姆斯一世。——译者注

第4章 贸易禁止措施的初次实践

如何制作衣服。"因此,培根强烈建议将出售"白色布匹"的特权从新布匹公司联盟收回,并且重新依赖旧布匹公司联盟。之后,旧布匹公司联盟会自己订购布匹,给詹姆斯一世应得的利润。唯一的缺陷是,"曾经我们引以为傲的染色、加工技术,看起来好像已经被我们放弃了"。还有一种方案是"对不同布匹区别征税,也就是出口染色、加工的布匹时不用征税,而出口'白色布匹'时要加倍征税"。这种方案应该会受到英格兰人的"欢迎"。

培根补充道:"我承认,我以前的确认为以多家公司并存的形式进行自由贸易活动最符合英格兰人的本性。像荷兰人一样,英格兰人同样需要共和体制。在共和体制内,国家政权不单单为某一家公司服务。不过,之后,我再也不敢建议在自由或松散的贸易组织方式中冒险开展任何形式的英格兰布匹贸易活动了。"实际上,在英格兰政府的干预下,这种自由贸易的方式已进行很长一段时间了。

1616年6月,科凯恩和新布匹公司联盟款待了詹姆斯一世。根据一位报刊通信员的说法,詹姆斯一世得到了一套价值一千英镑的金制壶罐两用器具。"带着梭子的染工、布匹加工匠,以及一些来自汉堡的人被介绍给了詹姆斯一世。这些人说着本·琼森[1]提前教他们说的话。"另一种说法是,威尔士亲王(Prince of Wales)[2]也获得了五百英镑。同时,科凯恩被授予爵士头衔。

不过,即使是这样,暂时的利润也掩盖不了布匹贸易活动停滞不前的事实。当格洛斯特郡(Gloucestershire)布匹商向议会请愿,说危机真的来了,布匹难以售出时,詹姆斯一世怒气冲冲地命令议会"传唤威廉·科凯恩,并

---

[1] 本·琼森(Ben Jonson, 1572—1637)。——译者注
[2] 即后来的英王查理一世(Charles I, 1600—1649)。——译者注

且严厉地斥责了他"。詹姆斯一世要求相关布匹商提供"每日账目",如果新布匹公司联盟的公司"未能购买各自承诺的'白色布匹'数量",那么将"会因欺骗行为而受到严厉惩罚"。

1616年9月13日,培根写的一封信,显示情况正变得越来越危急:"威尔特郡(Wiltshire)、格洛斯特郡和伍斯特郡(Worcestershire)的人怨声载道,糟糕的情况还在继续。"为缓解这种情况,有人建议詹姆斯一世下令禁止穿任何全丝绸制成的衣服。这至少会"表现出陛下[①]对成千上万穷人的关怀;此外,陛下还应发动战争,让佛兰德斯人知道陛下不会放弃竞争"。此时,荷兰人正在加紧生产布匹。加德纳说:"在英格兰王国,每架起一台新织布机,商人就会得到一定的奖赏。几个星期后,卡尔顿报告说,当他在英格兰各地考察布匹生产取得的进展时,四面八方响起了织布机梭子的忙碌声。"

1616年11月,詹姆斯一世热情高涨,"警告科凯恩,如果他继续用虚假信息欺骗自己……那么将职位不保"。后来,这位报刊通信员说:"实际上,布匹业陷入了巨大的困境。荷兰人和科凯恩将此归咎于……"

1617年1月4日,爱德华·舍伯恩(Edward Sherburn)向卡尔顿报告称,他对新布匹公司联盟的实际经营效果表示遗憾,并且说,"英格兰政府需要从伦敦借款十二万英镑去支付驻荷兰共和国使者的费用——之前这笔费用由商业探险家联盟支付……新布匹公司联盟解散了。在英格兰的大部分地区,旧布匹公司联盟又开始恢复经营。比之前人们猜测的情况要好,科凯恩还是想办法逃脱了部分罪责。"

拉潘说,布匹织造业因为新布匹公司联盟与旧布匹公司联盟的竞争成

[①] 指詹姆斯一世。——译者注

第4章 贸易禁止措施的初次实践

为一种可以"自由贸易"的行业。这种看法显然不正确。商业探险家同盟恢复了旧日的特权。詹姆斯一世和大臣借此索取了各种各样的"过渡时期好处费"。旧布匹公司联盟到底支付了多少钱才恢复了以前的特权我们不得而知,但这个数字绝对惊人。约翰·张伯伦写道:"商业探险家同盟给詹姆斯一世五万英镑,以免受其他竞争者的侵扰。实际上,这一要求很难达到。有人声称,他们也拥有布匹的自由贸易权,尽管有几个人甚至因此入狱。"旧布匹公司联盟支付的也可能不是五万英镑。正如温伍德[①]说的那样,"商业探险家同盟要么向詹姆斯一世支付了五万英镑,要么履行了与杰弗里·芬顿[②]的契约"。据说,以助其获得皇家特许状为由,萨福克伯爵及其妻子萨福克伯爵夫人向商业探险家同盟索取了三千英镑。

冲突不止于此。英格兰王国的布匹贸易继续遭受冲击。1617年3月,大批染工"要求立即解散旧布匹公司联盟,重罚莱昂内尔·克兰菲尔德[③]"。同时,这些染工和布匠请求商业探险家同盟雇用他们,以"缓解他们承受的巨大痛苦"。因此,在采取禁止出口未染色和未加工布匹的措施期间,英格兰王国的部分染色布匹很难出售,乡绅不断抱怨,并且伦敦接二连三发生骚乱。总之,英格兰王国当时的情况十分糟糕。

不久,我们将会看到这桩肮脏的交易对英格兰王国造成的伤害。目前,我们主要关注的是英格兰王国在采取禁止出口未染色和未加工布匹的措施期间实行的部分国策。在此期间,英格兰王国通过采取强有力的措施试图保护自己的布匹业,如禁止出口半成品布匹。然而,因为考虑不周、行动仓促,这次尝试遭遇了重大失败。这次尝试并没有让人充分认识

[①] 即拉尔夫·温伍德(Ralph Winwood, 1563—1617)。——译者注
[②] 杰弗里·芬顿(Geoffrey Fenton, 约1539—1608)。——译者注
[③] 莱昂内尔·克兰菲尔德(Lionel Cranfield, 1575—1645)。——译者注

到国家保护措施的意义，因为只有恰当的国家保护措施才可以作为一项国家政策。事实上，这次尝试最终因荷兰人某种程度上的保护或禁止措施而失败了。适当的时候，英格兰王国将会在国家保护政策下重新夺回布匹染色和加工项目。不过，这次尝试的失败确实告诉我们，虽然政治家的意图可能较好，试图一下子实现本应该多年才能取得的成果，但有时他们做的事情很可能弊大于利。此外，我们还得到了这样的启示，在关乎国家利益的问题上，国家权力机构和商业组织必须全力合作。两者如果齐心协力，那么很有可能会大有作为；两者如果貌合神离，那么肯定会惨遭失败，甚至会一无所有。

第5章

做杂货生意的约翰·布尔

JOHN BULL IN THE GROCERY TRADE

备注:"约翰·布尔"指代"英格兰人"

前文讨论了斯图亚特家族和商业探险家同盟的斗争，接下来，我们将回顾另一场同样灾难性的、发生在斯图亚特家族和英格兰东印度公司之间的斗争。

英格兰东印度公司是辉煌的伊丽莎白统治时期最后的瑰宝之一。就像大多数伊丽莎白统治时期的公司一样，英格兰东印度公司产生于英格兰王国与西班牙王国、神圣罗马帝国的不断斗争中。中世纪时期，英格兰王国所需的食品、杂货基本上是从威尼斯进口的。正因如此，英格兰王国的食品杂货商直到今天依然被人们称为"来自意大利的商人"。然而，威尼斯卷入了西班牙王国和汉萨同盟共同对抗英格兰王国的阴谋中。1583年，伊丽莎白曾对一个威尼斯人说："我一直听说威尼斯是建于水上的国家，但现在我看它更像是建在遗忘河（River of Oblivion）上的国家[①]。"

伊丽莎白希望威尼斯脱离神圣罗马帝国的控制，是有一定原因的。威尼斯曾是亚洲陆路运输商品的欧洲仓库，其发展繁荣也正是基于这个原因。不过，后来，葡萄牙人发现了新的海上航线。现在，这些新的海上航线掌握在西班牙人手中。这种状况对威尼斯人的陆路贸易造成了致命的伤害。威尼斯对神圣罗马帝国皇帝太过敬畏，不敢冒险采取独立的国家政策。因此，她尖刻地嘲讽了威尼斯。

威尼斯提高了英格兰布匹的进口关税。伊丽莎白立即采取反制措施，规定除了英格兰的船，禁止黎凡特公司（Levant Company）的任何船进入威尼斯。她试图与君士坦丁堡建立直接的贸易关系，尽管威尼斯人从中作梗，但她最终还是成功地在君士坦丁堡安插了一名英格兰使官。作为回应，西班牙人试图通过封锁那不勒斯海峡和直布罗陀海峡来阻止英格兰王

[①] 在古希腊神话中，人们喝了遗忘河的水，就可以忘记各种烦恼，此处为伊丽莎白一世对威尼斯共和国软弱政策的嘲讽。——译者注

第5章 做杂货生意的约翰·布尔

国开展贸易活动。菲利普·琼斯[①]曾谈到英格兰王国和西班牙王国在潘泰莱里亚(Pantelleria)的海战。当时，腓力二世"对英格兰王国繁忙的贸易活动感到非常不满，命令在黎凡特的舰队阻挠所有英格兰的船"的活动。

英格兰王国的对策是开辟一条通往亚洲的新航线。这条新航线途经北角、阿尔汉格尔斯克、里海和君士坦丁堡。1582年，这一航线的秘密被一个叫朔姆贝格(Schomberg)[②]的男爵泄露了。腓力二世立即鼓动丹麦王国出动船队抢先占领这一新的贸易航线。

结果，在伦敦的香料即将用完的情况下，刚刚完成第一次航行、满载货物从印度归来的荷兰人将伦敦的香料价格从每磅三先令五十分上调到六先令，后来甚至上调到每磅八先令。

对香料加工坊的商人来说，这个价格实在太高了。于是，英格兰王国的食品杂货商和黎凡特公司的商人联合起来成立了英格兰东印度公司。1599年9月24日，英格兰东印度公司举行了第一次有记录的会议[③]。

英格兰人对英格兰东印度公司的贸易活动很怀疑。他们认为，对英格兰王国毛织品的销售来说，印度并没有太大的用处，并且购买香料会消耗大量国家财富。"这桩生意将会耗尽我们的财富"，这种说法是17世纪的英格兰人反对英格兰东印度公司的主要论点之一。不过，这一论点并不新鲜。罗马帝国时期，人们对提比略(Tiberius)和普林尼(Pliny)在印度开展的贸易活动提出了同样的质疑。提比略和普林尼的船队由一百二十艘船组成，每年从红海沿岸的米奥斯霍尔木兹(Myos Hormoz)出发，主要装载白银，前往马拉

[①] 菲利普·琼斯(Philip Jones, ? —1603)。——译者注
[②] 即贝尔纳迪诺·德·门多萨(Bernardino de Mendoza, 约1540—1604)。——译者注
[③] 原文表述有误，英格兰东印度公司正式成立于1600年。此处的会议是指英格兰商人当时为成立英格兰东印度公司而举行的非正式会议。——译者注

巴（Marabá）海岸和锡兰（Ceylon），然后带着丝绸和香料返回。人们随后用骆驼将这些货物从红海沿岸送到尼罗河（Nile）流域，再从亚历山大（Alexandria）运到罗马。

因此，英格兰东印度公司的皇家特许状规定，该公司的黄金出口量应限制在三万英镑以内。英格兰东印度公司承诺，"每次航行时……他们将带回与带出数量相等的白银或外国银币……第一次航行除外"。

在那个时代，航行到印度开展自由贸易活动就像现在的登月之旅一样很难完成。当时，西班牙王国和葡萄牙王国联合起来，声称两国拥有对印度的贸易垄断地位。荷兰共和国起来反抗这种垄断，组建了庞大的城市联盟公司，最终从西班牙王国手中夺取了这一贸易垄断地位。与葡萄牙人一样，荷兰人也是通过堡垒、军队和武力来维护自己的主张，对抗所有外来竞争者。在这样的强权世界里，只有建立在国家利益基础上的强大组织才能生存下去。英格兰王国毫不示弱，最终也获得了"从好望角到麦哲伦海峡（Straits of Magellan）的全部也是唯一的贸易和运输权，为期十五年，条件是英格兰王国在这些地区的贸易活动不会损害西班牙王国和荷兰共和国的利益，并且让其有利可图"。

最初，英格兰东印度公司的发展受到了爱德华·米歇尔本[①]的阻碍，因为詹姆斯一世给他也发放了一张贸易许可证。这实际上违反了詹姆斯一世颁给英格兰东印度公司的皇家特许状中的规定。"这张贸易许可证，"安德森说，"很可能是爱德华·米歇尔本花了高价，贿赂了总是挥金如土的詹姆斯一世才获得的。"

毫不夸张地说，爱德华·米歇尔本是个海盗。尽管他与日本人及其他

---

① 爱德华·米歇尔本（Edward Michelborne，1562—1509）。——译者注

塞缪尔·珀切斯

作者信息不详,绘于1625年

外国人的战斗在珀切斯①的游记中读起来很不错，但他对胡茶辣 (Guzerat)②船队和莫卧儿帝国 (Mogul) 船队的突袭让英格兰东印度公司深陷麻烦之中。

1618年，詹姆斯一世和大臣的做法再次打击了英格兰东印度公司。约翰·张伯伦报告称："詹姆斯一世已授予詹姆斯·坎宁安③成立苏格兰东印度公司的权利……苏格兰人只会制造些噪声，只会炫耀……听说苏格兰人欣然答应组建公司，之后把自己的相关专属权利卖给了英格兰东印度公司。"这笔生意显然有敲诈勒索的嫌疑。1618年3月10日，伦敦公司 (London Company) 报告，詹姆斯一世赞赏英格兰东印度公司的做法，并且"不会听信他人诋毁英格兰东印度公司的话"。当时，议会大法官 (Lord Chancellor) 培根致函英格兰东印度公司主管，"希望您继续同意让我成为英格兰东印度公司中的一员。英格兰东印度公司的做法与陛下④之前多次充满善意的演讲内容相一致，也与上议院许多有价值的报告的内容相一致。这些报告是由陛下及许多上议院议员提出的。这些议员决心维护和保持英格兰东印度公司的特权和利益。陛下和众多议员对英格兰东印度公司的做法十分满意，估计苏格兰人售卖专属权利的麻烦事将就此结束"。

不过，这件事并没有结束。1618年12月，苏格兰人售卖专属权利的事情仍然在詹姆斯·坎宁安和英格兰东印度公司之间、在英格兰东印度公司和詹姆斯一世之间争论不休。"詹姆斯一世指责英格兰东印度公司的做法没有让詹姆斯·坎宁安满意，又对照其中的特定条款从头到尾、一项项地对英格兰东印度公司指责不已。最后，詹姆斯一世说，他绝不允许英格

---

① 即塞缪尔·珀切斯（Samuel Purchas, 1577—1626）。——译者注
② 古代印度的一个国家，后被莫卧儿帝国征服。——译者注
③ 詹姆斯·坎宁安（James Cunningham, 1552—1630）。——译者注
④ 指詹姆斯一世。——译者注

第5章 做杂货生意的约翰·布尔

兰东印度公司再去找任何借口不履行关于这次交易的规定。不过，我们猜想，如果没有其他原因，那么詹姆斯一世肯定是希望自己能够得到这笔钱。"同时，詹姆斯一世要求英格兰东印度公司提供两万英镑的贷款。但英格兰东印度公司拒绝了，因为其"遭受了许多挫败和损失"。

詹姆斯一世实施的政策中，含有一些软弱的、落后的因素，这也是他的性格导致的。伊丽莎白虽然也曾从英格兰商人那里要求获得贷款，但至少能够忠于这些商人的利益。詹姆斯一世不仅不能保护英格兰商人免受西班牙人的伤害，还对荷兰人的威胁束手无策。1618年，英格兰皇家委员会（Royal Commission）报告说，英格兰海军现有四十三艘战舰，但"几乎有一半完全无法使用。由于缺乏维修，很难保证它们出航时不会沉没，因此，这些战舰不适合再次出海"。1617年，荷兰共和国在东印度群岛打造了一支由三十艘战舰和四千名士兵组成的舰队，并且加强了对葡萄牙人和英格兰人的控制。英格兰东印度公司英勇地装备了六艘战舰"来尝试荷兰人要做的事情"，但六艘战舰对三十艘战舰真的是太自不量力了。

两位英格兰英雄——纳撒内尔·考托普[①]和"身材魁梧、脾气暴躁的约翰·乔丹[②]上尉"，以及更多像他们这样的人，在随后的这种不对等的战斗中英勇地倒下了。1619年，詹姆斯一世最终和荷兰人签订了条约。这份条约中的条款明显有利于荷兰人。1618年11月，荷兰共和国的谈判专员早早来到了英格兰。"荷兰人的信心主要来自詹姆斯一世对他们的信赖"。荷兰人"举止傲慢"。1619年1月底，由于英格兰王国和荷兰共和国的谈判"可能会破裂"，詹姆斯一世不得不出面干预，向荷兰人承诺"不会有所保留……也不会偏袒任何一方，会把荷兰人当成自己的臣民一样对

[①] 纳撒内尔·考托普（Nathaniel Courthope, 1585—1620）。——译者注
[②] 约翰·乔丹（John Jourdain, ?—1617）。——译者注

待"。有件事值得一提，英格兰东印度公司曾抓获了一名来自荷兰的商业竞争者。詹姆斯一世起初想要没收这名竞争者一半的财产，但最终没收了其全部财产。

1619年7月，英格兰王国和荷兰共和国最终缔结了和平条约。英格兰人沮丧不已，而荷兰人欢呼雀跃。"伦敦公司[①]，"亨特[②]说，"没有得到任何赔偿，单单过去一年内，该公司的损失就高达十万英镑。该公司虽然没有获得任何荷兰防御工事的控制权，但需要为这些防御工事承担一定的费用。在英格兰王国和荷兰共和国商品的共同市场范围内，英格兰人拥有三分之一的贸易份额，而荷兰人拥有三分之二的贸易份额。按照对应的贸易份额占比，两国需要共同支付驻军费用。两国的公司需要分别提供十艘战舰用来进行共同防御。所有防御堡垒的控制权属于现有的实际控制者，也就是荷兰人，因为当时只有很少的防御堡垒属于英格兰。英格兰人提议建造的某些防御工事往往要推迟两三年后才能修建，直到双方公司能就此达成一致意见。条约的约束力为二十年……如有争议，控方需要在西印度群岛联合防御委员会（Joint Council of Defence in the Indies）的监督下提出上诉，上诉至荷兰议会及詹姆斯一世处。"

英格兰东印度公司觉得自己被出卖了，于是向詹姆斯一世发起特别请愿，反对涉及防御堡垒的条款，说这样"会让英格兰东印度公司的一切希望都落空"等。约翰·张伯伦总结了可怜的伦敦杂货商的感受，内容如下。

[①] 原文表述有误，伦敦公司的主要经营范围在美洲，当时和荷兰人的经营活动几乎没有交集，此处应为英格兰东印度公司。——译者注
[②] 即威廉·威尔逊·亨特（William Wilson Hunter，1840—1900）。——译者注

第5章 做杂货生意的约翰·布尔

不管我们怎么抗议，事情总是按着别人预想的方式进行。世界上其他地区的人肯定会怀疑荷兰人在英格兰国内交到了好朋友，并且用肮脏的钱财腐蚀了这些朋友。

荷兰人感到很满足。不过，他们连这个充满不平等的条约也不愿意遵守。1620年10月15日，在雅加达(Jakarta)，托马斯·巴滕(Thomas Batten)写道："荷兰人拥有了绝对征服者的荣耀，牢牢控制了英格兰王国的命运。在这场国家斗争中，荷兰人颐指气使，而英格兰人咬牙切齿。自和平条约缔结以来，英格兰人对荷兰人恨之入骨，暗下决心不惜任何代价与荷兰人战斗到底。"

安汶大屠杀只是荷兰人众多暴行中最严重的一次。安汶的英格兰人被人诬告要密谋攻占要塞。托尔森[①]和九名部下都接受了荷兰人的调查，"遭受了血肉之躯无法忍受的火刑和水刑"，随后被枪杀。

如果这一切发生在伊丽莎白统治时期，那么阿姆斯特丹绝对会成为一片废墟。不过，无论是詹姆斯一世还是查理一世都没有从荷兰人那里得到任何满意的答复。英格兰人悲愤不已。为弥补损失，英格兰人随后帮助波斯人从葡萄牙人手中夺回了霍尔木兹。此时，代表英格兰王室的白金汉宫(Buckingham Palace)坚持索取十分之一的战利品，用来奖赏英格兰海军大臣。同时，詹姆斯一世要求将此战所得当作打击海盗的收获全部收入囊中。实质上，战斗双方一般都会互有损失。英格兰东印度公司对詹姆斯一世的要求十分不满，但此时，该公司的船被政府禁止出航，不得出海开展贸易活动。詹姆斯一世的做法既无法律支撑，也无逻辑可言，但英格兰东印度公

[①] 即加布里埃尔·托尔森(Gabriel Towerson, 1576—1623)。——译者注

司被逼无奈，最终还是向他支付了两万英镑。

之后的形势每况愈下：在普勒伦岛（Pulorun），荷兰人随意砍伐英格兰王国的肉豆蔻树；查理一世强迫英格兰东印度公司把硝石按他的估价卖给他；查理一世提高了胡椒的关税，关税税率一直上升到胡椒价格的百分之七十五；查理一世允许商人租用私人船舶开展贸易活动，从而使英格兰东印度公司与莫卧儿帝国之间的贸易活动陷入十分困难的境地。1635年，危机真的来了。大家可能都知道恩迪米恩·波特[1]。他曾给赫里克[2]提供了大量艺术素材。这些素材"不仅启迪了我们的聪明才智，还成了我们的艺术源泉"。恩迪米恩·波特认为，东印度群岛可以作为自己航运船队的一个中转站，进行物资补给。于是，在英格兰王室的支持下，恩迪米恩·波特组织了一次由威廉·考亭（William Courteen）爵士资助的探险之旅。有人说："查理一世全身心地参与了这个项目，并且签名以示许可，但要索取一万英镑的利润。"我们猜想，查理一世实际上并没有出钱资助这次探险之旅。在给恩迪米恩·波特的信中，爱德华·尼古拉[3]写道："我认为有件事很重要，那就是你们应清楚地写明陛下[4]将如何享有上述一万英镑的利润。虽然陛下给出的具体数字是一万英镑，但这一万英镑很可能是纯利润，即这次航行款项的利息和保证金均需提前扣除，最后上交的钱需要加上这两部分的数额。"

虽然这次探险之旅的准备工作十分隐秘，但英格兰东印度公司还是听到了风声。英格兰东印度公司派人面见查理一世。查理一世向英格兰东

---

[1] 恩迪米恩·波特（Endymion Porter, 1587—1649）。——译者注
[2] 即罗伯特·赫里克（Robert Herrick, 1591—1674）。——译者注
[3] 爱德华·尼古拉（Edward Nicholas, 1593—1669）。——译者注
[4] 指查理一世。——译者注

第5章 做杂货生意的约翰·布尔

印度公司保证,"请相信我,因为我是一位虔诚的基督教徒",这只是一次"探险之旅"。一个月后,英格兰东印度公司副总管和该公司的两个委托人再次来到怀特霍尔(Whitehall)。他们"整个上午"和"整个下午"都在等待。最终,查理一世一言不发、很不情愿地接受了他们的请愿书。这是1635年3月发生的事情。1635年4月,恩迪米恩·波特的探险船队启航。"这一点也不会让我们沮丧,"英格兰的食品杂货商勇敢又痛苦地说,"我们希望,当这些新手为此付出巨大代价时,他们就会厌倦自己做的事情,那时英格兰东印度公司就会站稳脚跟,蓬勃发展。"

正是在恩迪米恩·波特的探险队出发时,查理一世将胡椒税的税率提高到胡椒价格的百分之七十五。同时,英格兰东印度公司的商业竞争者、一个叫罗巴克(Roebuck)的人出现了。人们怀疑正是在查理一世的巧妙保护下,罗巴克在红海攻击并夺取了素叻他尼(Surat Thani)和第乌(Diu)船队的货物。英格兰东印度公司在素叻他尼的总管和理事会成员随即被莫卧儿帝国监禁,并且"被强迫支付巨额罚金"。英格兰东印度公司的财产被没收,"公司的贸易体系也被彻底摧毁"。英格兰东印度公司曾苦心经营,好不容易在印度和波斯站稳了脚跟,但现在公司的荣誉受到了极大的损害。很快,荷兰人就利用这个机会"结交了莫卧儿帝国皇帝和波斯国王"。查理一世承认罗巴克是"在他知情和许可的情况下"出航的,但罗巴克"并没有做任何可能给英格兰东印度公司带来损害的行为"。最终,查理一世保护了罗巴克,并且授权他进行第二次出海航行。

从波斯湾到马鲁古群岛(Moluccas),英格兰东印度公司当时的处境非常绝望。一份写于1637年5月,为查理一世所做的备忘录提到,他"对英格兰东印度公司及其所作所为很不满意"。虽然当时商业竞争者正在破坏英格兰东印度公司的贸易活动,但查理一世并没有采取任何措施来保护英格东印度公司。查理一世不愿得罪荷兰人，总希望通过调查最终和荷兰人达成谅解。查理一世甚至威胁英格兰东印度公司，他可以随时禁止英格兰东印度公司的贸易活动。

1639年10月27日，英格兰东印度公司上书请愿。请愿书中提到，"英格兰东印度公司发现，在目前的条件下，几乎不可能继续进行之前的贸易活动"。查理一世显然很害怕，立即派坎特伯雷大主教前往英格兰东印度公司进行调停，并且做出承诺，对荷兰人和其他商业竞争者对英格兰东印度公司造成的损失，英格兰王国将会进行补偿。然而，1641年，"由于荷兰人对英格兰东印度公司造成的损失始终没有得到赔偿"，英格兰东印度公司最终没能筹集到新航程所需的资金。此外，"尽管英格兰王国曾颁布枢密令，禁止他人前往东印度群岛从事商业活动，但考亨爵士仍在不断装备探险所需的航行船，并且在东印度群岛建立工厂，准备开展贸易活动"。

事态正急剧恶化。由于缺乏平息苏格兰王国叛乱所需的资金，查理一世采取了两项措施，一项针对英格兰东印度公司，另一项针对商业探险家同盟。这些措施直接导致了英格兰内战的爆发。

第6章

内部纷争

FAMILY JARS

历史学家就像侦探一样，从蛛丝马迹和遗迹中拼凑出真相。他们探究人类活动的动机，并且依据"利益从不撒谎"的规律，做出相应解读。宗教比较特别，虽然是一种最受人尊敬的约束力量，却不能作为研究历史事件的线索。在瑟洛①担任国务大臣时的政府文件中，一封来自海牙 (Hague) 的情报信报告说，荷兰人"已决定授权牧师根据荷兰人与英格兰人争夺海权斗争的实际情况来布道和祈祷"。因此，比我们天真想象更加常见的事实是：历史事件的走向决定了宗教的布道和祈祷方式，但相反的情况绝不会发生。

有趣的是，我们发现，有一些历史学家虽然非常喜欢追根溯源，但很少探究那些历史人物是怎样谋求生计的。例如，这些历史学家只会说埃德温·桑兹②是"爱国者"或"清教徒"，一般不会提及他的职业。不过，对我来说，更加重要的事实是，他是弗吉尼亚公司 (Virginia Company)③的秘书和英格兰东印度公司的董事。这两家公司都与英格兰王室发生了长久的争执。反对王室政策的另一位"爱国者"约翰·塞尔登④是弗吉尼亚公司的法律顾问。约翰·皮姆⑤曾协助管理过普罗维登斯岛公司 (Providence Island Company) 的财务。当然，我们也可以说，埃德温·桑兹是约克大主教埃德温·桑兹的儿子，也是一名政治激进分子。埃德温·桑兹提出了一项非历史的学说，也就是卢梭⑥后来详细阐述的、关于国王与人民之间关系的社会契约论。不过，到底是什么因素让埃德温·桑兹成为一位政治领导人，又是什

---

① 约翰·瑟洛 (Jhon Thurloe, 1616—1668)。——译者注
② 埃德温·桑兹 (Edwin Sandys, 1561—1629)。——译者注
③ 1606年，伦敦弗吉尼亚公司 (简称伦敦公司) 和普利茅斯弗吉尼亚公司 (简称普利斯公司) 合并成立开发美洲市场的弗吉尼亚公司。1624年，该公司解散。——译者注
④ 约翰·塞尔登 (John Selden, 1584—1654)。——译者注
⑤ 约翰·皮姆 (John Pym, 1584—1643)。——译者注
⑥ 即让-雅克·卢梭 (Jean-Jacques Rousseau, 1712—1778)。——译者注

第6章 内部纷争

么力量赋予了他在议会拥有的权力呢？我想大家应该非常清楚问题的答案。

弗吉尼亚公司很强大，有近千名工作人员。哈克卢伊特就是创始人之一。从1606年弗吉尼亚公司获得的皇家特许状中，我们了解到其股东由"伦敦、布里斯托尔、埃克塞特和普利茅斯等城市的商业探险家联盟成员及骑士、绅士、商人组成"。事实上，弗吉尼亚公司是一个全国性组织，其商业活动范围与西班牙殖民帝国大体相同。在弗吉尼亚公司和詹姆斯一世的冲突中，我们再次遇到了利益那只看不见的手。这只手在詹姆斯一世和英格兰人民之间制造了很多隐秘的冲突。在《埃德温·桑兹传》(Life of Edwin Sandys) 中，波拉德[①]教授说："对弗吉尼亚公司的发展，西班牙政府很是担忧。贡多马尔的统治者一直密切关注着弗吉尼亚公司的发展。詹姆斯一世非常在意西班牙王国的态度，渴望结束与西班牙王国的斗争。"1620年春，当埃德温·桑兹的任期结束时，大部分人都希望他再次任职，但詹姆斯一世出面干预，要求选举自己提名的人员。詹姆斯一世说，弗吉尼亚公司是"煽动议会不和的神学院"，并且一再强调"选魔鬼都可以，但绝不能选埃德温·桑兹"。

同时，詹姆斯一世玩弄手段，想从肮脏的烟草贸易中谋取利益。他承诺为弗吉尼亚公司提供保护，以应对西班牙王国在烟草行业的竞争。作为交换条件，詹姆斯一世拥有优先购买权，购买烟草时每磅只需支付两先令。同时，这些烟草"免关税、免运费、免其他强征税"。通过这种方式买来的烟草，詹姆斯一世却要以每磅五先令的价格卖给那些所谓"国王的商人"。这些商人只有按照詹姆斯一世规定的价格购买烟草，才能拥有零售商特许经营权，而零售商则"以便士计量的方式将烟草卖给酒馆，十二

[①] 即艾伯特·波拉德（Albert Pollard，1869—1948）。——译者注

便士的烟草卖十三便士"。就这样,每卖给酒馆经营者一先令的烟草,零售商只能获得一便士的利润。

关于利益这一因素到底在多大程度上影响了詹姆斯一世,我们不必再深究。1624年,弗吉尼亚公司与詹姆斯一世之间矛盾重重,事态变得岌岌可危。乔治·马吉尔爵士[1]曾对埃德加·斯派尔爵士[2]发起过一场有名的诉讼。詹姆斯一世做过同样的事情,传唤与斥责了弗吉尼亚公司。

王室政策反对者,包括费拉尔[3]、埃德温·桑兹、卡文迪什[4]勋爵和约翰·丹弗斯[5],在议会中竭尽所能维护弗吉尼亚公司。贡多马尔的继任统治者不遗余力,宣称会尽最大努力摧毁弗吉尼亚公司及其种植园。财政大臣[6]以詹姆斯一世的名义命令埃德温·桑兹离开伦敦。不过,詹姆斯一世觉得这样做可能会引起大麻烦,于是立即收回了这一命令,并且允许埃德温·桑兹回到伦敦。"弗吉尼亚公司的生意变得非常糟糕。起初,许多人不愿解散公司,但不久就无奈地接受了现实……大家默不作声,一致通过了解散方案。私下里,大家对此事愤愤不平。有人说,其他任何一家公司的业务都可能被议会以同样的方式夺走。"

尽管众人对此怨声载道,但弗吉尼亚公司最终还是被解散了。詹姆斯一世接管了其相关业务。

对英格兰国王和众多公司之间的争执,我们可以追溯到詹姆斯一世和查理一世时期。1635年4月25日,新英格兰公司(The New England Company)宣布停止

---

[1] 乔治·马吉尔爵士(Sir George Makgill, 1868—1926)。——译者注
[2] 埃德加·斯派尔爵士(Sir Edgar Speyer, 1862—1932)。——译者注
[3] 即尼古拉·费拉尔(Nicholas Ferrar, 1592—1637)。——译者注
[4] 即威廉·卡文迪什(William Cavendish, 1552—1626)。——译者注
[5] 约翰·丹弗斯(John Danvers, 1585—1655)。——译者注
[6] 即理查德·韦斯顿(Richard Weston, 约1456—1541)。——译者注

第6章 内部纷争

经营，不再执行公司的皇家特许状。新英格兰公司这样做的主要理由是某些"不为公司理事会所知"的人获得了北美洲东海岸三千英里[①]海岸线的经营拨款，并且"驱逐"了新英格兰公司在马萨诸塞湾(Massachusetts Bay)的员工。由于情况危急，新英格兰公司"发现要想恢复已被毁掉的一切风险太大"，于是立即申请"保留自己的合法权利"，交出公司的皇家特许状并停止了经营活动。

现在，我们需要回到最重要的一场冲突上来。这场冲突发生在英格兰王室与英格兰王国最大的商业组织——商业探险家同盟之间。1629年，我们发现，英格兰议会和英格兰王室之间就对外贸易中的航运吨位和佣金问题发生了争执。商业探险家同盟站在议会一边，但议会"希望商业探险家同盟带头支付关税，这样一来，其他公司自然就会效仿"。1629年5月16日，科克报告说，商业探险家同盟最终以"两票优势"同意议会决议，之后按照议会决议内容运送布匹、支付关税，由戈尔协助安排住宿等事宜。

后来，伦诺克斯公爵(Duke of Lennox)[②]引发了一些麻烦事。他来自苏格兰，是斯图亚特王室的亲属，当时被任命为查理一世的新旧布匹包税官、收购官和检验官。他还获得了运送一定数量"白色布匹"的特权。他一方面担任公职，另一方面获得了商业许可证。对英格兰人来说，这是不利的。伦诺克斯公爵既是生产商，又是检验官员，确切地说，是出口布匹检验官员和海关官员。因此，在布匹贸易活动中，他享有明显的优势。起初，商业探险家同盟以每年两千六百英镑的租金，依据一定的条件，在查理一世许可的情况下，从伦诺克斯公爵那里买下了英格兰布匹的专营权。不过，商业探险家同盟要求的条件并没有得到满足。于是，商业探险

[①] 1英里约合1609.34米。——译者注
[②] 即洛多威克·斯图尔特(Ludovic Stewart, 1574—1624)。——译者注

家同盟寻求解除与伦诺克斯公爵一方的契约。随后，查理一世代表伦诺克斯公爵夫人(Duchess of Lennox)①进行了干预。此时，伦诺克斯公爵已经去世了。

商业探险家同盟就此事向枢密院提交了请愿书。请愿书详细地陈述了英格兰王国向荷兰共和国出口布匹的贸易史。该请愿书还提到，伦诺克斯公爵夫人手下的一名官员安东尼·斯托里(Anthony Story)一直可能通过一个荷兰人出口布匹。这个人的名字是安东尼·温克勒(Anthony Winckler)或者安东尼·温克尔(Anthony Winkell)。安东尼·斯托里的这一做法"违背了政府规定和特别枢密院令"。

这场争执持续了很长时间。在伦诺克斯公爵夫人死后，新任伦诺克斯公爵②接手此事。商业探险家同盟可怜地申诉道："'白色布匹'的出口量每天都在减少，因为这个所谓的陌生人③可能也正在专心地制作这种布匹。"于是，"契约的弱势方"④只答应付给新任伦诺克斯公爵两千英镑，随后增加到两千两百英镑。新任伦诺克斯公爵如果坚持商业探险家同盟，就必须按照契约中的规定支付两千六百英镑。随后，这场争执被提交到查理一世那里。最终，查理一世决定，每年年中时，商业探险家同盟就应付清当年的全额款项，还"要支付之前伦诺克斯公爵夫人在布匹业所有雇员的工钱"。查理一世还补充道，如果商业探险家同盟不接受这一决议，那么新任伦诺克斯公爵有权解除契约，将布匹卖给其他人。

后来就是关于米塞尔登的事情，如果不是本书篇幅限制，那么我很想详述这件事情。这件事涉及了英格兰王国与荷兰共和国的财务往来关

---

① 即弗朗西丝·斯图尔特(Frances Stewart, 1578—1639)。——译者注
② 即詹姆斯·斯图尔特(James Stewart, 1612—1655)。——译者注
③ 指前文提到的安东尼·温克勒或者安东尼·温克尔。——译者注
④ 指商业探险家同盟。——译者注

第6章　内部纷争

系、坎特伯雷大主教和长老会之间的争论、米塞尔登众多荷兰妻子的秘密，以及许多其他有趣的事。米塞尔登曾秘密为查理一世效力，试图背叛商业探险家同盟，但最终未能得逞。

此时，荷兰人和其他商业竞争者都在尽力压制商业探险家同盟的贸易活动。1634年，查理一世组建了一个专业委员会，专门处理关于贸易管制的问题，特别是其他公司对商业探险家同盟贸易活动的非法入侵问题。其他公司提出了"削减商业探险家同盟在德意志和低地国家销售英格兰布匹的特权"的建议。实际上，从1296年开始，商业探险家同盟在德意志和低地国家一直拥有英格兰布匹的销售特权。1615年，以汉堡为枢纽，商业探险家同盟在德意志和低地国家不断开展贸易活动，"出口了九万匹布，这是当时英格兰王国布匹贸易的最高纪录。此时，新布匹公司联盟成立了。两年时间内，新布匹公司联盟及其他商业竞争者使英格兰布匹的出口量急剧下降到了四万匹。后来，新布匹公司联盟解散了。然而，英格兰议会仍然允许原新布匹公司联盟成员在德意志和低地国家进行公开的布匹贸易活动。当然，'白色布匹'除外"。实际上，当新布匹公司联盟解散时，英格兰议会给予其的贸易自由已长达九年到十年。

这种贸易自由给商业探险家同盟带来了极大不便。在阿姆斯特丹，来自英格兰的商业竞争者设立了一个集市，"主要售卖荷兰人制作裤子所需的布匹，并且不受任何监管。这些来自英格兰的商业竞争者不仅出售伪造商品，还出售'白色布匹'。这给商业探险家同盟带来了巨大伤害"。因此，商业探险家同盟请求"有效地排斥商业竞争者"，或者在合理罚款的情况下允许来自英格兰的商业竞争者加入商业探险家同盟，以便使他们"有序交易"。

由此可见，当时的英格兰政府正竭力与商业探险家同盟和解。1634年

12月7日，英格兰政府发布了一份公告。这份公告无疑是根据议会委员会的建议发布的，大体上符合商业探险家同盟提出的"削减商业竞争者"的策略。一方面，这份公告限制了旧布匹公司联盟和新布匹公司联盟的商人到商业探险家同盟的原有市场销售布匹；另一方面，在支付罚款后，商业探险家同盟将允许"除仅是行业经营场所所有权拥有者[①]外的所有居住在伦敦、从事该商品贸易活动的英格兰王国臣民"加入自己。

这一声明在英格兰和荷兰引起了轩然大波。肯特郡的布匹商请愿，反对限制他们的销售活动，因为他们的生意"看起来会被完全毁掉，只能进行物物交换来维持基本生存"。德文郡的布匹商抗议道，他们现在的布匹销量不到原来的十分之一。

但更严重的麻烦来自荷兰共和国。鹿特丹（Rotterdam）同意借六千英镑给查理一世，以换取对英格兰王国布匹贸易的垄断权，并且声明在垄断生效后才支付借款。阿姆斯特丹一直依赖着英格兰的商业竞争者，自然不会对此善罢甘休。于是，在荷兰议会，阿姆斯特丹发起了反对鹿特丹和商业探险家同盟的提议，鼓动荷兰的保护主义势力采取行动。随后，荷兰议会颁布禁令，禁止进口英格兰染色布匹。阿姆斯特丹甚至促成了一项驱逐商业探险家同盟的法令。英格兰的商业竞争者有的拒绝抛弃他们的荷兰妻子，有的拒绝成为新教徒。因此，商业探险家同盟不会接纳他们为组织成员。

以上这些就是坎特伯雷大主教的干预、伦诺克斯公爵和米塞尔登的事情引发的状况。1639年，我们推测英格兰政府已放弃与商业探险家同盟和解的尝试。以下是国务大臣温德班克[②]的笔记内容，其中谈到了将商业探险家同盟置于英格兰教会的管理下的做法：

---

① 即仅拥有经营场所，不开展任何布匹贸易活动的人。——译者注
② 即弗朗西斯·温德班克（Francis Windebank, 1582—1646）。——译者注

第6章　内部纷争

英格兰政府可以以剥夺公民选择伴侣权为由，阻止商业探险家同盟对英格兰人和荷兰人结婚的处罚规定；阻断商业探险家同盟与各地清教徒共享情报。英格兰政府可以将商业探险家同盟的主管带到星室法院(Star Chamber)受审，理由如下：商业探险家同盟章程违反《伊丽莎白一号规约》(Statute I Elizabeth)的内容，即维护、支持外国教会；商业探险家同盟拉帮结派，放弃英格兰教会，改信新教；商业探险家同盟违背皇家特许状的条款，要求成员放弃与外国人通婚的权利，使国王失去了臣民的拥戴；商业探险家同盟泄露国家机密，秘密转移英格兰的布匹、羊毛，以及英格兰肥沃土地上产出的大量丰富产品。

此时，英格兰王室和英格兰商人之间存在着巨大的误解、疏远和敌意。事态每况愈下，两者间的正面对抗一触即发。最终，查理一世点燃了导火索。事情的起因是查理一世军费不足，无力应对当时苏格兰王国的叛军。"上周六，"一位历史记录者写道，"为应对紧急事态，查理一世授权其官员，没收了英格兰商人从国外带回的、暂放在铸币厂的所有钱币。这批钱币价值约十万英镑。随后，英格兰商人接到命令，他们可以到财政部门报备，以便获得这笔钱的本金和担保的百分之八的利息。不久，众多公司的财务周转变得十分困难。英格兰商人的经营活动由此陷入极大的混乱。于是，他们联合起来向查理一世请愿，要求消除这件事带来的不良后果。事实上，直到星期日晚上，也就是查理一世从怀特霍尔去了奥特兰兹(Oatlands)后，商人才知道钱币被扣押的事情。"

沮丧、愤怒、恐慌和骚动主宰了伦敦。只有当查理一世承诺返还农产品贸易从业者四万英镑的交易保证金时，这种情绪才部分得到缓解。

查理一世采取了一些措施，意图恢复伦敦居民的信心。他以每先令三便士的利率下令铸造新的流通货币，并且用这些货币支付军队的开支。后来，在托马斯·罗爵士[①]和伦敦公司的抗议下，查理一世才改变主意。1639年8月，查理一世强迫英格兰东印度公司把库存的胡椒卖给他。作为回报，他承诺返还农产品贸易从业者两年多的交易保证金。对他返还保证金的承诺，食品杂货商抱有怀疑。这种怀疑绝对是有理由的。随后，查理一世立即把胡椒投放到了市场上，造成了香料市场的危机。

这段故事终于接近尾声了。我们看到，英格兰王国的商业利益总是与政治权力密不可分。商业探险家同盟在下议院的势力非常强大，英格兰东印度公司也给下议院议员分配了该公司的股份。约翰·皮姆曾率先提出城市商业团体应保护下议院的观点。1642年1月3日，下议院全体委员会休会。随后不久，下议院就转移到伦敦市政厅（Guildhall）办公，而伦敦市政厅正好是伦敦贸易组织的中心。另外，值得一提的是，在休会前，下议院指定一部分委员会在食品杂货商大厅（The Grocers' Hall），也就是在代表英格兰东印度公司的商业大厅内办公。

由此，我们从这场重大的国家危机中得出这样的结论：查理一世与英格兰商人之间的争执与其说是宪法或宗教之争，不如说是商业及经济利益之争。议会是两大商业组织保护自己免受政府伤害和掠夺的工具，而宗教和政治特权只能被用作掩盖真正争执的外衣。商业探险家同盟和英格兰东印度公司都宣誓效忠英格兰国王，这是两大商业组织团体关系中最庄严、最有约束力的部分。因此，两大商业组织只得被迫为自己违背誓言寻找最说得通的、最可信的借口。危急时刻，这个借口最终

[①] 托马斯·罗爵士（Sir Thomas Roe，1581—1644）。——译者注

第6章 内部纷争

被找到了。1641年1月9日，在怀特霍尔，伦敦市市长、市议员和伦敦市议会（Common Council of London）向查理一世提交请愿书。他们向查理一世表示，查理一世采取的政策"已引起伦敦市的大规模混乱，有可能会推翻伦敦及英格兰王国的整个贸易体系，还有可能导致新教徒、所有臣民生命和自由的毁灭。他们对此有所察觉"。贸易动机就这样被放在了首位。

事实上，斯图亚特王朝的外交政策是一种家族政策，与英格兰王国的国家利益毫无关系，甚至是一种敌对关系。伊丽莎白采取的国家政策是一种保持国家经济独立的政策。这种政策为英格兰布匹寻找销售市场，为英格兰人寻找足够的香料，使他们能够加工过冬用的牛肉。她采取的国家政策是一项英格兰人能够理解和支持的政策。当英格兰王国与西班牙王国、神圣罗马帝国发生冲突时，英格兰人会更加支持这种政策。她如果愿意，甚至可以皈依穆罕默德[①]所创的宗教。即便她想要完全废除议会，英格兰人也绝不会有半句怨言。只要国家利益得到了忠诚守护，英格兰王国对其他任何宗教信仰和传统习俗的入侵都会毫无抵抗之力。

然而，要说英格兰王国的国家利益完全在于这些商业公司，完全与英格兰的王室利益格格不入，这也是不准确的。相反，有迹象表明，农业和对外贸易行业之间、布匹生产行业和布匹贸易行业之间也存在利益冲突。许多人认为，英格兰东印度公司的贸易活动会浪费国家财富和航运资源，对布匹生产行业造成伤害。英格兰纺织工及剪毛工、染工和布匹整理工等对这些商业公司非常不满。我们如果画一张按行业划分的内部争论图——这肯定会非常有趣——就会发现支持议会和商业探险家同盟方的航运状况。纽卡斯尔例外，此地的商业探险家同盟公司与伦敦公司长期存在

---

① 穆罕默德（Mahomet，约570—632）。——译者注

争执。

  伦敦、布里斯托尔、南安普敦(Southampton)、埃克塞特、普利茅斯、伊普斯威奇、波士顿(Boston)、赫尔，以及新兴的制造业城镇支持议会。然而，克拉伦登伯爵(Earl of Clarendon)[①]说："利兹(Leeds)、哈利法克斯(Halifax)和布拉德福德(Bradford)这三个人口稠密、富裕的城镇完全自主行事。"在选择自己支持的一方时，布匹业城镇存在分歧。威尔特郡(Wiltshire)、格洛斯特郡、牛津郡和萨默塞特郡的旧布匹商追随查理一世。英格兰东部的新布匹商追随议会，这可能是因为新布匹贸易主要掌握在只会用粗糙的羊毛织造些新布匹的荷兰移民手中，并且这些新布匹随后与旧布匹展开了竞争。当时，毛织品检验官与枢密院的关系十分密切，很自然地会设置重重障碍，限制这些新布匹的销售。人们怀疑英格兰东部的新布匹商向荷兰共和国出口富勒土(Fullers'Earth)[②]和半成品布匹。另外，英格兰东部的新布匹商拒绝遵守行业规则，并且他们是信仰坚定的清教徒。

  支持纺织工反对贸易商人，支持农场从业者反对航海运输从业者，这些都是查理一世的所作所为。这些事情本身还是可以容忍的。让人无法容忍的是，查理一世竟然把英格兰王国的国家利益拱手让给了西班牙王国和荷兰共和国。英格兰王室的需要和家族政策导致斯图亚特王朝更倾向于保护外国人的利益。英格兰王国内的这些长期激烈冲突最终导致了英格兰内战的爆发。这场惨烈的内战给我们留下了深刻的教训：一个国家是否和谐、繁荣取决于国家政府和国家利益团体之间能否互相理解和支持。

[①] 即爱德华·海德(Edward Hyde, 1609—1674)。——译者注
[②] 一种黏土名称。——译者注

第7章 欧洲的状况

THE STATE OF EUROPE

长期议会 (Long Parliament) 时期和克伦威尔执政期间，英格兰王国的国家政策基本上和商业探险家同盟主张的政策相一致。虽然这段历史时期较短，但我们似乎看到了施莫勒提出的经济组织和政治权力相互配合的理想状态。不过，实际上，这种状态和我们的期待之间还存在一定距离，我们随后将看到一种更加理想的状态。一开始，伦敦商人协会是克伦威尔和长期议会的后盾。商业探险家同盟支持议会，曾借给议会三万英镑。与之相对的是，当查理一世向商业探险家同盟申请两万英镑的贷款时，商业探险家同盟立即将此事报告给了议会。为感谢商业探险家同盟借款，议会投票通过议案，支持商业探险家同盟运送布匹的船队开往易北河 (Elbe)。同时，通过另外一项法令，议会极大地增强了商业探险家同盟的实力。议会认为，商业探险家同盟"有益于国家，有益于贸易的更好管理和调配监管，对我们历史悠久的布匹贸易十分重要"。议会赋予了商业探险家同盟一定的权力，包括对成员及其商品征税、监禁成员，以及执行组织誓言的权力。商业探险家同盟的入会费翻了一番，并且以前的特权都得到了恢复。不过，入会成员仅限于那些接受过培训的商人。任何人"不得在商业探险家同盟限制的区域内进行贸易活动，否则将会被其没收货物"。

黎凡特公司曾借给议会八万英镑，并且获得了类似的法令。关于黎凡特公司为国家提供服务的内容，我在序言中有所记述。黎凡特公司"建造、维护了大型航行船""维持、推动了航行秩序的发展""长期销售凯西斯布"，并且"几年来，每年出口两万多匹宽布，以及其他自己染色、生产的布匹"。正因如此，黎凡特公司得以长期存在，并且被赋予了"自由选择和弃用公司国内外负责人"的权力，"无论这些负责人是否曾被授予荣誉，是不是大使、行政长官、议会议员、领事或其他官员"。黎凡特公司有权"对公司成员和其他有贸易往来的相关陌生人征税，对所有

第7章 欧洲的状况

用英格兰王国商船装运的货物，以及对所有出入黎凡特海域、用非英格兰王国商船装运的货物征税，征收的税款用于支付黎凡特公司支持的政府机构的运转及官员所需的费用"。除了黎凡特公司成员，任何人都不能在划定区域内进行相关贸易活动，否则将被没收货物或船只。黎凡特公司允许组织外的商人"以赎回的方式"加入①，但这些商人不能兼任其他政府或社会职务，还必须能够缴纳公司指定数目的会费。黎凡特公司有扣押权、监禁权和执行经全员通过的誓词的权力。

伊斯特兰公司也非常支持议会。值得注意的是，为了阻止其他商业竞争者，英格兰东印度公司曾将一项法案提交给议会，但该法案的通过受到了王室的阻碍。下议院——其成员都有英格兰东印度公司特别的股份认购条款——迅速将该法案呈送上议院。不过，该法案最终还是遭到了上议院的拒绝。尽管如此，英格兰东印度公司仍然借给了议会四千英镑。也正因如此，在后来与荷兰人的争斗中，英格兰东印度公司得到了议会的大力支持。

如果英格兰内战的爆发真的是宗教和政治权力问题导致的，那么英吉利共和国的外交政策应该会追求同样的目标，即内战后，英吉利共和国应该会与荷兰共和国结盟，与西班牙王国开战。然而，英吉利共和国走的是截然相反的道路：与荷兰共和国开战，与西班牙王国结盟。这是一件匪夷所思的事。加德纳承认，"战舰的军官本应拥有的清教徒热情……显然没有出现在他们的往来信中"。"然而，"加德纳安慰自己说，"席卷英格兰的宗教情感浪潮一定会让人们精神振奋，促使人们在世俗的领域里采取有价值的行动。"

---

① 黎凡特公司将违反规定、侵犯其商业利益的商人的船和货物没收后，采取了一种温和的措施，只要这些商人缴纳赎金，就可以加入黎凡特公司，自由开展贸易活动。——译者注

有人说，正是在宗教情感的激励下，17世纪的英格兰海军士兵奋起与荷兰人作战，但这种说法和我们的实际感受并不一致。加德纳同样对英格兰王国与西班牙王国的关系感到困惑。在这方面，加德纳的推理甚至变得不合逻辑。他的推理过程如下：

英格兰清教徒高层应该与西班牙王国达成和解，这是当时新教教派政策的体现。西班牙王国虽然当时仍然是宗教裁判所所在地，但国内其实已没有多少新教徒了。新教徒大量聚集在法兰西王国。

另外，有人说了以下一段话：

此前，为对抗西班牙王国，英格兰王国的海军士兵曾与德雷克爵士、雷利爵士一起奋力拼杀。但如今，在新一代英格兰王国海军士兵的心中，老一辈英雄对西班牙王国的敌意似乎荡然无存了。事实上，英格兰王国与西班牙王国的谅解仅仅是政治上的。在当时的特定条件下，英格兰王国需要与西班牙王国结盟。一旦相关的必要条件发生改变，两国根本不可能继续结盟下去。

然而，为什么会出现这种"单一化的政治理解"呢？是不是正如加德纳所说，因为西班牙王国当时已经没有多少新教徒了，或者还有什么更实质性、更合理的动机？加德纳提到，赞成英格兰王国与荷兰共和国开战的一方，同时希望英格兰王国与西班牙王国签订商业条约。我们如果把这两件事情放在一起，那么也许就能解决前文提到的问题了，即英格兰王国当

第7章 欧洲的状况

时采取的国家政策与国家利益息息相关,这种政策也是商人托马斯·芒和商业探险家同盟支持的政策。

当英格兰王国一直忙于内部争斗时,欧洲正在悄悄发生着巨大变化。神圣罗马帝国的帝国制度最终崩溃了。1618年至1648年,神圣罗马帝国境内发生的三十年战争(The Thirty Years' War)让这个帝国的大部分地区变得无比荒芜,国家四分五裂,国力遭受了严重损毁。

历史上,神圣罗马帝国的崩塌规模空前。坚守了两百年的汉堡最终变成了英格兰王国的贸易基地。吕贝克——这个曾经不可一世的城市,不得不向瑞典王国和丹麦王国这两个蒸蒸日上的国家低下骄傲的头颅。灾难发生前,但泽明智地脱离了神圣罗马帝国,后来"与波兰共和国紧密地联系在了一起"。

莱茵河中上游以前主要是德意志产品的贸易区域……现在完全变成了法兰西王国的商品市场。威斯特伐利亚(Westphalia)的城镇及毗邻地区的贸易一蹶不振。莱茵河流域的居民状况稍好一些,主要是因为他们依附荷兰人,至少可以从荷兰的繁荣中获得一点好处。

西班牙王国既是神圣罗马帝国经济体系的一部分,也是其政治体系的一部分。因此,它很难独善其身。西班牙王国几乎所有商品都依赖德意志和荷兰的供给,这导致其忽视了国内制造业的发展。在谈到1647年西班牙的状况时,安德森说了以下一段话:

当时,西班牙王国缺乏工业制成品、农产品和其他必需品。为了统治庞大的美洲殖民地,西班牙人把从殖民地带回的几乎所有黄金和白银转手给了英格兰人、荷兰人、法兰西人、德意志人和意大利人,以换取各种生产、生活必需品。

毫无疑问,安德森的观点与托马斯·芒的主张一脉相承。安德森指出,尽管西印度群岛有着丰富的金银矿藏,但欧洲其他国家"出于商业的需要",都成了这笔财富的分享者。西班牙王国无法为西班牙和西印度群岛提供"所需的各种商品……西班牙人赚来的钱都用来弥补亏空了"。西班牙人虽然拥有"金钱之泉",但由于"商品缺乏",不得不使用基铜铸币。我们需要再次强调这一点:正是因为连年不断的战争和本国商品的匮乏,西班牙王国失去了本来属于自己的财富。西班牙王国的财富几乎全部流到了国外,特别是荷兰和意大利。

当西班牙王国不断衰落时,欧洲有两个国家正在快速崛起,其中一个走向了商业繁荣,另一个走向了工业繁荣。那个曾经毫不起眼、海草遍布,后来变成七个省的河口区域[①],靠着鲱鱼快速积累了财富。15世纪初,一个生活在比尔弗利特(Biervliet)的荷兰人威廉·比克尔森(William Beakelson)发明了一种腌制技术。于是,荷兰人大量腌制鲱鱼,之后再把这些鲱鱼装在橡木制成的小桶里,将其打造成了一项数量庞大的国家贸易商品。17世纪,荷兰人甚至雇用了一千艘大帆船和一百七十艘小船专门进行鲱鱼贸易活动,每年可以赚取八百多万荷兰盾的利润。

后来,荷兰人逐渐将贸易项目从鲱鱼贸易转向鲸鱼贸易,并且试图建立格陵兰岛渔业的垄断地位。荷兰人还入侵了波罗的海地区,之后与丹麦王国结盟,并且于1511年与汉萨同盟舰队进行了一场声势浩大但没有什么结果的战斗。

荷兰人与德意志人冲突不断,由此与哈布斯堡家族结下了怨仇。荷兰人控制着莱茵河口,这里是英格兰布匹的主要销售枢纽。在荷兰人长期进

---

① 指荷兰。——译者注

第7章 欧洲的状况

行的独立战争中，伊丽莎白给予了他们大力支持。伊丽莎白统治时期，英格兰的政治家深知荷兰对英格兰的重要性。在1583年的一份国家文件中，塞西尔写了以下内容：

> 到目前为止，低地国家对陛下[①]来说是一个实施反制措施的缓冲地带……没有低地国家的西班牙王国可能会在爱尔兰王国给我们制造一些麻烦，但永远不会给您带来太大的威胁。不过，如果西班牙王国征服了低地国家，那么任何有判断力的人都知道后果将不堪设想。

在英格兰王国的援助下，荷兰人最终获得了独立，并且立即着手保护他们与西班牙王国之间的贸易活动。

德·维特说了这样一些话：

> 至于西班牙王国，显然其国家福祉完全依赖于和西印度群岛之间的贸易活动。这样一来，西班牙王国只能提供些羊毛、水果，以及铁矿石等原材料。相反，西班牙王国需要大量荷兰生产的工业品和其他商品，而西班牙王国和西印度群岛生产的所有商品的价值都抵消不了西班牙王国的支出……众所周知，在与荷兰人的战争中，西班牙王国的海军损失惨重。同时，在和平时期，荷兰人就已经把汉萨同盟商人和英格兰商人基本上赶出了海上贸易体系。因此，可以肯定的是，在西班牙王国的所有海岸

[①] 指伊丽莎白一世。——译者注

线上，除了荷兰共和国的船，几乎没有其他国家的任何船只航行。即便有，这些国家的船和水手也少得可怜。自签订《威斯特伐利亚和约》（Peace of Westphalia）以来，西班牙人公开租用荷兰人的船驶往西印度群岛，而以前他们是小心翼翼地将所有外国人拒之门外。显然，西印度群岛就像西班牙王国身体里的胃，必须通过一支海上运输力量与西班牙王国的头部相连，而那不勒斯王国和荷兰共和国就像西班牙王国的两只手臂。除非通过海运，否则西班牙王国不可能从国外输入任何物品，也不可能从西班牙王国运出任何物品。荷兰人的海上航运船队在和平时期可能很容易就能出入西班牙王国，但在战争时期有可能被阻挠。

由此，我们可以推测出，正是安特卫普大屠杀和三十年战争迫使佛兰德斯人和德意志人将他们的资本转移到了强大的、四面环海的荷兰城镇。许多人把这些城镇当成了安全的资本储藏地。约翰·德·维特不无骄傲地说，荷兰商人使用的贷款年利率仅为百分之三，"不需要典当或抵押"。荷兰商人用廉价的信贷就可以建立起庞大的商业体系。"在需要购买的商品投入生产的一个季度前，荷兰人可能就已准备好所需资金，并且之后出售这些商品时，允许购买公司以赊购的方式进行购买。从资本的高利性这一角度来看，这是其他国家都做不到的事情。"靠近波罗的海的区位优势，以及与丹麦王国达成和解的举措使荷兰人拥有了造船的材料。约翰·德·维特说了以下一段话：

国外几乎所有大型船只都是荷兰人建造的。荷兰人不仅是西班牙王国的海上运输者，也是法兰西王国乃至整个欧洲的海上运

1648年1月，在明斯特签订《西班牙-荷兰和约》，5月15日该和约得到确认，这幅图就展现了确认现场的情景。《西班牙-荷兰和约》是《威斯特伐利亚和约》的一部分

杰拉德·特·博尔奇（Gerard ter Borch，1617—1681）绘

输者。在大西洋、地中海、印度洋和波罗的海，荷兰人的货物运输量几乎超过了当时其他国家的总和。荷兰人是世界上最杰出的甚至是最重要的货物运输者。

正如我们看到的那样，荷兰人最大的成就是在东印度群岛取得的。约翰·德·维特认为，对荷兰共和国来说，其在东印度群岛的香料贸易和印度的商品贸易"十分稳定"。荷兰东印度公司是世界上最好的贸易组织之一。我们可以称之为汉萨同盟体系在荷兰共和国的进一步发展。

荷兰东印度公司分为四个分部：阿姆斯特丹分部、泽兰（Zeeland）分部、霍伦（Hoorn）及恩克赫伊曾（Enkhuizen）分部、代尔夫特（Delft）及鹿特丹分部。这些荷兰城镇各自装备有自己的船，依据自己所占股份进行交易。不过，这些荷兰城镇也为总公司的发展做出了贡献，并且约定不定期在总理事会举行会议，共同商议贸易政策问题。可以说，这些荷兰城镇像荷兰议会一样强大，可以指挥自己的舰队和军队，还可以建造堡垒，在城市驻扎军队甚至征服其他国家。这些荷兰城镇声称拥有并在实际上实施了对亚洲贸易的垄断。那些称荷兰共和国的贸易活动为自由贸易的人应该知道，荷兰共和国的国家财富主要是通过武装垄断和排斥所有外来竞争者获得的。

1620年，英格兰王国的两名船长——希林[1]和菲茨赫伯特[2]以詹姆斯一世的名义占领了好望角，但这种占领从未被加强。1650年后，荷兰人建立的开普敦（Cape Town）也是"印度的前沿要塞"，使他们在印度洋畅行无阻。通过在巴达维亚（Batavia）、锡兰和其他地方设置堡垒，荷兰人控制着每一条贸易路线。荷兰人依赖的绝不是廉价竞争，而是组织化的垄断力量来

---

[1] 即安德鲁·希林（Andrew Shilling，1566—1621）。——译者注
[2] 托马斯·菲茨赫伯特（Thomas Fitzherbert，1552—1640）。——译者注

第7章 欧洲的状况

保持其贸易帝国的地位。

荷兰共和国的崛起并非完全建立在对外贸易的基础上。除了造船业和渔业，荷兰人还拥有自己的亚麻布产业和羊毛制品产业。佛兰德斯发生的战争等灾难，驱使许多佛兰德斯织工和纺织品加工商到荷兰避难。于是，荷兰共和国接管了很大一部分英格兰布匹的加工业务。利用莱茵河流域的控制权作为贸易杠杆，荷兰共和国强迫商业探险家同盟把"白色布匹"卖给它。随后，这些英格兰布匹在荷兰共和国的作坊里完成加工，然后销往欧洲各地。这就是荷兰人和英格兰人争端的根源。

也有一两个有思想的荷兰人有着比较清醒的认识，认为荷兰共和国的国家财富不应该建立在对外贸易的基础上，而应该建立在制造业的基础上。约翰·德·维特说了以下一段话：

> 荷兰人宁可失去商船，也不能失去制造业、渔业和对大量往来商船的吸引力。通过降低税率等手段，荷兰人可以随时诱使商船返回荷兰。此前，佛兰德斯、布拉班特和荷兰省[①]的许多居民正是依赖制造业、渔业和给大量往来商船提供服务来维持生活的，而属于汉萨同盟的伊斯特林人是唯一的海上商品运输者和水手来源。由于荷兰人在制造业、渔业方面具有优势，同时来往荷兰港口的商船数量巨大，很多其他地方的商船船主逐渐放弃了海上贸易活动及伊斯特林人，转而选择在荷兰共和国谋生。

> 我们至少得出了这样一个无可争议的结论，那就是航运业是基于制

[①] 荷兰省位于荷兰共和国西部。1840年，荷兰省分为南荷兰省和北荷兰省。——译者注

造业发展而来的，生产是财富的基础。然而，在约翰·德·维特生活的时期，对荷兰共和国的国家政策制定者来说，海上运输及布匹加工的利润巨大，这种诱惑实在难以抵御。约翰·德·维特抗议道："未加工的英格兰布匹不用交税。在荷兰共和国，英格兰商人享有的贸易自由和免税政策甚至比荷兰人还要多。"

这就是荷兰共和国最终走向毁灭的根源。正因为通过对外贸易就能轻松赚取巨额财富，荷兰共和国于是放弃了更加耗费精力的民族制造业。

在众多杰出国王及政治家的领导下，法兰西王国清楚地认识到，国家权力需要建立在本国制造业的基础上。17世纪，法兰西王国颁布了一系列的国家保护政策。这些国家保护政策与伊丽莎白统治时期英格兰王国颁布的国家保护政策基本相同。在这些国家保护政策的推动下，法兰西王国迅速发展成了一个工业强国。然而，在克伦威尔执政时期，法兰西王国的国家保护政策还没有完全发展成熟，或者还没有引起英格兰人的注意。对此，我们暂且不做过多讨论。

这就是当克伦威尔击败骑士党[①]，将查理一世推上断头台时欧洲的大体情形。如果克伦威尔的统治动机是宗教性质的、基于宪法的，那么对他来说，荷兰共和国取得的巨额财富和强大权力、西班牙王国的衰落等事情将毫无意义。他也绝不会对这些外部势力采取任何行动。但我们谈论的动机是推动人类社会前进的动机、人类谋求生存的动机。英吉利共和国时期国家思想及国家政策的动机到底是什么，我们将在第8章中看到相关论述。

---

① 骑士党（Cavalier）是后文保王党的别称，主要由英格兰政府官员和贵族组成，其成员因经常效仿中世纪骑士的装束而得名。——译者注

第8章

金山之国和铁山之国

THE MOUNTAIN OF GOLD AND THE MOUNTAIN OF IRON

如果能弄清查理一世究竟在多大程度上受到了荷兰人的影响，那么这将会是件很有趣的事。我们知道的是，查理一世向荷兰人借了钱。1625年，查理一世授权白金汉公爵(Duke of Buckingham)[①]以王冠、珠宝作为抵押，向荷兰议会借款三十万英镑。随后，这些王冠珠宝被送到了阿姆斯特丹。这种情况和当年金雀花王朝(Plantagenets)时期英格兰王室的王冠珠宝被送到科隆一样。通过这两次相同的情况，我们可以轻易看出王室政策会受到王室需求的影响。1629年，查理一世将总重达四千吨的英格兰大炮卖给了荷兰议会，以赎回王冠珠宝。英格兰人虽然曾十分羡慕荷兰共和国独立的经济和强大的海军，但绝对不会认为荷兰人在这笔交易中的行为有多么光彩。不久，查理一世和议会之间出现了重大危机。查理一世和议会的对话提到了外国势力的干预。不过，我不确定施加这种影响的是荷兰人、法兰西人，还是西班牙人。克拉伦登伯爵将矛头指向了法兰西人。他说，为了达到自己的目的，法兰西人在英格兰王国内部挑起了冲突。由于查理一世当时与荷兰人的关系密切，克拉伦登伯爵不敢暗示荷兰人参与了这件事。然而，事实上，查理一世和荷兰人之间显然存在着一些秘密的约定。这种约定不仅存在于查理一世和奥兰治亲王(Prince of Orange)[②]之间，还存在于查理一世和荷兰民间团体之间。也许约翰·亨德森[③]向英格兰政府所做的报告能够披露事情的全部真相。"荷兰人支持查理一世。他们认为，如果英格兰王国原来的君主制能够继续存在，那么荷兰人对世界贸易的全面掌控就不会受到任何干扰，能够继续安全地存在下去。"事实上，无论是当时的奥兰治亲王，还是荷兰议会的议员，他们都或秘密或公开地支持查理一世。他们

[①] 即乔治·维利尔斯(George Villiers, 1592—1628)。——译者注
[②] 即威廉二世(William II, 1626—1650)。——译者注
[③] 约翰·亨德森(John Henderson, 1605—1650)。——译者注

第8章　金山之国和铁山之国

给英格兰保王党提供避难所，为其筹集资金，并且与后来即位的查理二世就租用锡利群岛（Isles of Scilly）进行谈判。1651年，圣约翰[①]和斯特里克兰[②]来到海牙，准备和荷兰人谈判，但在大街上受到了荷兰人的侮辱。这种虚伪的谈判被一再推迟。

荷兰人有着其他目的。实际上，他们是要利用英格兰王国内部的纠纷来谋取利益，就像汉萨同盟曾经利用玫瑰战争（Wars of the Roses）来谋取利益一样。荷兰人用尽一切手段，竭力将世界贸易牢牢地掌控在自己手中。

1649年，荷兰共和国派使者游说俄罗斯沙皇。荷兰共和国的使者说，英格兰人谋杀了查理一世，这件事在整个欧洲影响恶劣，对任何有自尊的君主来说，唯一的选择就是惩罚这些英格兰人，停止和英格兰王国的贸易活动；荷兰共和国完全可以取代英格兰王国。荷兰共和国的使者承诺，荷兰人将给俄罗斯沙皇国带来更多的利润。荷兰人兑现承诺，拿出贸易货物价值的百分之十五给俄罗斯沙皇。因此，在俄罗斯沙皇国，荷兰人获得了贸易优势。波兰共和国的特使证实，1689年，荷兰人仅在阿尔汉格尔斯克就有两百个代理商。

不过，波罗的海的厄勒海峡更加重要。1649年9月，在海牙，斯特里克兰给国内回信，在信中谈及以下事情：

> 荷兰共和国和丹麦王国最终签订了协议。荷兰的每艘船每年平均只需支付大约三十五英镑的税款就可以自由通行厄勒海峡。从荷兰共和国出发到厄勒海峡从事贸易活动的商人，在出发前需要按照通过厄勒海峡时应付税款的税率，将税款首先支付给

[①] 即奥利弗·圣约翰（Oliver St.John, 1598—1673）。——译者注
[②] 即沃尔特·斯特里克兰（Walter Strickland, 1598—1617）。——译者注

荷兰共和国的财政部门，之后就可以凭荷兰共和国的官方证书畅通无阻地通行厄勒海峡。丹麦王国首先获得荷兰共和国大约八万英镑的预付款，并且将这笔款项当作荷兰共和国给丹麦王国的贷款，之后每年偿还六千英镑给荷兰共和国，利息另计。表面上看，荷兰共和国把这些钱预先支付给了丹麦王国；实际上，这些钱又被逐步还了回来。我打听到这项协议的一个秘密：丹麦王国不能把这一特权授予其他人，也不能与除荷兰共和国以外的任何国家进行任何类似的交易，特别是英格兰王国、法兰西王国、瑞典王国。瑞典人特别不喜欢荷兰共和国和丹麦王国的这项协议。

斯特里克兰补充道，当时，几乎所有荷兰人都在讨论与"斯图亚特王室及其家族不幸"相关的话题，并且说，"读到此信的各位肯定能察觉到，荷兰共和国上下弥漫着对英格兰王国的嘲笑"。

当时，英格兰人不愿遭到荷兰人的嘲笑，于是开始与瑞典王国商谈联盟事宜和商业条约的签订，并且大力执行《航海法案》中规定的条款，或者更确切地说，是加强《航海法案》的执行力度。

现在来看，1651年10月颁布的《航海法案》，既不是英格兰历史上第一部，也不是最后一部此类法案。这一法案体现的原则可以在理查二世[①]统治时期的许多法规中看出端倪。理查二世是一位不幸的君主，曾与汉萨同盟进行过无望的斗争。

《克伦威尔法案》(Act of Cromwell) 之所以会引起轰动，是因为克伦威尔采取铁腕手段，强力执行法案中的条款。就像带金属手套的中世纪武士一

---

① 理查二世 (Richard II, 1367—1400)。——译者注

第8章 金山之国和铁山之国

样,克伦威尔毫不畏惧、毫不犹豫地与当时世界上最强大的海上强国展开了不懈斗争。

此外,《克伦威尔法案》的实施范围涵盖了英吉利共和国在新大陆和旧大陆的所有区域。这给荷兰共和国与欧洲、西印度群岛和北美洲之间的运输及贸易活动造成了沉重打击。只要运输农产品的船不属于农产品出口国,《克伦威尔法案》就禁止这些船进入英格兰王国的港口,除非这些船由英格兰人或英吉利共和国殖民地居民拥有,并且一半以上的船员是英格兰人。《克伦威尔法案》对荷兰共和国是一个沉重的打击,其打击对象不仅包括荷兰共和国的运输业,还包括渔业和捕鲸业,因为《克伦威尔法案》规定咸鱼和油料也只能用英吉利共和国的船运输。

英格兰的自由主义历史学家曾试图把荷兰人描绘成推崇海洋航行自由的先驱,反对英格兰人实施的《航海法案》的"野蛮暴政"。加德纳对历史事实了如指掌。按道理来说,他本应对事实背后的真相了解得更加清楚,但他更倾向于英格兰自由主义历史学家的这种观点。然而,真实的情况是,在自己有权控制的地方,如印度洋(Indian Ocean),荷兰人会将该地当作自己的领海进行管理;在自己势力薄弱的地方,如英吉利海峡(English Channel),荷兰人会将该地当作公海,宣扬航行自由。格劳秀斯[①]是一位律师兼政治家,曾试图用缔结条约的方式取代炮舰外交。荷兰公海理论是由格劳秀斯提出的。但实际上,在安汶和波罗的海的厄勒海峡,荷兰人的贸易活动与自由贸易理论格格不入。

因英格兰内战从饱含"精神上和理想上的目标"堕落到"仅仅为了实现新的商业政策"这样的物质目标,加德纳感到痛心不已。他说:"从本

---

① 即胡果·格劳秀斯(Hugo Grotius,1583—1645)。——译者注

质上来看，制定法案者的目的不是让我们的国家变得更强大，而只是让我们的国家变得更富有。"受到刺激的加德纳概括了战争爆发的原因，但概括得并不全面："在《威斯特伐利亚和约》签订前的一个多世纪里，宗教即使不是唯一的原因，至少也是使欧洲陷入混乱的众多战争经常使用的借口。然而，在《威斯特伐利亚和约》签订后的近一个半世纪里，商业问题取代了宗教问题，成为诱发战争的主因。"

如果加德纳坚持使用"借口"这个词，那么他的立场就没有什么好争辩的了。因为借口对历史学家和道德学家来说并不重要，也不应该重要。不过，加德纳似乎在强调人类的动机发生了根本变化，并且声称战争的基础应该建立在人类的道德准则上，而不应该聚焦于争夺商业主导权。就这一点来说，我们可能会存有异议。应该说，在《威斯特伐利亚和约》签订后，战争仍然需要大量的宗教和道德借口。无论何时，人们总是试图给自己的行动进行最好的粉饰和包装。然而，我们如果仔细审视一下事件的核心，那么就会发现，国家之间的生存斗争[①]，以及国家之间对世界贸易和领土的争夺才是所有战争中不变的因素和主要的动机，甚至饱含宗教因素的十字军远征 (Crusades) 也不例外。

我们不需要为克伦威尔的做法向任何人道歉：《航海法案》的意图不仅仅是像加德纳说的那样让英吉利共和国变得"更富有"，还是为了让英吉利共和国变得更强大、更独立和更安全。这些都是政治家追求的最高目标。政治家如果在精神理想、宗教浪潮或道德热情中忘记了这些目标，那么实质上就等于背叛了人们的信任，并且他们的做法就和极力推行禁酒令的酿酒厂厂长的做法没什么区别了。

[①] 指一方企图施加剥削，而另一方奋起反抗。——原注

第8章　金山之国和铁山之国

《航海法案》的实施沉重打击了荷兰共和国的商业体系。不过，这只是英吉利共和国为了对抗荷兰共和国而采取的一部分商业保护政策而已。

约翰·德·维特说了以下一段话：

> 现在，在荷兰共和国境内，荷兰人使用的英格兰商品比荷兰共和国出口到英吉利共和国的荷兰商品，以及英格兰人使用的荷兰商品要多得多，因为英吉利共和国禁止英格兰人与大多数国家的制造商——包括荷兰制造商——从事任何交易活动。自英吉利共和国禁止进口任何外国商品（有利于英吉利共和国发展的商品或者英吉利共和国制造业所需的商品除外）以来，荷兰人前往英吉利共和国的所有航线都处于停顿状态。

在执行《航海法案》时，艾斯丘爵士[①]在巴巴多斯（Barbados）扣押了十四艘荷兰船。当时，克伦威尔正在对法兰西王国实施报复性措施。这些荷兰船也正是因涉嫌运载法兰西王国的货物而被扣押。此时，荷兰人被逼无奈，只得和英格兰人开战。当时，荷兰人实施的国家政策聚焦于发展对外贸易，并因此积累了大量财富。荷兰共和国还削减了各省总督的权力，形成了统一的集权统治，并且成立了至少五个海军委员会来协调指挥海军的行动。"英格兰人，"被派去调停的荷兰共和国大使说，"要对抗的是强大的金山之国，而我们要进攻的是弱小的铁山之国。"

不过，荷兰人只是"虚胖"而已。与之相对的是，经历了内战的英格兰人虽然又穷又饿，但仍然十分健壮。商业探险家同盟、莫斯科公司、伊

[①] 即乔治·艾斯丘爵士（Sir George Ayscue，1616—1672）。——译者注

斯特兰公司和英格兰东印度公司同仇敌忾，发誓要和荷兰人算账。"我相信，"托马斯·斯科特（Thomas Scot）说，"我们要和荷兰人争夺欧洲各国共同追求的'最美的女人'——贸易。"荷兰人把英格兰人阻挡在俄罗斯、波罗的海地区和东印度群岛之外，还强迫英格兰人与荷兰人、德意志人开展布匹贸易。英格兰人决定在英吉利海峡进行回击。

在英吉利共和国和荷兰共和国的战争开始前，商业探险家同盟总管塞缪尔·埃弗里（Samuel Avery）曾上书请愿，希望克伦威尔与西班牙王国进行谈判，要求将布匹贸易场所转移到布鲁日。这样做的理由是"荷兰共和国大肆侵犯了请愿人古已有之的权利。"

此时，荷兰人正在德意志"实施"反对英吉利共和国的布匹贸易政策。克伦威尔在海牙的一名代表写了以下内容：

> 荷兰共和国和丹麦王国正打算达成一桩交易，目的是阻碍英吉利共和国和汉堡的所有贸易活动。如果想要达到这个目的，那么荷兰共和国需要在易北河上修建一座堡垒，或者丹麦王国根据其与荷兰共和国协商的条件，在一段时间内将古利克镇（Gulick）的贸易市场交给荷兰共和国管理。

不久，荷兰人鼓动丹麦王国在波罗的海的厄勒海峡扣押了二十艘英格兰船。在欧洲南部，荷兰人又与西班牙王国达成了一些协议，试图阻止英格兰运送布匹的商船通过斯海尔德河（Scheldt）。

英格兰人采取的报复措施是更加严格地执行《航海法案》。另外，英格兰人利用各种理由没收荷兰商船，与瑞典王国和葡萄牙王国签订条

第8章 金山之国和铁山之国

波特兰战役（1653年2月18日）

詹姆斯·格兰特（James Grant，1802年至1879年5月23日）绘

约，与西班牙王国改善关系。通过激烈的海战，布莱克[①]将军和艾斯丘爵士将荷兰的鲱鱼船队逼入港口，摧毁并俘虏了一支庞大的荷兰商业船队。在波特兰（Portland）附近，布莱克将军、艾斯丘爵士和荷兰共和国海军进行了一场旷日持久的战斗，并且最终取得了胜利，牢牢掌握了英吉利海峡的控制权。

就这样，所谓的铁山之国最终打败了金山之国。战后，与荷兰共和国签订的条约显示英吉利共和国的确是大获全胜了。荷兰人承诺驱逐英格兰保王党，并且罢黜奥兰治亲王威廉·亨德里克[②]。荷兰东印度公司被判

---

① 即罗伯特·布莱克（Robert Blake，1598—1657）。——译者注
② 1689年成为英格兰国王，即威廉三世（William III）。——译者注

向英格兰东印度公司支付八万五千英镑的赔款，另外赔付三千六百一十五英镑以补偿在安汶遭受损失的英格兰人及家属。普勒伦岛落入英格兰人手中。在厄勒海峡开展贸易活动的英格兰商人积极支援前线，协助扣押了一部分荷兰船。为此，英格兰政府重赏了这批英格兰商人，赏金高达九万七千九百七十三斯图弗（Stuiver）十杜伊特（Duit）[①]。

这些数据是加德纳提供的，但这位杰出的历史学家忽略了这次胜利取得的最丰硕的成果——商业探险家同盟由此取得的贸易优势。这种完胜荷兰共和国的优势和强加给荷兰人的耻辱之大，我们甚至可以将其与《乌得勒支条约》的影响相提并论。根据《乌得勒支条约》，1474年，汉萨同盟确认了他们在英格兰王国的商业特权。

商业探险家同盟所有"古已有之的特权、豁免权和专营权"再次得到了确认；所有针对商业探险家同盟的"侵犯和排挤行为"都"得到了纠正和修订"；"任何与勃艮第公爵（Duke of Burgundy）[②]于1446年授予的特权相左的强加条款、征税和其他款项……被永远废除。"对荷兰共和国来说，《威斯敏斯特条约》（Treaty of Westminster）实际上是其主张的自由贸易条约的体现：

> 从今往后，英吉利共和国的商业探险家同盟可以将英吉利共和国或属地制造的任何普通布匹、凯西斯布、贝斯布或其他毛织品运入荷兰共和国的任何一个省，不受任何形式的限制。无论是那些经过加工、染色的布匹，还是其他任何形式的布匹，都可以在英格兰人认为合适的地方出售，不受任何形式的限制。

[①] 斯图弗和杜伊特均为荷兰货币名，一斯图弗等于四杜伊特。——译者注
[②] 即腓力三世（Philip III, 1396—1467）。——译者注

第8章 金山之国和铁山之国

荷兰人完全放弃了毛纺织业。正如我们从当时的往来信件中了解到的那样,荷兰人投降的原因主要有两个:一是英格兰人对荷兰人海战的胜利;二是英格兰人要将英格兰布匹贸易中心转移到西班牙王国控制区造成的威胁。对荷兰人来说,这种威胁几乎和布莱克将军指挥的海军一样可怕。对当时的荷兰人来说,英格兰布匹已成为其国内的重要商品,已成为荷兰人生活中不可或缺的用品。克伦威尔的一位情报人员说,"我从荷兰共和国官员口中听到,荷兰人宁可毫无区别地在海上袭击所有国家,也不愿意其商品贸易活动被完全转移或部分转移、逐步转移到其他地方,就像之前英格兰王国的商业贸易活动被驱逐出佛兰德斯一样"。荷兰共和国国内,倒是有那么一个政党毫不气馁地鼓动荷兰人反对上述条款,但荷兰人太专注发展商业,根本没有建立起本国可以依赖的工业及制造业基础。同时,国内政党林立、政治混乱。这些都是荷兰共和国软弱的原因。

前一段中,我们曾引述了克伦威尔的情报人员的话,他还说了以下一段话:

> 只要英格兰人能够给荷兰商人带来利益,奥兰治党(The Orange Party)就会十分满意。这也证实了荷兰共和国已故的亨利亲王[①]和奥兰治党经常说的话,即在英格兰王国基础上形成的英吉利共和国将摧毁荷兰共和国的商业体系,甚至会将荷兰共和国的商业体系完全据为己有。

事实上,在荷兰共和国国内,农业和商业之间、执政者和商人之

[①] 即腓特烈·亨利(Friderik Hendrik, 1584—1647)。——译者注

间、阿姆斯特丹和鹿特丹之间，以及各省之间存在着巨大分歧。同时，荷兰共和国没有一个全国性政党、全国性的团结力量和强大的国家权力机构来保护国家利益。尽管偶尔做出些努力，表现出些许国家强权和英雄主义，但荷兰共和国注定会逐渐陷入软弱和腐朽。这种软弱和腐朽将席卷全国，使国家为了发展对外贸易而不顾工业及制造业的发展。荷兰共和国的国家安全只能越来越依赖律师起草的合约，而不是本国海军力量的发展。

大约1537年的亨利八世

小汉斯·荷尔拜因（Hans Holbein the Younger，约 1497至1543年10月7日至11月29日）绘

大约1550年的爱德华六世

活跃于1537年到1553年间的画家威廉·斯克罗茨（William Scrots）绘

玛丽一世

安东尼斯·莫尔（Antonis Mor，约1517—1577）绘

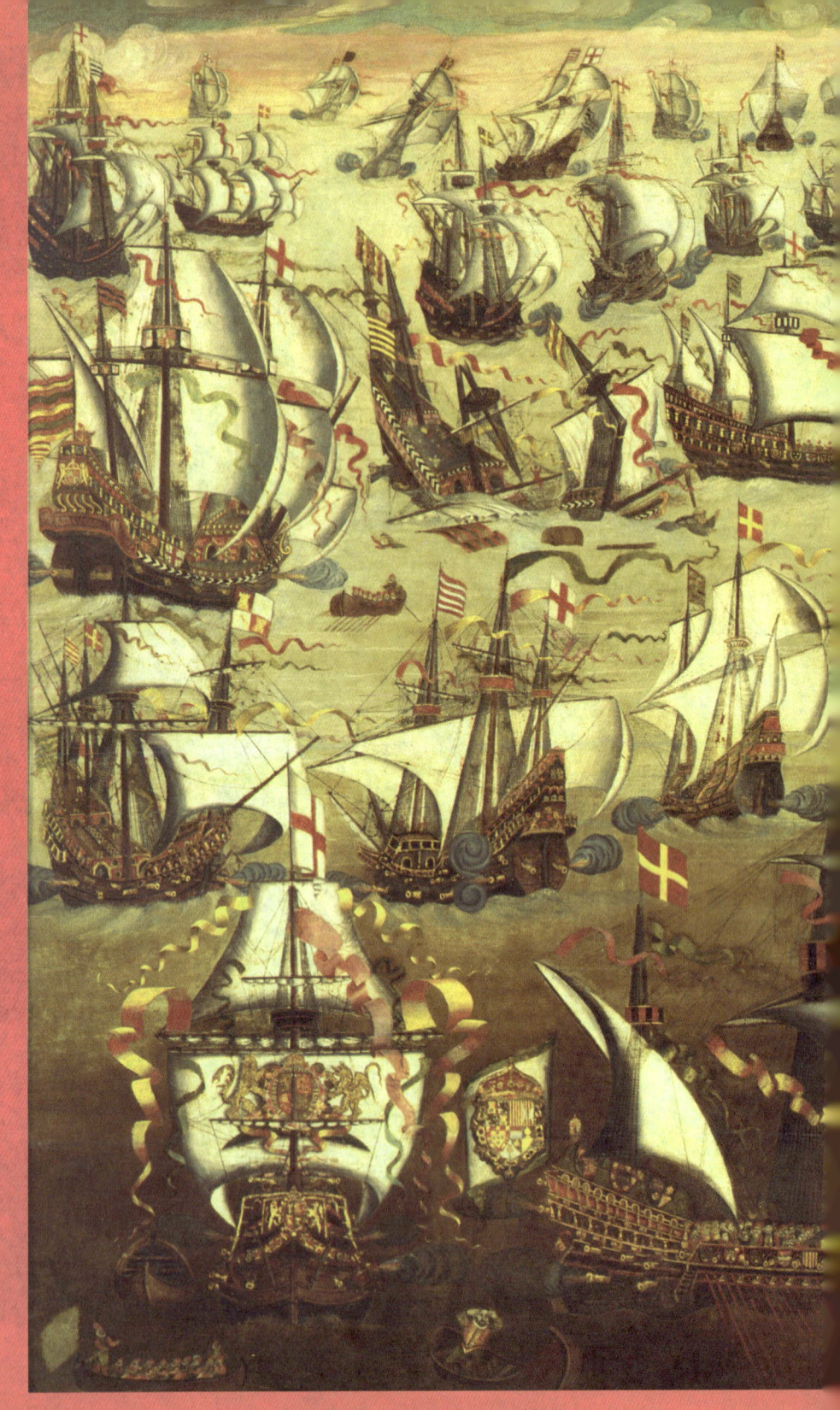

1558年8月的英格兰舰队与西班牙无敌舰队

作者信息不详,绘于16世纪晚期

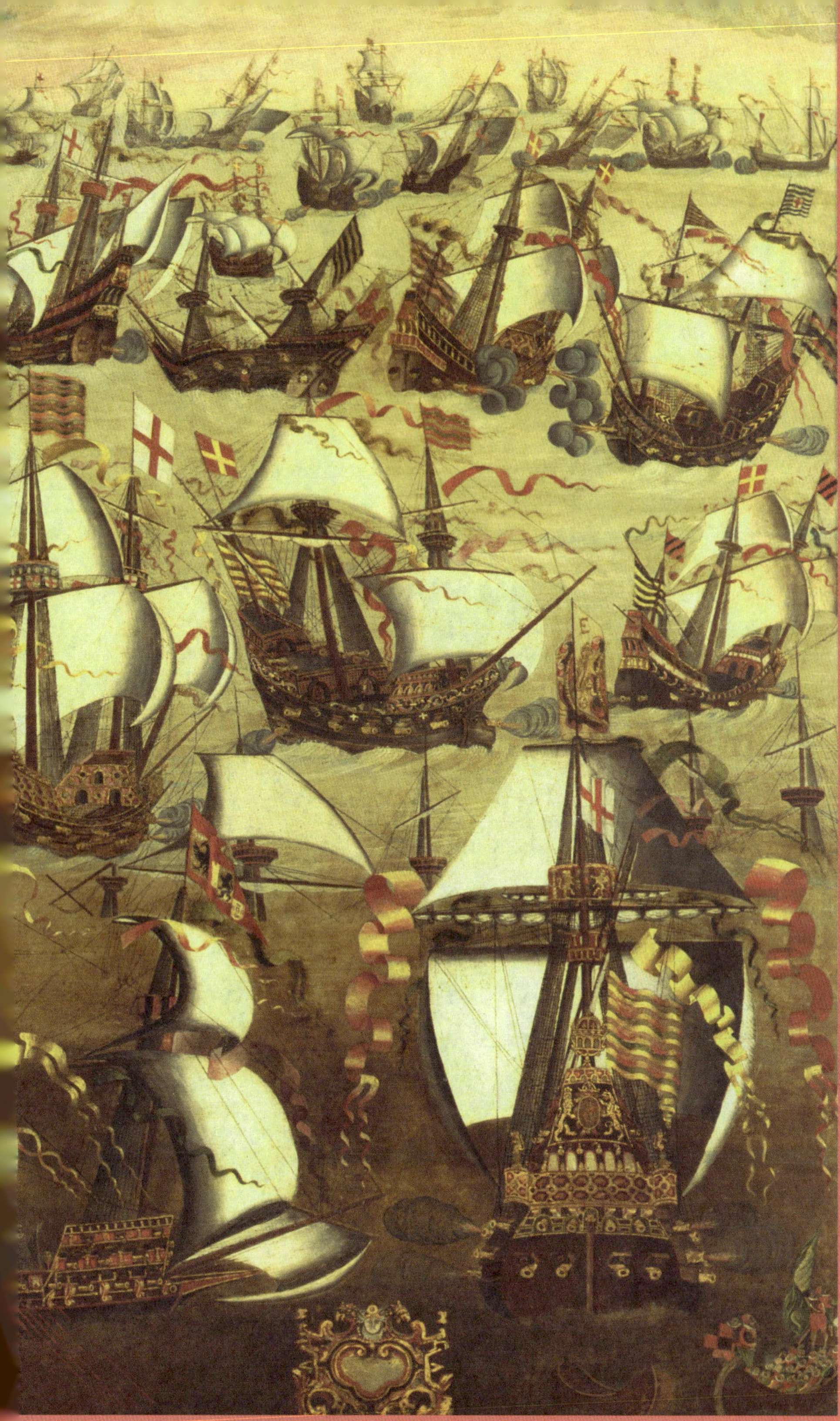

腓力二世

索福尼斯巴·安圭索拉（Sofonisba Anguissola, 1532—1625）绘

1608年的但泽

艾萨克·范登·克劳克（Isaak van den Blocke，1574—1626）绘

17世纪中叶的巴达维亚

安德列斯·贝克曼（Andries Beeckman，1628年8月31日至1664年8月9日）绘

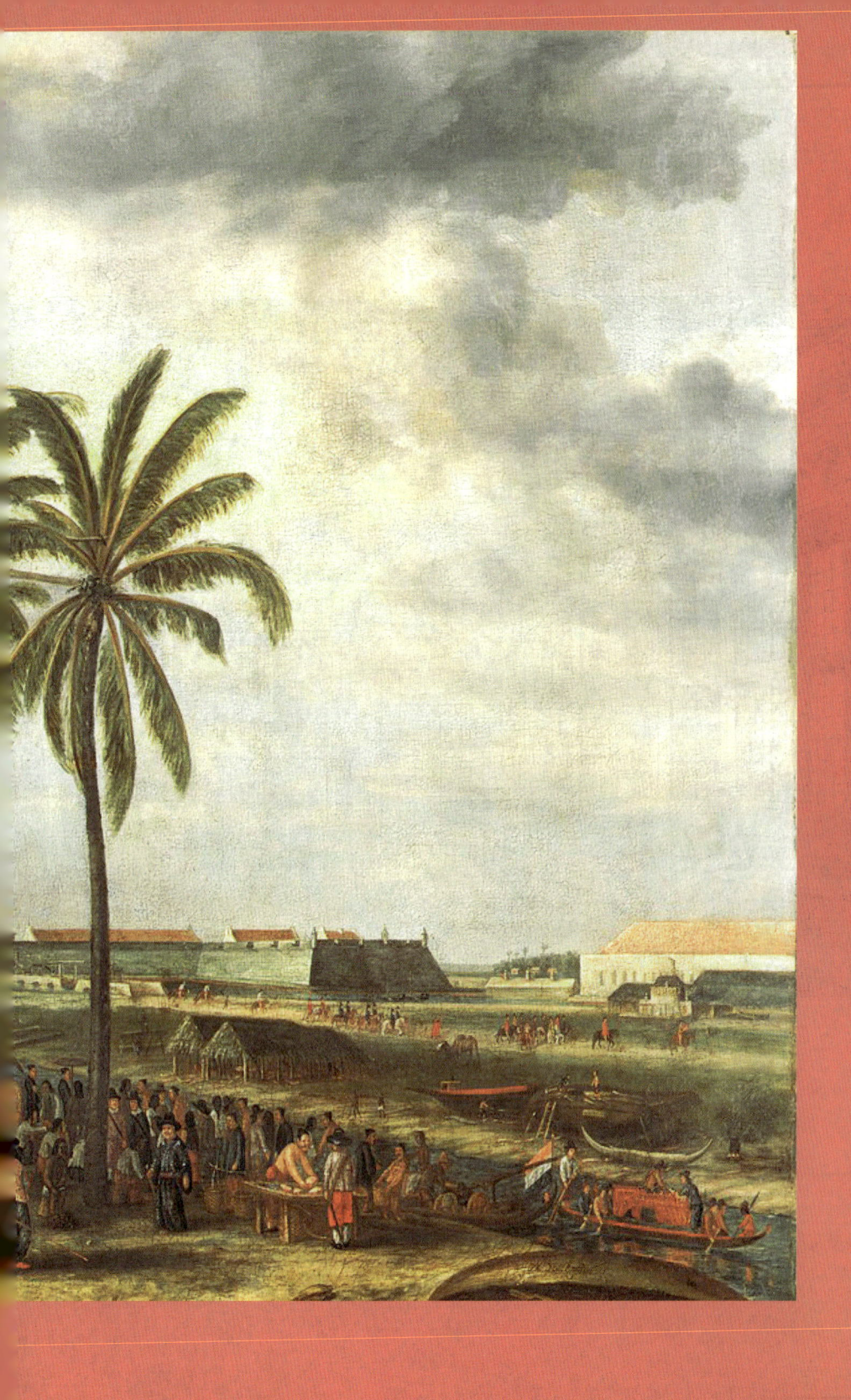

星室法院
摘自1873年出版的《新旧伦敦:历史、人民与宫殿》

1625年的阿姆斯特丹

巴尔萨萨·弗洛里斯兹·范·贝尔肯罗德（Balthasar Florisz van Berckenrode，约1591—1645）绘

弗吉尼亚公司公章的正面与反面。正面的铭文为"Seal of the King of Great Britain, France and Ireland（大不列颠、法兰西与爱尔兰的国王之印）"，反面的铭文为"赐予弗吉尼亚公司理事会"
作者信息不详

伦诺克斯公爵洛多威克·斯图尔特及其夫人弗朗西丝·斯图尔特
左图：西蒙·范·德·帕斯 (Simon van de Passe) 绘于1615年12月31日
右图：威廉·范·德·帕斯（Willem van de Passe）绘于1623年

查理一世被送上断头台
17世纪荷兰画家绘,具体信息不详

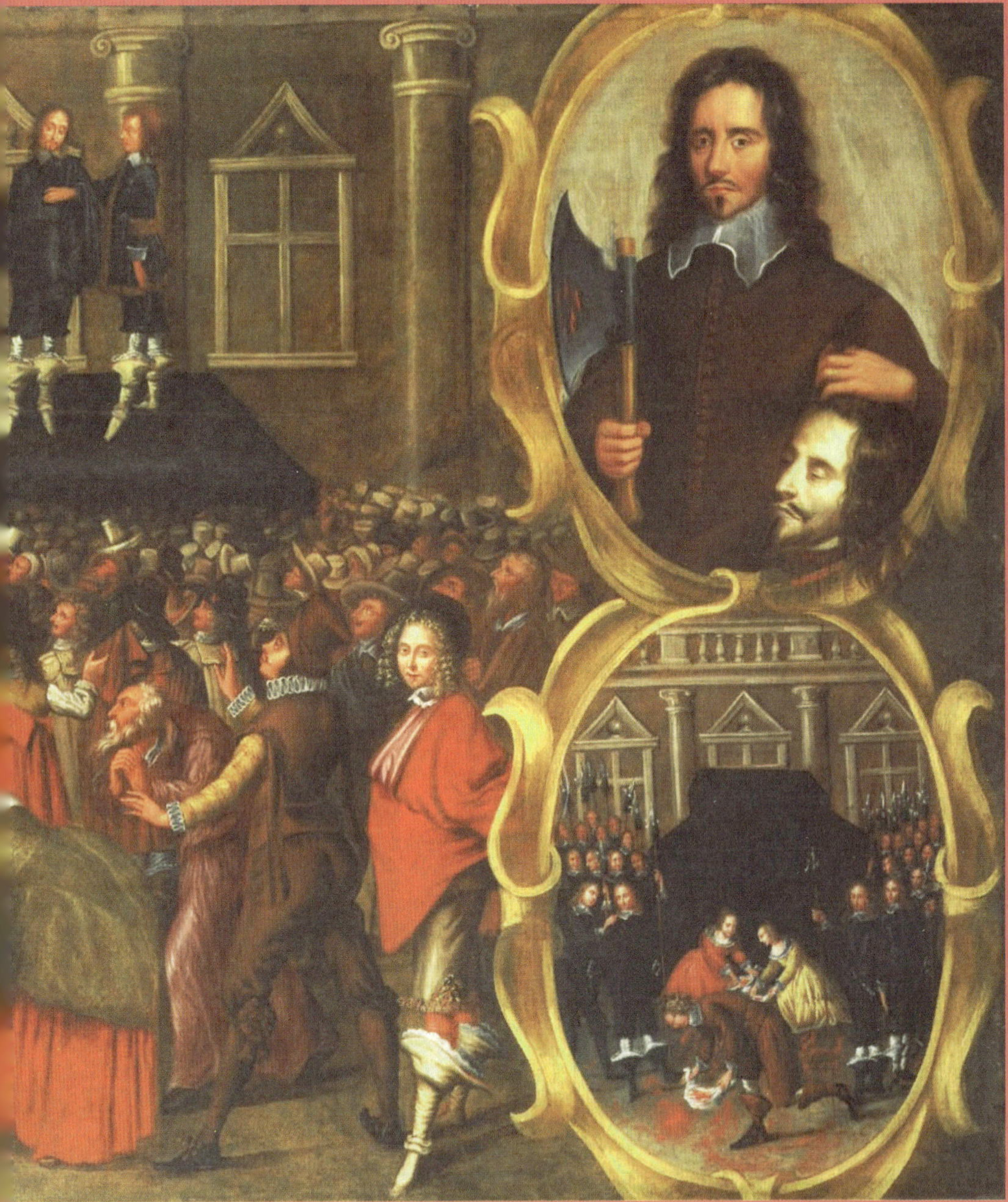

查理二世乘船离开尼德兰，返回英格兰复辟
利夫·沃斯科尔（Lieve Verschuier，1627—1686）绘

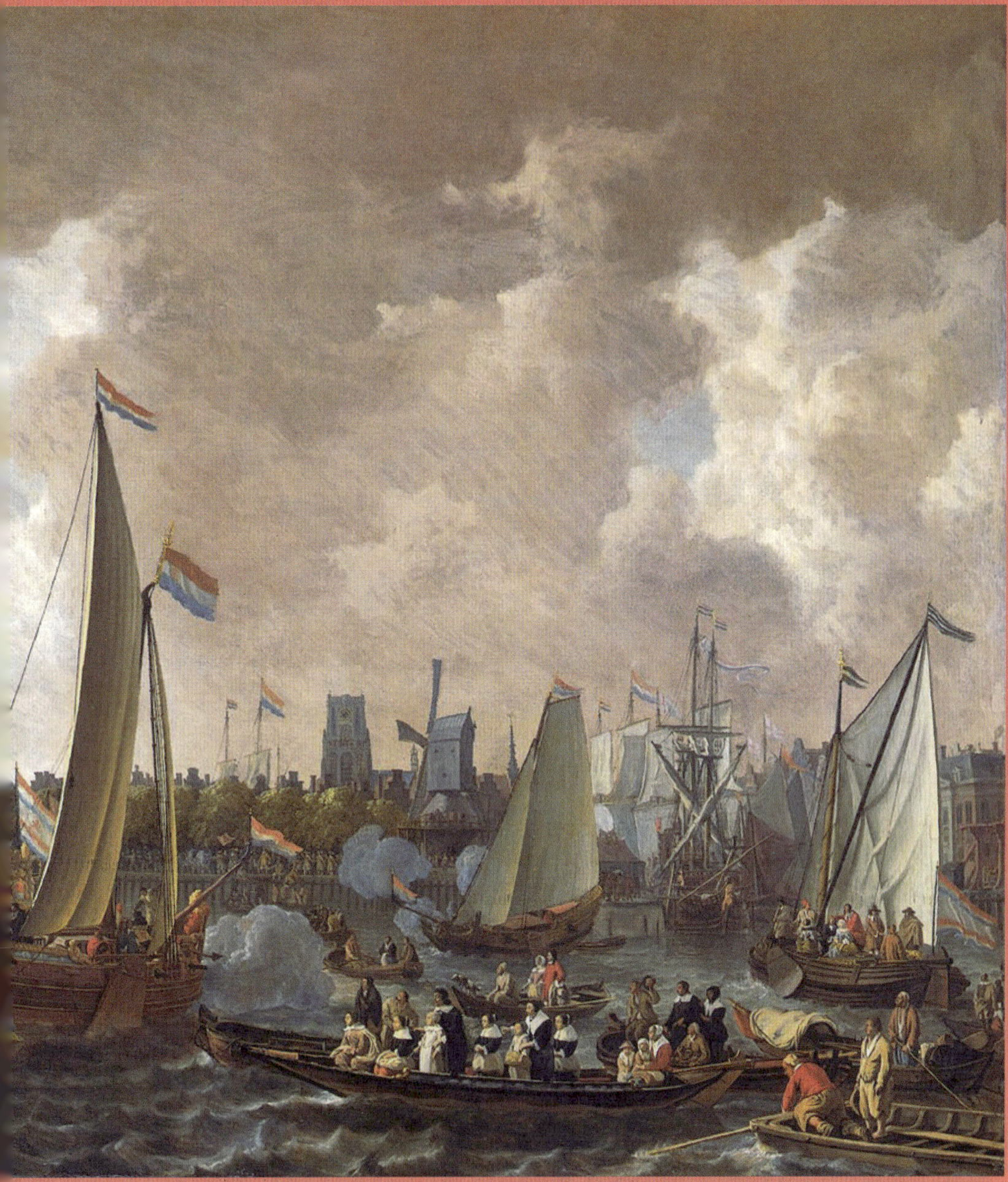

詹姆斯二世

戈弗雷·奈勒（Godfrey Kneller，1646年8月8日至1723年10月19日）绘

路易十四

亚森特·里戈（Hyacinthe Rigaud，1659年7月20日至1743年12月27日）绘

奥兰治亲王威廉率荷兰军队登陆，入主英格兰
作者信息不详，约绘于1885年

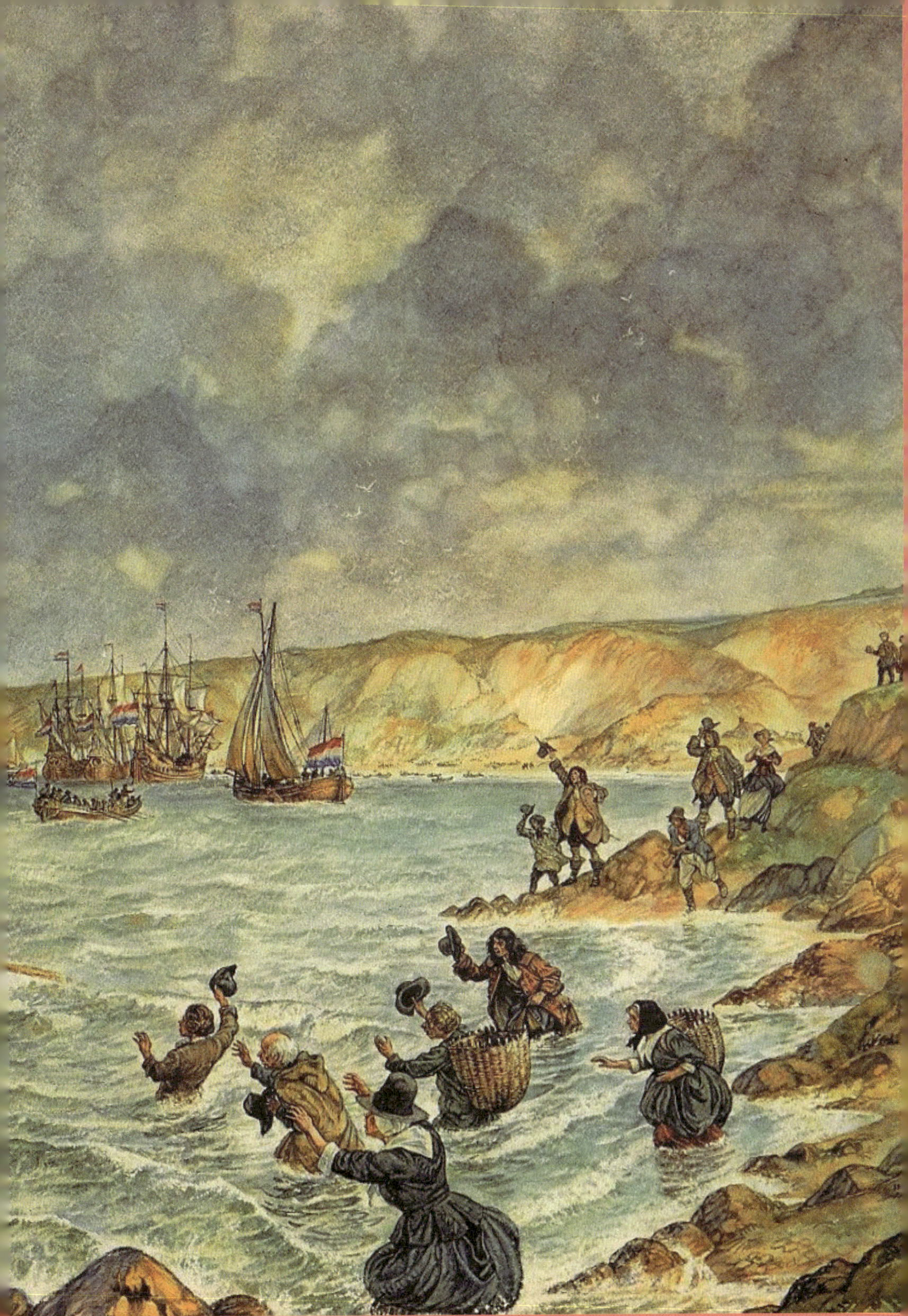

老威廉·皮特

理查德·布隆普敦（Richard Brompton，1734—1783）绘

小威廉·皮特

约翰·霍普纳（John Hoppner, 1758—1810）绘

1789年前的巴士底狱
作者信息不详，蒙帕纳斯大厦博物馆展出的 18 世纪版画复制品

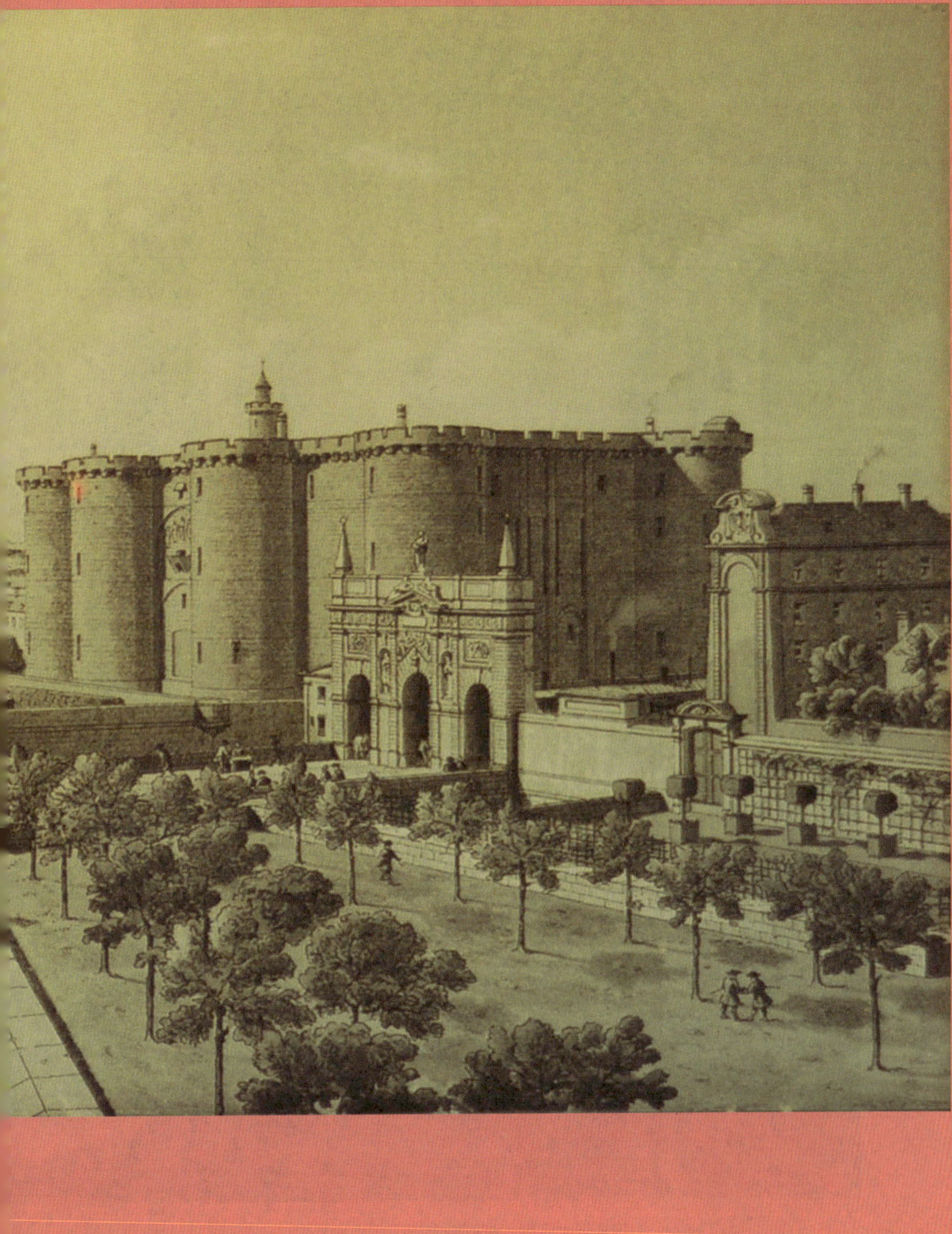

攻占巴士底狱，逮捕城堡指挥官洛奈侯爵

让-皮埃尔·乌埃尔（Jean-Pierre Houël，1735年6月28日至1813年11月14日）绘

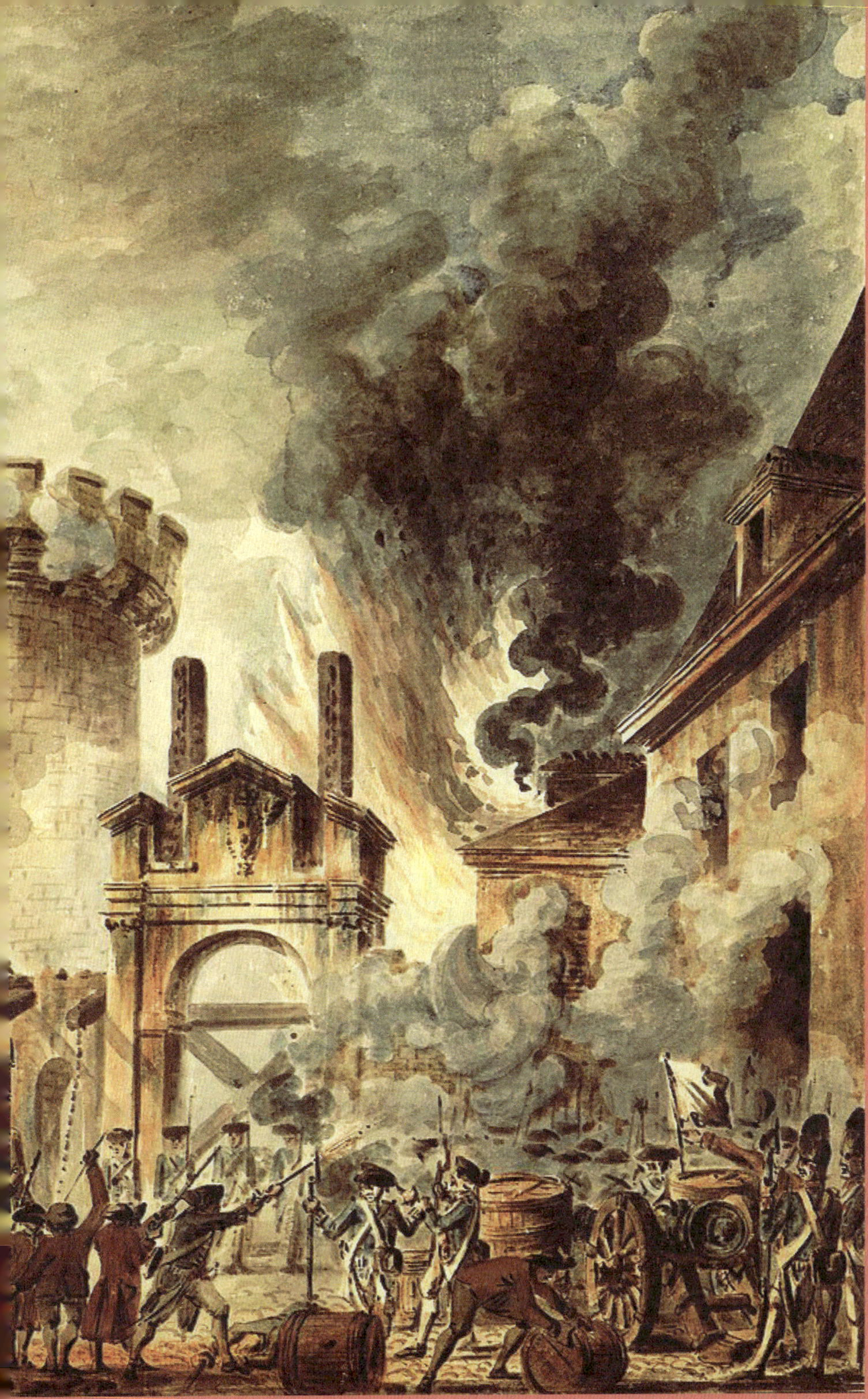

哥本哈根战役（1801年4月2日）

罗伯特·多德（Robert Dodd, 1748—1815）绘

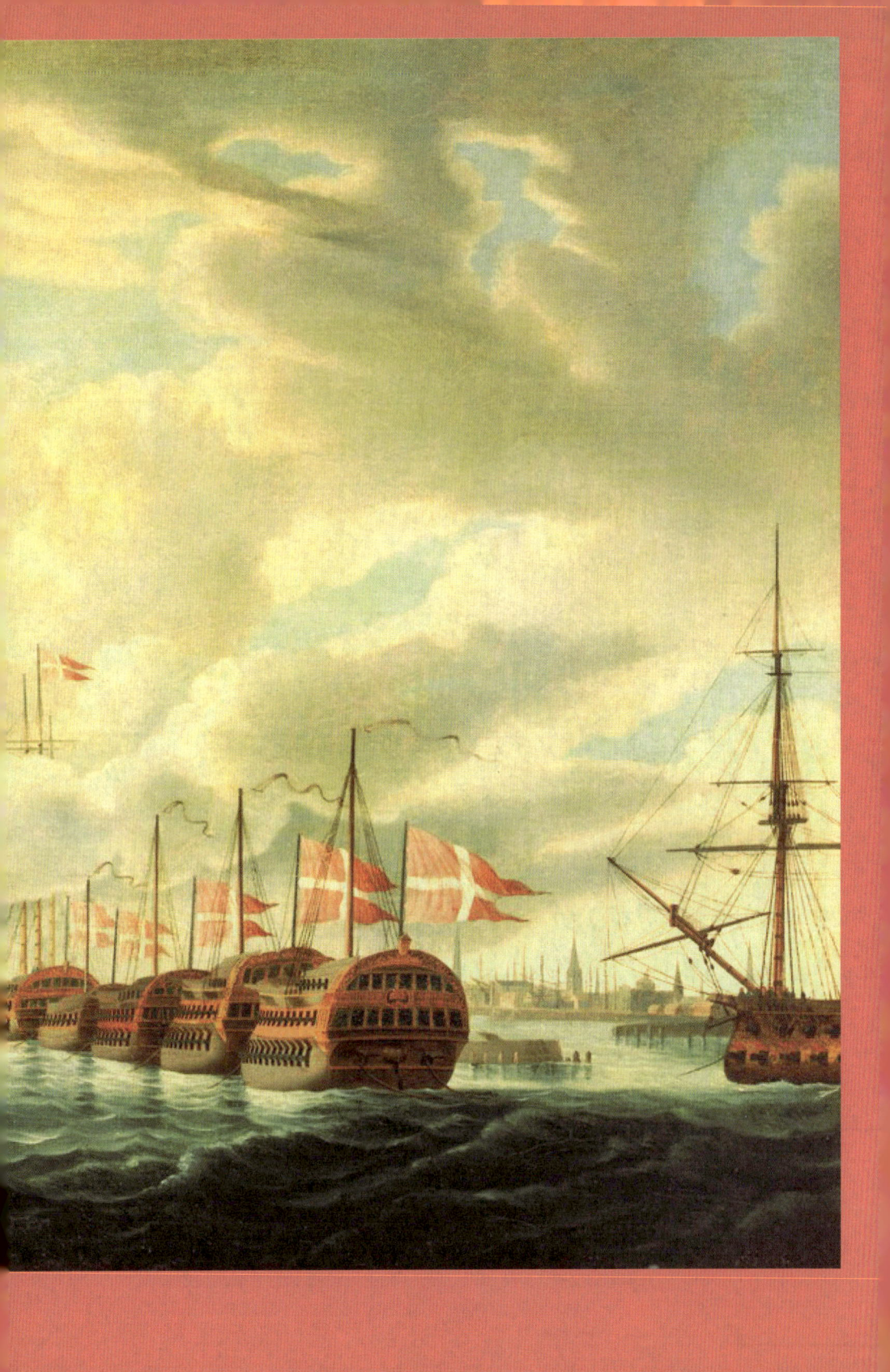

在耶拿战役中,普鲁士军队战败,取得大捷的拿破仑率军进入柏林
夏尔·梅尼埃(Charles Meynier,1763年或1768年至1832年)绘

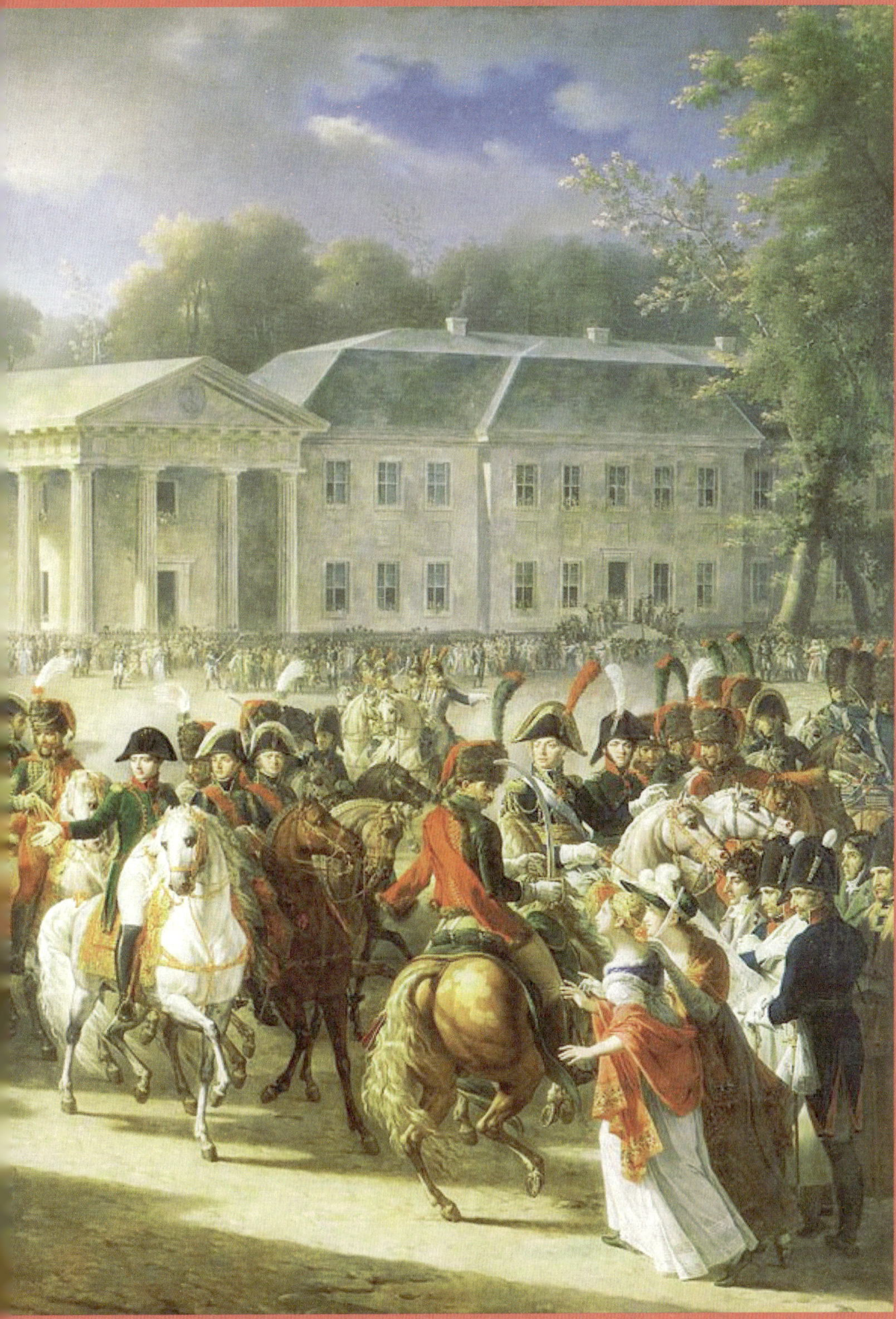

签订《巴黎条约》(1783年)。美国代表(从左到右):约翰·杰伊、约翰·亚当斯、本杰明·富兰克林、亨利·劳伦斯和威廉·坦普尔·富兰克林。英国代表拒绝摆姿势,所以这幅画从未完成

本杰明·韦斯特(Benjamin West,1738年10月10日至1820年3月11日)绘

第9章

王政复辟

THE RESTORATION

英国历史上看不见的手：从玛丽一世到乔治五世

我们如果仔细研究一下，那么就会发现，克伦威尔采取的国家政策与伊丽莎白曾实施的国家政策如出一辙。从克伦威尔充满激情和诗意的演讲中，我们可以看到，他对伊丽莎白有着深深的钦佩。1656年9月17日，在演讲中，克伦威尔称她为"记忆深处了不起的伊丽莎白"，并且补充道："我们不必羞于这样称呼她。"事实上，伊丽莎白虽然信奉新教，但在制定国家政策的过程中并未受到太多宗教因素的影响。与此相反，克伦威尔受新教影响较大，非常敌视当时以天主教为国教的西班牙王国。当时，由于国家利益要求，英吉利共和国需要继续压制荷兰人，同时要利用衰落的西班牙王国保持自己与实力日益增长的法兰西王国之间的平衡。当时，荷兰共和国还没有彻底失败，荷兰人正忙着修补被战争撕裂的贸易网。1658年1月25日，在演讲中，克伦威尔指责荷兰人、丹麦人和西班牙人密谋反对英吉利共和国和瑞典王国：

> 这是一个针对英格兰人的阴谋。这个阴谋，这个复杂的阴谋，违背了新教徒的利益，但现在那么多新教徒并不像我们希望的那样同仇敌忾！如果荷兰人、丹麦人和西班牙人成为波罗的海的主人，把我们阻挡在波罗的海之外，那么我们的贸易活动将在哪里开展？我们的船要运输的材料将会在哪里出现？我们凭什么去挑战任何一个海上强权？面对外国入侵时，我们凭什么证明自己才是这片土地[①]的主人？想想看，这些荷兰人、丹麦人和西班牙人是在耍阴谋！如果有谁见到了那些戴着红帽子、穿着红大衣的英格兰水手，那么请一定要问问他们——这些可怜的水手深有

---
① 指英格兰。——译者注

第9章　王政复辟

体会，因为他们整天在一艘艘的船间来回穿梭。这些水手绝对会说，这是专门针对英格兰人设计的阴谋！

随后，克伦威尔恳求议会同意英吉利共和国与西班牙王国开战。在向议会陈述观点时，克伦威尔情绪激昂、态度诚恳，正如他在圆颅党(Roundhead Party)[1]党内会议中反对某一观点时一样。克伦威尔尝试利用英格兰人强烈的宗教信仰、对伊丽莎白的追忆和英格兰人的民族感情，来获取英格兰人对他的支持。克伦威尔一再强调，西班牙人是英格兰人的"天敌"，是"问题的根源"，是新教的死对头。此外，为弥补英吉利共和国军费亏空，克伦威尔还希望洗劫西班牙的珍宝船队(Plate Fleet)。

最终，克伦威尔向西班牙王国宣战，并且因此失去了伦敦城商人的支持。在英吉利共和国应当采取什么样的国家政策这一问题上，安德森一直有着清醒的判断。他认为，克伦威尔反对西班牙王国的政策是一种"自私自利"和"违背英吉利共和国根本利益"的政策。这样的政策虽然大大抑制了西班牙王国的发展，却在无意间增强了法兰西王国的实力。

对当时英吉利共和国的国家政策，伯内特[2]主教持有的观点大同小异：

英吉利共和国和西班牙王国之间的战争[3]随后爆发。敦刻尔克（Dunkirk）[4]不久被英吉利共和国军队攻占。克伦威尔大获全胜。然

---

[1] 英格兰王国内战期间支持议会的清教徒组成的政治派别，主张增加议会权力。这些人的头发剪得很短，与当时的权贵在外貌上存在很大差异。没有长发的衬托，头颅显得更圆，因而得名"圆颅党"。克伦威尔属于圆颅党。——译者注
[2] 即吉尔伯特·伯内特（Gilbert Burnet, 1643—1715）。——译者注
[3] 即爆发于1655年的英西战争。在此次战争中，克伦威尔虽有收获，但损失很大。——译者注
[4] 此前，敦刻尔克处于西班牙人的控制下。——译者注

而，在这场战争中，英吉利共和国的对外贸易活动遭受了史无前例的损失。克伦威尔也因此失去了伦敦城商人的支持。

荷兰人和法兰西人坐收渔翁之利：荷兰人在商业上获利颇丰；法兰西人借机壮大了国家实力。不过，荷兰共和国和法兰西王国之间存在着明显的不同。法兰西王国的国家实力得到了迅速提高，但荷兰共和国失去了安全保障。"一个真正的荷兰爱国者，"约翰·德·维特说，"希望看到法兰西王国和英吉利共和国能够衰落下去，同时西班牙王国不再咄咄逼人。"然而，当时法兰西王国已锋芒毕露。与之相比，欧洲其他国家则黯然失色。

总体来说，我们可以把克伦威尔执政时期的政策称为重商主义政策。克伦威尔与瑞典王国结盟，与荷兰共和国和丹麦王国开战，努力为我们打开了波罗的海地区的航运通道。他甚至试图租借不来梅（Bremen）作为英吉利共和国的据点和主要贸易城镇，计划在直布罗陀海峡南部入口处建立堡垒，进而打通地中海地区的航运路线。在为安汶大屠杀的受害者报仇雪耻的同时，他扩大了英格兰人在西印度群岛的统治区域。

然而，有迹象表明，英吉利共和国的商业利益和工农业利益之间仍然存在冲突。英吉利共和国在东印度群岛采取的政策成了其内部不同利益群体争论的焦点。1653年至1657年，克伦威尔甚至允许所有英格兰人自由参与印度的贸易活动，结果当然是灾难性的。1657年，他重组了英格兰东印度公司。

在克伦威尔执政时期，即使是商业探险家同盟也不能完全按照自己的方式行事。

第9章 王政复辟

在日记中，托马斯·伯顿①说了以下一段话：

> 为证明自由贸易——不受管制的贸易——对国家最有利，支持自由贸易的商人展示了大量强有力的论据。商业探险家同盟总管克里斯托弗·帕克②爵士斗志昂扬，在辩论会上舌战群雄。我认为他至少回答了三十次提问。

劳埃德爵士③竭尽所能地帮助克里斯托弗·帕克爵士，但当时的议会委员会大多数人反对商业探险家同盟的主张。因此，从少数服从多数的公平角度来说，克里斯托弗·帕克爵士最终还是比较理性地放弃了争论。克里斯托弗·帕克爵士像牛虻④一样据理力争，但他的意见总是不被听取，为此他大为恼火。议会委员会最终被迫就某些方面做了一些让步。不过，本次辩论后，克里斯托弗·帕克爵士不再和支持自由贸易的商人开展辩论了。后来，克里斯托弗·帕克爵士说，他希望其他地方的人能够听一听他的想法。克里斯托弗·帕克爵士的口才的确很好。在怀特霍尔，议会曾就是否接纳犹太人的问题进行过咨询。就反对犹太人进入英吉利共和国这一点来说，人们普遍认为，当时所有在场的人中，只有克里斯托弗·帕克爵士给出的理由最充分。

从某种程度上来说，商业探险家同盟在与支持自由贸易的商人的斗争中遭受了挫折。尽管克伦威尔当时支持商业探险家同盟，但众多英格兰商

---

① 托马斯·伯顿（Thomas Burton，？—1661）。——译者注
② 克里斯托弗·帕克（Christopher Packe，约1593—1682）。——译者注
③ 即查尔斯·劳埃德爵士（Sir Charles Lloyd，？—1678）。——译者注
④ 在希腊神话中，由于不满宙斯爱上伊娥，天后赫拉放出牛虻日夜追逐变为牛的伊娥。在西方文化里，牛虻逐渐演变为不屈不挠的斗士形象。——译者注

人还是被允许"在不影响多德雷赫特(Dordrecht)和荷兰其他地方市场的情况下"进入德意志和荷兰开展贸易活动。有文件写道，"不久前，殿下①代表商业探险家同盟发表了一项反对自由贸易的公告。支持自由贸易的商人虽然对此感到惊讶，但置若罔闻"。

此外，关于未加工布匹的出口问题，布匹匠和商业探险家同盟之间冲突不断，两者的矛盾长期悬而未决。布匹匠一直在强调伊丽莎白统治时期颁布的法令，但商业探险家同盟一直在维护皇家特许状中的规定。"我对现状非常满意，"托马斯·伯顿说，"布匹匠受到了极大伤害，在贸易活动中损失了大量利润。商业探险家同盟凭借自己在政府中的影响力和享有的权力，一直控制着这些布匹匠……导致伊丽莎白统治时期颁布的法令对这些可怜的布匹匠起不到丝毫作用。"

1656年12月23日，经过长期辩论，在议会委员会表决时，商业探险家同盟仅以微弱优势获胜。显然，在英吉利共和国的统治下，商业探险家同盟觉察到自己并未完全安全。在英吉利共和国时期，英格兰人的政治狂热给商业探险家同盟带来的威胁比英格兰王国时期的腐败更加难以预测。商业探险家同盟的皇家特许状和王室密切相关，在共和体制下并不安全。

于是，商业探险家同盟的律师团队向克里斯托弗·帕克爵士提出建议，认为有必要重新设立王国制度。随后，克里斯托弗·帕克爵士大胆提出，人们应拥立克伦威尔为新任英格兰国王，只有这样，英格兰商人的商业活动才会步入正轨。对善良的英格兰商人来说，拥立新国王一事似乎并不复杂。有一天，克里斯托弗·帕克爵士大步走进议会，说："我手里有一份文件。这份文件不知道是从哪里找到的。"接着，他便发表了那篇著

---

① 指奥利弗·克伦威尔。——译者注

第9章 王政复辟

名的、拥立新国王的谏言。

共和制激进分子和狂热分子对此极度愤怒："那些对英吉利共和国仍有一些感情的人恼羞成怒，把克里斯托弗·帕克爵士从议长的座位上推到了下议院议员席的前面。"

克里斯托弗·帕克爵士提出拥立克伦威尔为新的英格兰国王一事曾令历史学家困惑不已。不过，这一事件其实是可以理解的。克里斯托弗·帕克爵士是商业探险家同盟的总管，而商业探险家同盟的特权是从英格兰王室手中得来的，并且当时商业探险家同盟受到了其他派别的攻击，这些事实足以解释这一事件为什么会发生。克伦威尔站在商业探险家同盟一边，因此，他应该成为新的国王。

有证据表明，克伦威尔倾向于支持克里斯托弗·帕克爵士的提议。不过，对他们来说，共和制激进分子的势力实在是过于强大。关心国家利害得失的人一定对当时议会的实际状况有所了解：议会里充满了卑鄙、腐败的狂热分子。向议会寻求帮助的人需要行贿才能获得帮助。出于自身经历，克伦威尔非常不信任议会。他甚至尝试组建另一个议会来与其抗衡。在克伦威尔后来的演讲中，我们看到了他对议会根深蒂固的反感。"议会委员会无比专横"，其"设立的初衷是把英格兰各地——包括最偏远地区——的人召集到伦敦去决定国家事务，而不是满足任何人任何形式的权力欲望。无论议员有无功劳或过错，他们在议会必须谨慎地行使权力，不能受外来因素的影响"。克伦威尔曾反复提及这样一段话：

> 无论是在民事案件中，还是在刑事案件中，如果议会拥有绝对权力，不受任何控制，可以随意剥夺人们的财产和自由，这对一个国家来说是否真的可取？如果你们能理解……那么我想你们

肯定会庆幸这样的情况没有降临到英吉利共和国。议会如果拥有绝对权力，那么绝对会吞噬所有宗教和公民的利益，让我们经受世界上最可怕的专横统治。

克伦威尔这一次的情绪爆发引人注目。此外，我们还看到了他很多关于议会的论述：

> 这一百四十个所谓的诚实议员没有能力统治整个国家。议员可以攻击任何一个政府部门，可以随意剥夺人们的财产和自由。议员甚至会说，如果一个人有十二头牛，他的邻居没有牛，那么这两个人就应该分享这十二头牛。如果议员能这样随意裁决，那么谁还能说清什么东西是真正属于自己的呢？

当然，英吉利共和国组织化的商业公司联盟并没有受到任何不公正对待。只要克伦威尔活着，这些商业公司联盟就会获得强大、坚实的国家支持。不过，当他去世时，一切都烟消云散了。人们只记得克伦威尔的"专制统治"或查理二世的复辟行为。1659年，伦敦城的情况非常糟糕，几乎无人光顾伦敦城的商业场所。大量穷人缺乏就业机会，处于饥饿边缘。克伦威尔曾给英格兰东印度公司授予了特许状。然而，他的儿子理查德[①]给英格兰东印度公司的商业竞争者颁发了类似的经营许可。英格兰东印度公司的经营曾因此陷入混乱。同时，国务会议（Council of State）试图向英格兰东印度公司借款三万英镑，但经过反复交涉，最终只借到一万五千英镑。

---

① 即理查德·克伦威尔（Richard Cromwell, 1626—1712）。——译者注

第9章　王政复辟

关于这些商业公司对查理二世的复辟提供了多少帮助，我们可能只能做些猜测。1658年3月30日，查理二世试图诱使西班牙王国禁止其控制下的佛兰德斯人与英吉利共和国进行贸易活动①。英吉利共和国在威尼斯的代表报告说，查理二世这么做的动机可能是想"利用此事从西班牙人手中换取一些生活用品。西班牙的生活让查理二世十分难受，他非常缺钱"。

不久，英吉利共和国的一名间谍报告说，一个月内，伦敦保王党给查理二世送去了一万多英镑。"这样一来，西班牙人可能会看到，在英吉利共和国内部，仍然有人时刻准备协助查理二世，"这名间谍继续说，"我现在不敢调查这些人，怕引起他们的猜疑。"

可以肯定的是，查理二世的归来是精心安排的。这件事是在伦敦谋划的，却不是保王党人实施的。"霍利斯②男爵告诉我，"伯内特③说，"长老会成员向保王党施压，希望他们安静下来，让长老会去处理。""事情突然有了变化……伦敦城商人派人邀请一位长老会成员第二天去伦敦市政厅用餐。这位长老会成员对那些隐蔽的保王党成员、对那些把设在威斯敏斯特的议会称为'残缺议会'（Rump Parliament）④的人，宣布了查理二世的归来。突然间，伴随着各种烧烤餐会，查理二世归来的消息迅速传遍了伦敦城。伦敦城商人充分表达了自己愿意协助此事的想法。"约翰·斯蒂克利⑤报告说："长老会一开始似乎是在向残缺议会靠拢，但自从听说查理二世已经和伦敦城商人达成协议后，便转而支持查理二世复辟，因为伦敦城商

---

① 当时，查理二世还在西班牙，未返回英格兰。——译者注
② 即登齐尔·霍利斯（Denzil Holles, 1598—1680）。——译者注
③ 即托马斯·伯内特（Thomas Burnet, 约1638—1704）。——译者注
④ 1648年12月6日，托马斯·普莱德将反对审判查理一世的议员驱逐出英格兰议会。之后，经审查允许进入议会的议员组成的议会被称为"残缺议会"。——译者注
⑤ 约翰·斯蒂克利（John Stukely, 1623—1675）。——译者注

人承诺将迅速支付复辟需要的军费。"

随后我们知道,共和制支持者"像疯了一样四处奔走,想要呼吁共和制政党组织起来;但共和制政党的时代已经过去……现在,每个人都只想着如何自救和自保"。

英格兰东印度公司是最早欢迎查理二世的公司之一,并且向查理二世赠送了价值三千英镑的盘子,还向约克公爵(Duke of York)(后来的詹姆斯二世[①]),赠送了一千英镑。1661年4月3日,仿照祖父詹姆斯一世的做法,查理二世授予英格兰东印度公司特许经营权。1661年1月1日,查理二世给商业探险家同盟颁发了皇家特许状,"确认了商业探险家同盟的所有自由和豁免权,但附带一项有利于伦敦市民开展自由贸易的限制性条款"。其他公司也获得了类似的豁免对待。需要补充的是,年老的克里斯托弗·帕克爵士虽然被公开解除了担任任何公职的资格,但继续享用着自己的大量财产,并且像圣人一样悠然自得地生活了多年,直至最后去世。

从这些迹象中,经过推测,我们可以得知,曾经推翻查理一世统治的、有组织的英格兰商业组织却恢复了查理二世的国王地位;英格兰商业组织不情愿地与王室决裂,又高兴地重返王室的怀抱。毫无疑问,英格兰商业组织认为,任何稳定的政府都要比职业政客的专横和腐败好得多。

---

① 詹姆斯二世(James II,1633—1701)。——译者注

第10章

一位国王的手

THE HAND OF A KING

备注:"一位国王的手"喻指"路易十四对英格兰国政的操控"

在法兰西，重商主义被称为"柯尔贝尔主义"(Colbertism)。不过，对柯尔贝尔主义的发展，我们可以追溯到远早于柯尔贝尔的时期。在如何对待法兰西制造业的问题上，亨利四世和贝蒂纳[①]发生了冲突。贝蒂纳认为，法兰西王国长期以农业发展为主，不适合发展制造业，如果技术工匠太多，那么优秀士兵的培养和选拔就会受到影响。然而，法兰西王国因从意大利进口过多的奢侈品而陷入了贫困。阻止这种状况的最好方法是制定临时法律，禁止法兰西人继续使用奢侈品。亨利四世回答道，他宁愿与西班牙王国打几场大仗，也不愿与法兰西的资产阶级产生冲突，"因为法兰西商人最宠爱他们的妻子和女儿"。"为取悦臣民，同时不让法兰西王国陷入贫困，法兰西人必须学会制造那些昂贵的进口纺织品。法兰西王国甚至可能会因此变得富有起来。"

当时，制造业城市图尔(Tours)要求国家给予其保护政策。鲁昂(Rouen)的知名人士对此表示赞同，但里昂的商人有不同的看法。里昂的商人说："我们依赖原有的海上运输系统就能过得很好。原有商业系统状态非常稳定，无须任何改变。"亨利四世当时选择支持制造业商人，于是颁布法令，禁止进口昂贵的丝绸和布匹。就像英格兰王国的西蒙·德·蒙特福德一样，亨利四世以错误的方式开始了这场运动：没有制造业做支撑，他的法令不可能取得成功。1599年1月，亨利四世宣布撤回刚实施的法令。尽管如此，亨利四世仍然坚持实施保护制造业的政策，不时地颁布法令，给予制造商补助款和垄断权利。在进口英格兰布匹的问题上，鲁昂商人和商业探险家同盟发生了争执，从中我们可以看到英格兰王国和法兰西王国经济冲突的初步结果。

---

① 即马克西米利安·德·贝蒂纳(Maximilien de Béthune, 1560—1641)。——译者注

第10章 一位国王的手

黎塞留继续执行对制造业的保护政策。拉维斯[①]说:"黎塞留雄心勃勃,力主推行保护主义。法兰西人必须竭尽所能,多出口商品,少进口商品。"拉维斯还说:"我们如果不珍视大自然的馈赠,那么怎么从中受益?如果某种国外商品对我们来说非常必要,那么我们就要保护和支持法兰西商人进口这种商品,但我们不应该进口那些不怎么重要的商品。"黎塞留不遗余力地保护法兰西王国的制造业,给予法兰西商人特权,通过制定《航行法案》[②]帮助其打造了一支海上商业船队。

不过,当时的法兰西王国必须通过对外贸易活动才能获取某些必要商品,并且这些必要商品的数目实在太大。当时,法兰西人离不开英格兰王国及荷兰共和国生产的某些商品,因此不敢对英格兰人和荷兰人严格执行《航行法案》。

法兰西人一边继续进口某些必要商品,一边致力于发展本国制造业。不久,巴黎就生产出了"世界上最美丽、最丰富多样的挂毯";圣康坦(Saint-Quentin)生产的手工艺品十分精美,一点不亚于荷兰人的同类商品;亚眠(Amiens)的斜纹布匹和驼毛呢很有名;巴黎、图尔、里昂和蒙彼利埃(Montpellier)的天鹅绒、缎子、塔夫绸和其他丝绸与欧洲其他地方的绸缎相比毫不逊色,如图尔生产出了世界上最好的"长袍和天鹅绒,其丝绸业至少雇用了两万名工人"。

柯尔贝尔是一名杰出的保护主义者。他竭尽全力,试图保护法兰西王国的每一项制造业:"他向整个法兰西王国发出呼吁:还有谁想要开办工厂吗?"1663年,柯尔贝尔说:"法兰西王国有必要给所有布匹制

[①] 即恩斯特·拉维斯(Ernest Lavisse,1842—1922)。——译者注
[②] 法兰西王国的《航行法案》(Acte de Navigation)不同于英吉利共和国的《航海法案》,但内容有相似的地方。——译者注

造商提供保护和资金。"除布匹业外，铁、钢、肥皂、亚麻、蜡烛、棉花、铅、铜等几乎所有产业都应该得到法兰西政府的保护和资金支持。如果德意志能够生产法兰西王国需要的某种金属，柯尔贝尔就会派间谍去纽伦堡，引诱纽伦堡的工人到法兰西工作，进而教会法兰西人这种金属的冶炼技术。柯尔贝尔甚至鼓励"最令人愉悦、十分必要的'制造业'——婚姻"的发展。通过财政奖励，他鼓励法兰西的年轻人结婚，并且采取措施阻止更多的人投身教会事务。他还帮助筹建各种制造公司，规范和改善商人协会，即减少协会数量和加强正规管理。柯尔贝尔尽管没能废除地方区域间的关税，但取得了其他许多成果。他规范了法兰西王国的布匹生产行业，恢复了《航行法案》，并且建立了海军学院和造船厂。

1665年至1668年担任威尼斯驻法兰西王国大使的马克–安托万·朱斯蒂尼亚（Marc-Antoine Giustinian）向本国政府报告说，柯尔贝尔希望，法兰西王国能够在财富数量、工业生产能力、商品种类和艺术创作方面优于其他所有国家。法兰西王国正在学习、消化从其他国家引进的各种工业技术，尤其是从英格兰王国引进的技术。为了给一些来自英格兰王国的工人提供车间，柯尔贝尔刚刚腾出了一座宫殿。英格兰王国的制革业也吸引了他的注意。他还尝试在法兰西王国生产荷兰布匹、黄油和奶酪。在《荷兰共和国的利益》（Interest of Holland）一书中，约翰·德·维特指出了法兰西王国实施的国内生产保护政策的成功之处。他说，法兰西王国对"所有进口商品，特别是工业制成品征收了极高的新增关税"，使国外商品很难进入法兰西市场。随后，法兰西王国开始依赖法兰西商人生产本国所需的各种商品，逐渐成为一个以制造业为主要产业的国家。与此相应的是，法兰西王国需要拥有一个世界性的商业体系，于是成立了大量的公司：负责波罗的海区域商业活动的北方公司（Company of the North），负责非洲和美洲区域的

第10章 一位国王的手

西印度公司、黎凡特公司和西印度群岛公司。针对不同区域，如圣劳伦斯河(St.Lawrence)流域、密西西比河(Mississippi)流域、西印度群岛、马达加斯加(Madagascar)、阿萨姆邦(Assam)及印度，法兰西王国施以不同的措施。法兰西王国步步为营，实施着其世界政策，力图建立一个强大、充满活力的国家。

法兰西王国日益增长的国力让英格兰王国和荷兰共和国逐渐感到不悦，使两国所受的压力与日俱增。1638年5月1日，商业探险家同盟向枢密院陈述了其在法兰西王国遭受的不公正待遇。"商业探险家同盟抱怨说，法兰西王国禁止其出口斜纹布匹、羊毛布匹、西班牙布匹和其他各种英格兰布匹，对其非法征税；法兰西布匹商经常搜查商业探险家同盟的货物"等。随着西班牙王国实力的下降和法兰西王国实力的增强，我们将会见到英格兰王国和法兰西王国之间的冲突愈演愈烈。加德纳非常关注冲突中存在的宗教原因。他说，1651年，克伦威尔曾"渴望"采取措施，对抗势力日益膨胀的法兰西王国。"不可否认，"加德纳这位学识渊博但稍显天真的历史学家补充道，"英格兰清教徒高层应该与西班牙王国达成和解。这是当时新教教派政策的要求，因为当时西班牙王国虽然仍然是宗教裁判所的所在地，但其实国内已没有多少新教徒。新教徒大量聚集在法兰西王国。"不过，事实上，法兰西王国利用承认英吉利共和国的方式，缓和了英格兰人对法兰西人的不满。随后，克伦威尔掉转矛头，将攻击目标转向了西班牙王国。1654年，西班牙王国大使卡德纳斯[①]对此有所警觉，说服西班牙王国议会不要放松敦刻尔克的防务。结果，1654年9月4日，从加来(Calais)前往敦刻尔克的途中，布莱克将军摧毁了旺多姆公爵(Duke of Vendôme)[②]指挥的舰队。正如我们看到的那样，克伦威尔的"私人利益"最

---

① 即阿隆索·德·卡德纳斯（Alonso de Cardenas，生卒年不详）。——译者注
② 即塞萨尔·德·波旁（César de Bourbon，1594—1665）。——译者注

终使他偏离了英格兰的重商主义政策，也让他失去了伦敦城商人的支持。

法兰西王国采取的政策同样令当时的荷兰共和国感到厌恶和不安。1659年，富凯[①]颁布新的航行法令，给予法兰西王国船所运货物每吨五十苏[②]的税收优惠。1667年，柯尔贝尔进一步采取措施，"对荷兰共和国和英格兰王国的工业制成品、一般织物、羊毛和花边织物加倍征收关税"。这些措施激起了荷兰共和国和英格兰王国的"强烈反对"。随后几年内，法兰西王国对英格兰王国工业制成品征收的关税增加了两倍。在荷兰共和国，法兰西王国的关税政策甚至引发了一场"不可避免的商业革命"。荷兰人就自由贸易的优势竭力游说路易十四，"神圣的天意""互助社会""友好相处"这样的说法被荷兰人大量引用。荷兰人提出了这样的论点："路易十四迫切需要建立起这种普遍的互助友好关系和贸易的相互依存关系。那些促进建立这种贸易关系的人会同时促进人与人之间的和谐相处。相反，则会……"

法兰西王国不为所动，绝不实施自由贸易政策。为取悦国内民众，荷兰共和国对法兰西王国采取了报复性措施，禁止进口法兰西王国生产的葡萄酒和白兰地酒，并且对法兰西丝绸征收重税。

现在，我们应该很清楚了：在随后的战争中，国家利益决定着英格兰王国如何行事。英格兰王国当时应该与荷兰共和国、西班牙王国联盟，但法兰西人见机行事，除了对英格兰商人开放瓦尔赫伦岛（Walcheren）和斯海尔德河的口岸，还退还了他们1664年出口商品到法兰西时缴纳的部分关税，并且每年给查理二世三百万法郎。通过贿赂查理二世的情妇，路易十四影响了英格兰的国家政策。不过，在这一点上，路易十四暴露出了自己对英格

---

① 即尼古拉·富凯（Nicolas Fouquet, 1615—1680）。——译者注
② 法兰西王国旧时货币。——译者注

第10章 一位国王的手

兰王国政治体制的无知：他贿赂的对象还应该包括英格兰王国大臣的妻子和议会议员的妻子，因为在英格兰王国，国王的权力会受到宪法和议会的限制。

不管怎么说，法兰西王国的厚礼和甜言蜜语最终诱使英格兰王室偏离了国家利益。正如我们看到的那样，只有基于国家利益制定的国家政策才能使我们具备攻击这个欧洲最强大王国——法兰西王国的能力。

柯尔贝尔去世时，法兰西王国在羊毛纺织品贸易领域独占鳌头，拥有至少五万架纺织机；法兰西王国的丝绸制品价值高达五千万法郎；国家收入增加了二千八百万法郎。柯尔贝尔刚开始执政时，欧洲大概有两万艘船，其中，约有一万六千艘船被荷兰人雇用。当时，这些船足以满足全世界贸易活动的需求，也几乎支撑起了法兰西王国的海外贸易体系。然而，柯尔贝尔采取保护政策，规定法兰西王国的船只能运输法兰西王国的货物。就这样，荷兰共和国逐渐没落下去，最后被赶出了世界贸易体系，而法兰西王国在渔业、商业船队、海军实力等方面逐渐变得越来越强大。

正如我们看到的那样，法兰西王国实施的国家政策严重影响了英格兰王国的国家利益。在当时的贸易文献和议会辩论的记录中，我们可以感受到英格兰人这种日益增长的敌意。

1675年，安德森说了以下一段话：

> 英格兰王国下议院对查理二世和那些奸佞大臣的行为非常不满，因为他们偏袒法兰西王国，与英格兰王国的国家利益背道而驰。一方面，英格兰人进口了大量法兰西王国生产的商品；另一方面，现在正热衷于改进羊毛、丝绸和亚麻制品的法兰西王国几

乎不进口任何英格兰王国生产的商品。于是，英格兰王国下议院开始仔细调查与法兰西王国间的贸易收支情况。结果发现，在过去一段时间里，英格兰王国总是出现贸易逆差，每年的贸易逆差额甚至超过一百万英镑。

随着时间的推移，英格兰王国和法兰西王国的竞争愈加激烈。法兰西人引诱英格兰织布工渡过英吉利海峡，前往法兰西工作。于是，针对移民和出售商业机密的行为，英格兰王国颁布了最严厉的处罚措施。法兰西王国需要进口英格兰羊毛。于是，英格兰王国就禁止出口羊毛。之后，法兰西王国通过走私手段进口英格兰羊毛。

乔赛亚·蔡尔德爵士[1]说：“法兰西王国对英格兰布匹征收了百分之五十至百分之六十的重税。瑞典王国也颁布法令，禁止任何英格兰人用英格兰王国的船将商品出口至瑞典。”可以说，当时的瑞典王国与法兰西王国沆瀣一气。

于是，英格兰布匹商向议会请愿。议会继而向查理二世请愿。我们知道，查理二世收受了法兰西王国的贿金。因此，他的一切行动都是可疑的。在一本据说是按照阿灵顿伯爵（Earl of Arlington）[2]的指示编写的宣传册里，我们看到了英格兰人当时普遍存在的不满：

> 三年前，法兰西王国还派不出二十艘战舰。然而，今非昔比，法兰西王国现在竟然有六十艘装备齐全、武器精良的大型战舰，并且这种战舰的数目还在不断增加。如果伊丽莎白的英魂

---

[1] 乔赛亚·蔡尔德爵士（Sir Josiah Child，约1630—1699）。——译者注
[2] 即亨利·贝内特（Henry Bennet，1618—1685）。——译者注

第10章 一位国王的手

能够再次归来，那么她肯定会严厉指责英格兰的国务大臣竟然放弃了她制定的国家政策，温顺地忍受着这种不断增长的海上力量给英格兰人带来的威胁。终其一生，伊丽莎白努力控制的正是这种不平衡的发展。英格兰的国务大臣非但没有采取措施应对法兰西王国的发展，或者阻拦其夺取世界各地的港口，反倒似乎更希望为其提供便利，使其发展得更快，变得更强大。这必然使法兰西人成为西印度群岛商业活动的主人。全世界的人都知道，仅为此目的，法兰西王国就从本国富商中筹集了大量金钱，装备了大量武器。英格兰王国的国家力量主要依赖于英格兰王国的商业活动。因此，毋庸置疑的是，商业活动应该是英格兰人追求、关注的主要目标。英格兰人一定要像保护掌上明珠一样细心地保护自己的商业利益。

法兰西人一方面在建造一个庞大的世界性帝国，另一方面还要使自己在欧洲处于至高无上的地位。1677年，在征服西属尼德兰[①]的过程中，法兰西人取得了巨大进展。英格兰议会不得不敦促英格兰王国与荷兰共和国结盟……但正如安德森所说，"由于与路易十四的联系太过紧密，查理二世不会真的想要与他决裂"。

对任何一个国家来说，人民怀疑政府背叛国家利益，是最令人不安的事情。但查理二世很精明，他只想保住王位——我甚至可以公开这样说，并且他知道如何在英格兰人民的不满达到极点前屈服。1678年，情况变得十分紧迫。于是，英格兰议会通过了一项法案。该项法案决定英格兰

[①] 在本书中，西属尼德兰（Spanish Netherlands）指1648年承认荷兰共和国独立后仍然归西班牙王国管辖的尼德兰地区。——译者注

王国需要筹集资金，加紧备战，准备对法兰西王国发动战争。接下来的三年，一直到1681年，英格兰王国完全禁止进口法兰西王国生产的所有商品。

安德森以一种十分滑稽的英式口音说了以下一段话：

在欧洲，英格兰王国的确该干预、挽救其即将消失的商品贸易自由了。与此同时，英格兰王国制止了法兰西王国生产的葡萄酒、白兰地酒、丝绸、亚麻布、纸张、盐、奢侈品、女帽和男帽饰品、玩具等商品在英格兰王国的泛滥。英格兰王国颁布的贸易禁令和英格兰东印度公司的着装禁令在很大程度上带来了两国间贸易的总体平衡。二十年间[①]，两国间的贸易状况逐渐变得对英格兰人有利。英格兰王国颁布的贸易禁令与查理二世的个人倾向背道而驰。查理二世收取了法兰西王国的贿金，是英格兰王国宗教信仰及自由的对手。此时，天主教阴谋(Popish Plot)[②]被发觉。英格兰人怒火冲天。这使查理二世不得不屈从民意。

与长兄查理二世相比，詹姆斯二世的表现要稍好一些。但不幸的是，詹姆斯二世的精神家园也在法兰西。此时的法兰西王国尽管犯了废除《南特敕令》(Edict of Nantes)的严重错误，但仍然继续在各地扩张自己的权力。法兰西人攻占了热那亚，使自己一跃成为地中海地区的贸易主人；占领了西属尼德兰的大部分领土，拥有了欧洲最多的能工巧匠；占领了梅斯(Metz)和斯特拉斯堡(Strasbourg)，控制了莱茵河；在著名的土伦(Toulon)和布雷斯特(Brest)设防，据说，法兰西王国拥有六万多名海军士兵——这个数目

---

① 应指1678年至1698年。——译者注
② 指杀死查理二世，拥立詹姆斯二世的阴谋。据说，这是查理二世自导的、无中生有的事情。——译者注

第10章 一位国王的手

约等于英格兰王国和荷兰共和国海军士兵的总和，以及上百艘战舰；在纽芬兰、北美洲和印度确立了自己的殖民统治地位。尽管法兰西王国政府因战争和铺张浪费过度消耗了国家资源，但这一弱点在当时尚不明显。因此，对詹姆斯二世来说，英格兰王国与法兰西王国保持良好关系是巩固其统治的重要因素。

安德森的看法如下：

> 詹姆斯二世即位之初，就与路易十四建立了良好关系。詹姆斯二世认为，他能够解决路易十四面临的两大难题，即在英格兰王国建立教皇制和专制政权。英格兰议会随后通过了一项法案，其中，第六条废除了英格兰王国之前对法兰西王国实施的贸易禁令。法兰西王国的商品再次在英格兰王国泛滥。英格兰王国由此直接损失了大约四百万英镑。在不到三年的时间里，英格兰王国曾经历过的、令人痛心疾首的不堪景象再次出现。1688年，英格兰王国发生了光荣革命（Glorious Revolution）。随后，英格兰王国与法兰西王国的一切贸易活动都被禁止了。如果不是因为光荣革命的发生，那么英格兰王国很快就会变得穷困潦倒。

当时，法兰西王国被英格兰王国的商业组织视为主要对手，但詹姆斯二世依然选择依附这样的外部强权。对英格兰王国来说，詹姆斯二世犯下的错误是致命的。依靠外国势力对抗本国人民，这样的事情经常出现在英格兰的历史上。如今，当回顾这一不幸的历史线索时，我们发现，几乎所有涉及此事的英格兰国王都犯了同样的错误。在西班牙王国仍然强大和危险时，詹姆斯一世偏爱西班牙王国；当荷兰人在波罗的海地区和东印度群岛将英格兰人拒之门外时，查理一世却要向荷兰人借钱；当法兰西人利用关税与英格兰人作战，并且几乎同时在海上、哈得孙湾(Hudson Bay)和印度与英格兰人开战时，詹姆斯二世却在法兰西王国找到了神圣的友谊。相比之下，伊丽莎白却能和英格兰议会相处得十分融洽。当然，我们这样说，绝不是要干涉宪法规定的国王拥有的个人自由。国王和国家利益集团之间的冲突也不完全是宗教斗争。宗教因素与其说是动机，不如说是真正动机的借口。斯图亚特家族的人们失败的地方在于其对待国家利益的方式：他们采取的各种国家政策追求的只是个人和家族的利益，这或者让他们与国家商业组织的利益脱节，或者与国家商业组织发生直接冲突。斯图亚特王朝的君主从来没有充分认识到这一点，即国家政策必须建立在国家利益的基础上。

第11章 势力均衡

THE BALANCE OF POWER

英国历史上看不见的手：从玛丽一世到乔治五世

1688年的"光荣革命"是辉格党(Whig)历史学家最喜欢的一个主题。他们把光荣革命视为一种"壁龛"一样的物体，里面供奉着他们最喜欢的格言和原则。辉格党历史学家对待这些格言和原则就像以色列人对待藏于约柜中的圣物一样。不过，对那些有着相关历史常识的学生来说，探究自由党人(Liberals)[①]的执政原则实在是件沉闷无聊的事，结果必然是徒劳无功。"光荣革命"发生的时代是一个鼓励愤世嫉俗的时代。在这样一个腐败和背信弃义的泥潭里，历史匆忙地行进着。麦考利[②]非常崇拜一位实际上很无趣的法官——约翰·萨默斯[③]男爵。约翰·萨默斯男爵引用"格劳秀斯、比代[④]、斯皮赫尔[⑤]等人的理论和英格兰王国的各类法典"，试图证明：当詹姆斯二世被臣民和女婿威廉三世[⑥]赶出英格兰时，"退位"才是正确的选择。辉格党人竟然反对《宽容法案》(Toleration Act)。人们不会赞赏这种做法，而会把它当成一件有趣的事情。麦金托什爵士[⑦]坦率地承认，辉格党的传统观点还存在其他致命的问题。在谈到1689年的大辩论[⑧]时，他说了以下一段话：

就双方的立场来说，辩论时，辉格党和托利党[⑨]似乎是互换

[①] 自由党人也就是英国历史上的辉格党人，主张自由贸易和自由政治。1839年，英国首相约翰·罗素使用"自由党"的名称称呼辉格党人，1859年，自由党正式成立。——译者注
[②] 即凯瑟琳·麦考利(Catharine Macaulay, 1731—1791)。——译者注
[③] 约翰·萨默斯(John Somers, 1651—1716)。——译者注
[④] 即纪尧姆·比代(Guillaume Budé, 1467—1536)。——译者注
[⑤] 即阿德里安·范·登·斯皮赫尔(Adrian van den Spieghel, 1578—1625)。——译者注
[⑥] 威廉三世的妻子是詹姆斯二世的长女玛丽二世。——译者注
[⑦] 即詹姆斯·麦金托什爵士(Sir James Mackintosh, 1765—1832)。——译者注
[⑧] 1689年，就限制国王权力的问题，英格兰王国议会举行了一系列辩论，并且最终通过了《权利法案》。自此，英格兰王国正式确立了君主立宪制。——译者注
[⑨] 1679年，英格兰议会讨论约克公爵(后来的詹姆斯二世)是否有权继承王位时，保王党的中坚力量因支持约克公爵而被称为"托利"，意为"歹徒、亡命之徒"。托利党自此形成。——译者注

第11章 势力均衡

了"位置"。辉格党突然变得不能理解保护英格兰王国臣民权利的重要性。辉格党人罢免了詹姆斯二世,之后拥立威廉三世为国王,并且因此洋洋自得,主观臆断地认为自己政党的胜利也是英格兰人民的胜利。相反,托利党在保障国家自由方面更有远见。随后,英格兰王国颁布了一些关于国家权利的声明。这些声明中体现出的正确主张归功于托利党人。

至于威廉三世这个"加尔文主义共和国(Calvinist Republic)执政",其同盟者包括西班牙国王[1]、威尼斯总督[2]和教皇[3]等。威廉三世不可能对辉格党人的主张或新教抱有多大的热情。

利益是人类活动和国家活动的秘密动机。当认识到这一点时,我们的论述就会立即拥有坚实的基础。在威廉三世执政后不久,英格兰王国就卷入了常年纷乱的战争中。战争持续了一个多世纪,中间偶尔会出现一段和平时期。战争的主要目标是征服世界、控制商业及贸易活动。

17世纪的学生会看到这些即将到来的战争。亨利四世、黎塞留和柯尔贝尔的保护主义政策使法兰西王国逐渐成了一个制造业强国和海军强国。

1674年,一部分伦敦商人提出了著名的贸易"平衡"政策或"旧计划"政策。虽然这种贸易"平衡"政策并不完美,但后来许多经济学家详细修改了这一政策。总的来说,这种贸易"平衡"政策的核心观点是正确的,并且实际上成了英格兰王国对法兰西王国采取短期敌对策略的基础。

亚当·斯密巧妙地将这一贸易平衡理论运用到自己的理论体系中,并

---

[1] 即卡洛斯二世(Carlos Ⅱ, 1661—1700)。——译者注
[2] 即弗朗切斯科·莫罗西尼(Francesco Morosini, 1619—1694)。——译者注
[3] 即因诺森特十一世(Innocent XI, 1611—1689)。——译者注

且因此成了英国历史上最具争议性的战略家——他竭力诋毁建立在国家利益基础上的整个商业体系。因此，在进一步论述前，我们有必要更加仔细地审视所谓的重商主义原则。正如我们知道的，英格兰王国的国家政策就是基于这些原则制定的。

支持自由贸易的商人和支持国家保护主义的商人之间爆发了激烈冲突。1674年11月29日，伦敦商人将人们所称的"旧计划"提交给了上议院议会委员会，而此时的上议院议会委员会即将派人与法兰西王国签订商业条约。当时的海关报表显示，"与我们从法兰西王国进口的制造业产品及其他各种商品的价值总额相比，我们出口到法兰西王国的相应产品的价值总额要低大约一百万英镑"。英格兰王国出口到法兰西王国的产品总额为十七万一千零二十一英镑六先令八便士。与之相对的是，法兰西王国出口到英格兰王国的产品总额为一百一十三万六千一百五十英镑。同时，法兰西人生产的羊毛、亚麻和丝绸制品等的交易是用黄金支付的，这部分贸易差额并没有计算到法兰西王国的出口总额内。

长期的贸易逆差可能会耗尽一个国家积累的货币财富，人们对这个观点深信不疑。直到近年来，经济学家和历史学家才逐渐认识到这一观点可能并不完全准确。在当时的情况下，货币无疑在欧洲各国的商业活动中发挥着非常重要的作用。当时，英格兰王国刚刚摆脱资金匮乏的状况，流通货币不足，全国性商业活动的开展几乎无从谈起。中世纪时期，为维护自己的商业利益，汉萨同盟控制着几乎整个欧洲的流通货币。17世纪，由于流通货币充足，荷兰共和国国内的借贷年利率仅为百分之三至百分之四，而同时期由于流通货币不足，英格兰王国国内的借贷年利率甚至达到了百分之六至百分之七。正因如此，荷兰共和国的商业才蓬勃发展起来。与之相对的是，西班牙王国经常发生严重的货币危机。这种情况的出

第11章 势力均衡

现主要有两个方面的原因：一方面，西班牙王国需要消耗大量货币去进口各种工业制成品；另一方面，连年战争造成了大量货币的流失。当时的英格兰人认为，英格兰王国缺乏金银矿藏，只有出售工业制成品才能获得大量的货币财富——黄金。

有人说，重商主义者认为黄金是唯一真正的财富，这种说法绝对是对重商主义者的误解。托马斯·芒是重商主义者中思路最清晰、最优秀的作家之一。他用简洁的、令人钦佩的话语道出了相反的观点："手中有货物的人不会缺钱。"不过，当时的重商主义者和现在的我们都知道，国家要实现独立和繁荣，就必须掌握大量货币。借款人如同奴隶一样，这种说法在当时和现在都是正确的。因此，英格兰王国基于国家利益制定了相应的国家政策。制定这些政策的目的就是要让英格兰王国拥有足量的货币财富，从而满足王室、土地租赁和国家商业活动的需要，而实现这一目的的手段便是鼓励出口和抑制进口。

托马斯·芒清晰地区分了私人利益和国家利益这两个不同的概念，而重商主义最杰出的地方在于它能够巧妙地让私人利益服务于国家利益。重商主义的目标不仅是获取大量财富，更重要的是保障英格兰王国的独立和安全。这样的目标激发英吉利共和国颁布了针对荷兰共和国的《航海法案》。类似的目标也激发了西班牙王国、荷兰共和国和法兰西王国采取反制措施对抗英格兰王国。

在《贸易通则》(General Maxims of Trade) 一书的第一章，西奥多·詹森[①]爵士写道："单纯的商业贸易活动可能对商人有利，而对国家的整体利益有害。"

西奥多·詹森爵士进一步阐述了以下原则：

---

① 西奥多·詹森 (Theodore Janssen, 1685—1748)。——译者注

出口制成品对国家非常有利，而出口富余的产品能获得大量利润。

鼓励进口外国原材料，禁止进口制成品，这样能节省出大笔财富。

用我们的制成品交换其他国家的原材料，这能让我们保持竞争优势。

出口加工过的进口产品会带来实实在在的好处。

租借船只将商品运往其他国家销售有利可图。

进口绝对必要的产品不能说是坏事。

仅进口奢侈品会带来财富的巨大损失，会阻碍本国消费，阻碍本国制造业的进步，会使我们处于劣势，毁掉大批人的生活。

这些才是革命派辉格党人的真正执政原则。依据这些原则，他们仔细审视了英格兰王国与法兰西王国的贸易活动，发现英格兰王国的处境十分不利。我们从法兰西王国进口亚麻布，结果却阻碍了爱尔兰王国和兰开夏郡（Lancashire County）亚麻布产业的发展；我们从法兰西王国进口丝绸，结果却影响了斯皮塔佛德（Spitalfields）和坎特伯雷（Canterbury）的丝绸织造业；法兰西王国的白兰地酒影响了我们的"麦芽糖和糖蜜萃取产业"；"各种女性用品和儿童玩具，如扇子、茉莉花型手套、蕾丝花边、尖头花边、华丽的刺绣服装、绣花床和其他礼仪服装等全部价值不菲"，法兰西王国生产的这些精致产品会大量消耗英格兰王国的"金银财富"，进而让英格兰王国陷入贫困。

此外，我们看到，法兰西王国在德意志南部大量销售法兰西毛织品，抢占英格兰毛织品市场；法兰西王国试图将势力扩张到当时的西属尼德兰，这里是荷兰共和国和英格兰王国羊毛贸易的主要中转站；法兰西王

第11章 势力均衡

国与瑞典王国结盟，在波罗的海地区与英格兰王国分庭抗礼；同时，波旁王朝在西班牙王国逐渐站稳脚跟，垄断了欧洲最有利可图的布匹贸易；利用与西班牙王国的友好关系，法兰西王国大大增强了自己在意大利的势力；利用出色的外交手段和地理优势，法兰西王国大大加强了马赛与黎凡特，以及土耳其各城市之间的贸易活动。

在这里，我们可以大致勾勒出法兰西王国和英格兰王国之间工商业竞争的实际状况。无论我们如何看待贸易平衡理论，两国间存在的竞争不是虚构的事情，而是真实存在的严酷现实。法兰西王国和英格兰王国竭力争当"贸易活动的最佳主人"。两国的竞争范围超出了基督教占统治地位的欧洲各国，波及整个世界。当时，某本宣传册的作者提出了一种具有讽刺意味的观点，具体如下：

> 假如有两个羊毛布匹商人或者两个丝绸布匹商人，当然也可以是两个亚麻布匹商人或者两个出版商人，一旦这两人在同一行业里争夺顾客、获取利润，那么他们之间除了相互合作，只能拼个鱼死网破。我觉得英格兰王国与法兰西王国最好联合起来，共同销售商品。

我们如果要追踪法兰西王国和英格兰王国竞争的动向，那么就应该对当时英格兰王国国家政策背后的动机有一些概念上的认识。

英格兰王国首先要建立一个不受对手影响的国家政府。另一本宣传册的作者写了以下一段话：

> 詹姆斯二世的退位和光荣革命及爱尔兰王国的衰落使英格

兰王国各阶层能够集中精力对抗共同的对手。只靠一位临危不乱、身先士卒的国王进行斗争是不够的。这位国王还要在德意志有足够的信誉，能够成功地阻止法兰西王国的阴谋。另外，他还应该拥有强大的军事力量，无论是海军还是陆军。

法兰西王国意图成为低地国家的主人，这触及了英格兰王国在荷兰共和国的利益。在历史上，为维护国家利益，伊丽莎白统治时期的英格兰王国曾在低地国家与西班牙王国展开过激烈斗争。前文提及的后一位宣传册的作者补充了以下内容：

> 毋庸置疑，征服低地国家后，法兰西王国就能够向全欧洲发号施令。如果佛兰德斯臣服于法兰西王国，那么荷兰共和国、英格兰王国肯定会步其后尘。这几个国家和地区就像几个串在一起的大头针，联系十分紧密，一荣俱荣，一损俱损。一旦安特卫普落入法兰西人的手中，法兰西王国将会主宰整个基督教世界（Christendom）的贸易。

前文的论述就是英格兰人邀请威廉三世入主英格兰的原因。与荷兰共和国结盟后，英格兰王国的海上力量大大增强，整体实力较法兰西王国略胜一筹。英格兰王国与汉堡及丹麦王国建立了亲密的关系，这抵消了法兰西王国与瑞典王国结盟在波罗的海地区给英格兰王国带来的威胁。同时，在英格兰人的支持下，神圣罗马帝国重新焕发生机，国力逐渐得到了恢复。法兰西王国对莱茵河流域和佛兰德斯的控制权遭到了神圣罗马帝国的武力反抗。

第11章 势力均衡

不过，英格兰王国和法兰西王国之间爆发战争的直接原因是伊比利亚半岛(Iberian Peninsula)的控制权问题。当时，路易十四获得了西班牙王国的王位继承权。对英格兰王国来说，这无疑是一次重大打击，威胁到了其整个贸易体系。另一位率真的宣传册的作者说了以下一段话：

> 我们正面临最大的危险，将失去自己的贸易活动、政治自由和宗教信仰。地中海地区可能会对我们关闭贸易大门。什么也阻止不了法兰西人垄断西班牙王国的毛纺织业，英格兰王国的纺织业很快就会被摧毁，而这也许是我们唯一没有危险对手、利润可观的生产行业……此外，我们怀疑法兰西王国和西班牙王国很可能已建立同盟，共同对付英格兰王国。我们发现，每当法兰西人想要打击英格兰纺织业时，西班牙人就会提高英格兰纺织品的进口关税。类似的麻烦一个接着一个，后来我们不得不退出利润可观的纺织品贸易活动。法兰西王国立即取而代之，把来自美洲殖民地的所有利润全部投入亚麻制品和毛织品的生产中，以满足西印度群岛和西班牙王国的需求。

对于法兰西王国和西班牙王国的同盟，英格兰王国做出了回应。1703年12月27日，英格兰王国与葡萄牙王国签订了《梅休因条约》。1704年7月24日，英格兰王国夺取了直布罗陀海峡。历史上，英格兰王国曾发动过两次著名的攻击战，一次为英格兰人赢得了西印度群岛的大量黄金，另一次为英格兰人夺取了地中海的贸易主动权。

我们应该铭记约翰·梅休因[①]在此次斗争中的功劳。约翰·梅休因的父亲保罗·梅休因（Paul Methuen）来自威尔特郡布拉德福德。对英格兰王国的布匹业来说，当时的布拉德福德就像它北方的同名地区一样重要[②]。保罗·梅休因是"当时最优秀的制衣匠"之一。查理二世统治时期，他通过从荷兰引进熟练工人，帮助英格兰人实现了制衣业的独立。约翰·梅休因是为数不多的真正理解国家利益所在的外交家之一。他幸运地获得了葡萄牙国王[③]的喜爱，而当时葡萄牙王国正试图提高关税，创建本国的布匹加工业。

约翰·梅休因的外交技巧十分高超。英格兰商人对他做了如下评价：

> 利用自己与佩德罗二世的私交，在签署《梅休因条约》前，约翰·梅休因只与佩德罗二世打交道，甚至连葡萄牙王国政府官员在接到签署条约的命令前，对条约内容也一无所知。

《梅休因条约》很有可能只有三项条款，仅用半张便笺纸就可以写完。佩德罗二世承诺自己和继任者会"永远允许英格兰羊毛布匹和其他毛织品进入葡萄牙"，具体条件如下：

> 英格兰王国允许进口葡萄牙王国生产的葡萄酒，并且进口税率不高于法兰西王国生产葡萄酒的税率的三分之一。

正因如此，在约翰·梅休因及亲属去世后，英格兰王国感念他为国

[①] 约翰·梅休因（John Methuen，1650—1706）。——译者注
[②] 当时，北方的布拉德福德也是英格兰王国主要的毛纺中心。——译者注
[③] 即佩德罗二世（Pedro Ⅱ，1648—1706）。——译者注

约翰·梅休因

阿德里安·卡彭蒂埃(Adrien Carpentiers, 1739—1778)绘

大约1711年的威斯敏斯特教堂
作者信息不详

家做出的巨大贡献,将他们葬在威斯敏斯特教堂(Westminster Abbey)。但公平地讲,尽管签订《梅休因条约》的成就是约翰·梅休因个人的,但他的思想理念应该起源于英格兰王国的商业探险家同盟。早在长期议会时期,英格兰王国基于国家利益就制定了类似的国家政策。伦敦商人因此对当时的英

第11章 势力均衡

格兰政府感恩戴德。英格兰王国当时的国家政策和《梅休因条约》的核心思想是一致的。

在亚当·斯密出现前，没有任何英格兰人怀疑《梅休因条约》的价值，甚至当今很多外国经济学家仍然对该条约的签订赞叹不已。英格兰商人说了以下一段话：

> 正是由于英格兰王国与葡萄牙王国签订了光荣的《梅休因条约》……我们赚取了大量利润，向驻扎在西班牙和葡萄牙的英格兰军队提供了大量军费。在西班牙王位继承战争后期，我们又为其他地区的英格兰军队筹集了大笔军费，没有花费英格兰政府一分钱。同时，三年内，我们利用葡萄牙王国出产的黄金，在伦敦塔（the Tower）里铸造了价值一百多万英镑的货币。《梅休因条约》让我们从葡萄牙王国获得的贸易盈余超过了其他任何国家。

除了后来出现的一些例外，这就是18世纪英格兰人的先辈呕心沥血取得国家利益的胜利后举杯欢呼的见证。英格兰的政治家为英格兰人树立了英雄的榜样。那些我们从葡萄牙进口的、用心形的红宝石样式的酒瓶灌装的葡萄酒，在阳光下闪耀着葡萄牙人的热情，同时给予了我们取得胜利的灵感。如果有人说，在两位查塔姆伯爵①和大批英格兰人的利刃中，法兰西人遭受了残酷的报复，那么难道我们不能说，那些法兰西人不也是为了同样的事业，默默忍受施加在他们身上的痛苦吗？

英格兰王国通过这些措施，以及马尔伯勒公爵和莫里斯②男爵的天才手段，同时利用法兰西王室的愚蠢行为，如废除《南特敕令》，使法兰西王国在欧洲至高无上的权力和地位几近瘫痪。英格兰王国对法兰西王国经济基础的冲击，也使其军事发展尤其是海军发展步履维艰。

不过，随后一场党派之争③破坏了英格兰王国的国家安全，夺走了之前全面胜利取得的巨大成果。大不列颠王国与法兰西王国之间的战争不得不重新打响。

---

① 指老威廉·皮特和小威廉·皮特。——译者注
② 即莫里斯·汉基（Maurice Hankey, 1877—1963）。——译者注
③ 指第13章中辉格党和托利党在对待法兰西王国的态度上产生的分歧。——译者注

第12章

三国联合

UNION

即使只是试图勾勒出基于国家利益的国家政策的主线，我们也有必要更仔细地考虑一下三国联合这个问题。这个问题十分重要，但经常被我们遗忘。北面的苏格兰王国，以及西面的爱尔兰王国是通往英格兰王国的两个通道。苏格兰王国和爱尔兰王国就像英格兰王国的要塞，如果要塞被对手占领了，那么中央要塞就会处于危险中。因此，英格兰王国和苏格兰王国、爱尔兰王国联合主要是出于军事方面的考虑。只要苏格兰王国与英格兰王国仍处于分离状态，那么英格兰王国的对手——法兰西王国、西班牙王国或神圣罗马帝国就会通过苏格兰王国策划对英格兰王国发动攻击。爱尔兰王国也是如此。几乎在每一场有记录的战争中，对手都试图通过爱尔兰王国对英格兰王国发动攻击。在这种情况下，仅仅是出于防御的需要，英格兰王国也要让三国联合成为国家政策的一部分。换句话说，英格兰王国、苏格兰王国和爱尔兰王国的联合不仅关系到英格兰王国的国家安全，也关系到苏格兰王国和爱尔兰王国的国家安全。在三国签订联合合约后，如果任何一个国家想要再次独立，那么另外两个国家中的任何一方就有权拒绝这种要求。因此，除非签订三国联合合约的理由足够充分，否则没有一个国家会愿意签订合约，将自己国家的命运交到另一个国家手中。

不过，防御问题牵涉的是国家利益问题。我们知道，苏格兰王国和法兰西王国之间存在着频繁的贸易活动，并且长期保持着良好的友谊。苏格兰王国向法兰西王国提供羊毛和鱼，以换取法兰西王国的优质布匹和红葡萄酒。当英格兰王国和法兰西王国争夺霸权时，苏格兰王国和法兰西王国之间的贸易活动正如火如荼地进行，这种行为对英格兰王国充满敌意。同样，当英格兰王国与荷兰共和国处于敌对状态时，苏格兰王国仍然向荷兰共和国出口未加工的布匹，这也是荷兰共和国之所以对英格兰王国采取强硬政策的一个重要原因。

第12章 三国联合

在平基战役(Battle of Pinkie)后，英格兰王国的杰出政治家——西摩[①]提出与苏格兰王国建立联盟：一个建立在"自由贸易、平等友好"基础上的联盟。西摩的看法如下：

> 比起逐渐废除我们以前制定的禁止与苏格兰王国开展贸易的所有法律，还有什么措施比立即与其开展全面的商品交易活动更好的呢？……我们已经提出不再使用各自国家的名称，而是重新使用大不列颠王国这个旧有的名字。我们不打算剥夺玛丽一世(苏格兰)的继承权，而是想要让她的继承人继承英格兰王国的王位。我们不会废除苏格兰王国的法律或习俗。

正如我们前文提到的那样，詹姆斯一世只是带来了王室间的联盟，并没有建立起两国间的利益联盟，因此，不可能在两国间建立真正的、休戚与共的联盟。1604年，詹姆斯一世试图与苏格兰王国签订一项自由贸易条约。该条约尽管几乎排除了苏格兰王国农产品中所有重要的产品——羊毛、生牛、兽皮和亚麻纱，但最终还是被英格兰议会否决了。

以上两次尝试都失败了。17世纪，英格兰王国与苏格兰王国之间充斥着激烈的争斗。凭借强大的执政能力，克伦威尔进行了一次大胆的尝试。他试图通过向苏格兰王国开放英格兰人享有的"特权、自由贸易权和税收政策"来解决两国间的冲突。人们猜测，这可能是因为当时苏格兰王国和荷兰共和国的密切交往对英格兰王国不利，克伦威尔迫不得已，只能实施这样的政策。从某种程度上来说，他实施的政策取得了一定成效。也

[①] 即爱德华·西摩（Edward Seymour, 1500—1552）。——译者注

正因如此，他随后才可以集中精力、毫无顾忌地攻击荷兰人。不过，他实施的政策损害了英吉利共和国的利益。

查理二世没有理由会热爱苏格兰王国。因为复辟一事，他十分感激英格兰王国的商业组织。此外，查理二世还实施了狭隘的商业保护法令——《航海法案》。《航海法案》规定，英格兰王国与种植园经济区的贸易往来只能由英格兰王国的船进行。英格兰王国的农民受到边境限制及禁令的保护，不会受到苏格兰王国生牛和羊毛贸易的任何不利影响。苏格兰人徒劳地表示抗议，后来试图以切合自身实际的方式开创属于自己的世界贸易体系。考虑到苏格兰王国当时人口稀少、资源匮乏，我们有理由为这些苏格兰人的大胆尝试感到骄傲。

在东印度群岛、西印度群岛、非洲和地中海，苏格兰人失败的消息接踵而至。苏格兰人怀疑英格兰王国在各地设置障碍，阻挡他们前进的道路。不过，苏格兰人毫不气馁，立即制订了新计划，并且把国家的命运押在了新计划上。苏格兰人打算在达里恩地峡 (Isthmus of Darien) 的达里恩建立定居点，之后一举掌控世界贸易。但苏格兰人发现，英格兰王国、荷兰共和国的商业活动似乎无处不在，这无形中给他们造成了极大的麻烦。苏格兰人在伦敦和阿姆斯特丹申请借款，但遭到了拒绝。四处碰壁的苏格兰人对汉堡仍然抱有一丝希望。由于想要在东印度群岛开辟贸易活动，汉堡商人曾承诺给苏格兰人二十万英镑的贷款。不过，汉堡当时是由伦敦控制的，是英格兰布匹在德意志的仓库。最终，居住在汉堡的英格兰人保罗·莱科特[1]否决了苏格兰人的贷款申请。此时，无论佩特森[2]如何祈祷，也不管苏格兰人如何吹嘘他们的商业计划，汉堡商人一直拒绝履行承诺。同时，我们看

---

[1] 保罗·莱科特（Paul Rycaut, 1629—1700）。——译者注
[2] 威廉·佩特森（William Paterson, 1755—1810）。——译者注

第12章 三国联合

到，汉堡——这个曾经不可一世的汉萨同盟城镇——竟然对英格兰人臣服到了如此地步。

苏格兰人绝不认输，最终还是筹措到了四十万英镑。这笔钱据说约等于当时苏格兰王国全国流通货币的三分之二。于是，苏格兰王国船队满载商品起航了。苏格兰人认为，他们肯定会在新西班牙总督辖区[①]和热带地区找到销售市场。据说，爱丁堡为此捐赠了四千顶假发。除了船上装载的商品，苏格兰人远航时还携带了一千五百本《圣经》。他们希望自己的商品能够和基督教一样声名远播。苏格兰王国船队所载商品包括基尔马诺克(Kilmarnock)的蓝色帽子、阿伯丁(Aberdeen)的长袜、邓凯尔德(Dunkeld)的格子花呢和其他各种格子呢，以及卡罗斯(Culross)的烤架。据说，苏格兰蛋糕就是在这种著名的烤架上烘焙的。

苏格兰人建造的圣安德鲁要塞最终被西班牙人攻占了[②]。苏格兰人的失败不会影响英格兰王国实现三国联合的步伐，但使苏格兰王国建立独立贸易体系的希望彻底破灭了。此时，苏格兰人面临着新的抉择，即他们应不应该与英格兰王国联合。

英格兰政治家抓住了这个绝佳的机会，最终和苏格兰王国签订了《联合法案》(The Act of Union)。总的来说，《联合法案》的达成是英格兰政治家最完美的一次谈判结果。在三国谈判和签订《联合法案》的过程中，英格兰政治家思路清晰、沉着冷静，巧妙应对各种难题，展现出了无比熟练的政治斗争技巧。

[①] 新西班牙总督辖区包括西属北美和西属菲律宾，首府设在墨西哥城，1521年成立，1821年解散。——译者注

[②] 苏格兰人占领达里恩后，在当地建造了圣安德鲁要塞，主要防备西班牙人的进攻，但该要塞最终仍被西班牙人攻占了。——译者注

《联合法案》的签订是通过一系列交易，或者说讨价还价实现的。英格兰人的唯一目标是建立一个庞大的、统一的国家体系，而苏格兰人则着眼于联合后英格兰人对他们的补偿方式、他们将取得的商业优势和贸易活动的付款方式等细节问题。在笛福[①]所著的《大不列颠联合王国史》(The History of the Union of Great Britain)中，我们能够清楚地看到英格兰王国和苏格兰王国联合的过程。笛福说了以下内容：

> 1705年底，关于英格兰王国和苏格兰王国联合的事情进展得很不顺利。当时，两国因几次交锋而产生的反感达到了极点；两国人民似乎都被对方激怒了；两国政府各行其是；两国间的贸易活动冲突不断；双方议会越来越多地被卷入极不愉快的事情中；英格兰王国在进口苏格兰布匹的问题上设立了新的法令，而苏格兰王国基本上禁止进口一切英格兰毛织品，并且试图建立自己的毛织品加工厂。当然，苏格兰人如果能够巧妙利用禁止进口英格兰毛织品的措施，那么这么做对其可能是非常有利的。苏格兰人毫无顾忌地向法兰西王国、神圣罗马帝国和瑞典王国出口羊毛，这给英格兰毛织品商人造成了巨大损失。大量英格兰羊毛通过边境进入苏格兰王国，这样的走私活动屡禁不止。英格兰王国著名的、产自罗姆尼湿地(Romney Marsh)的羊毛曾通过走私的方式大量销往法兰西王国。不过，现在即使是罗姆尼羊羊毛的贸易活动——实际上是违禁品走私贸易——也被完全排挤了，因为法兰西王国不仅找到了罗姆尼羊羊毛的其他来源，并且供应量十分充足。

---

① 即丹尼尔·笛福(Daniel Defoe, 1600—1731)。——译者注

第12章 三国联合

另外，英格兰王国准备采取措施，禁止从苏格兰王国进口生牛，同时试图强行掐断苏格兰王国与法兰西王国的贸易联系。如果这些措施真的被付诸实施，那么英格兰王国和苏格兰王国的战争绝对难以避免。

当时，英格兰王国与法兰西王国处于战争状态，但苏格兰王国和盟友荷兰共和国一样，声称自己拥有与法兰西王国开展贸易活动的自由。这就是《联合法案》将要挽救的危险局面。

《联合法案》的基础是"大不列颠所有臣民之间无差别的自由贸易"，对大不列颠岛沿海地区和北美洲种植园经济区的贸易活动同样适用。此外，一项适用于英格兰王国和苏格兰王国的《航海法案》也被两国议会通过。罗克斯堡（Roxburgh）、塞尔扣克（Selkirk）和特威代尔（Tweeddale）的牧羊人因羊毛出口不畅而遭受了损失。英格兰王国承诺赔偿他们，这笔赔偿的支付条件是苏格兰毛织品生产商需要"为了穷人的就业和生存，在苏格兰王国内购买羊毛"。就这样，苏格兰王国在自己生产的制成品中使用苏格兰王国自产原材料的权利得到了承认，同时英格兰王国获得了新的原材料来源和工业制成品的自由贸易市场。

英格兰王国这么做的目的就是要改变苏格兰王国的商业模式，这种改变非常大，类似于使其从东西走向变为南北走向。苏格兰王国的贸易政策使其成为法兰西王国对抗英格兰王国的天然盟友，而英格兰王室和苏格兰王室的联盟还不足以改变这种状况。17世纪，英格兰王国和苏格兰王国之间的战争，以及苏格兰王国和法兰西王国之间的联系一直没有中断过。英格兰王国和苏格兰王国的联合发生在英格兰王国与法兰西王国争夺商业霸权的关键时期，从这时起，苏格兰低地的人开始逐渐转变对英格兰王国的态度。最终，苏格兰王国的经济利益、政治利益与两国联合的利益实现了一致。根据莱基①的说法，1745年，"在苏格兰低地，人们的最终意见可能对支持斯图亚特家族的詹姆斯党(Jacobitism)②不利"。尽管"英格兰王国和苏格兰王国的联合引起了很多不满"，并且"工商界"害怕变化，但格拉斯哥(Glasgow)这座城市坚决拥护汉诺威王朝。苏格兰高地居民不在乎工商业得失，靠捕鱼、放牛、走私、抢劫，以及在法兰西军队中当兵为生。苏格兰高地居民愿意接受斯图亚特家族对他们土地的支配。不过，机警的苏格兰低地居民知道乔治一世③会影响他们的经济利益，深入地思考了两国联合后自己的利益得失。就这样，苏格兰王国与英格兰王国通过利益纽带联合起来，这种联合延续至今。如今，我们看到美国总统塔夫脱④正试图对加拿大采取同样的政策。他提出的互惠互利政策也是为了将加拿大的商业模式从"东西走向变为南北走向"。如果他的政策能够取得成功，那么加拿大就会脱离英国统治。塔夫脱的努力得到了阿斯奎思⑤和英国国内一些人的热烈支持。但到当时为止，由于自由贸易的不利影响，辉格党不会再实施自由贸易政策了。

　　回顾爱尔兰的历史及商业活动，我们发现，爱尔兰的情况更令人疑惑。我们知道，爱尔兰的地位与北美洲种植园经济区的地位相差无几，而苏格兰王国拥有更高的王国地位。苏格兰王国足够强大，因此，有资格和英格兰王国达成协议；爱尔兰王国虽然偶尔会发生些叛乱，但没有实力与英格兰王国平等谈判，进而达成协议。中世纪时期，约克家族(House of York)受

---

① 即威廉·爱德华·哈特波尔·莱基(Wiliam Edward Hartpole Lecky, 1838—1903)。——译者注
② 指支持詹姆斯二世及其斯图亚特家族成员夺回英格兰王位的一个政治、军事团体，成员多为天主教徒。——译者注
③ 乔治一世(George Ⅰ, 1660—1727)。——译者注
④ 即威廉·霍华德·塔夫脱(William Howard Taft, 1857—1930)。——译者注
⑤ 即赫伯特·亨利·阿斯奎思(Herbert Henry Asquith, 1852—1928)。——译者注

第12章 三国联合

到爱尔兰人的欢迎从而开始执政。我们知道,什鲁斯伯里的理查[①]执行了与英格兰王国实现和解、爱尔兰实行自治的政策:"爱尔兰的地方独立第一次被认真地尝试执行。什鲁斯伯里的理查举行了议会,承认英格兰王室名义上代表爱尔兰,同时拒绝英格兰王国立法机构和法院对爱尔兰的管辖。"随后,爱尔兰爆发了一系列内战。这些内战在多大程度上受到了爱尔兰自治政策的影响,在多大程度上受到了土地所有权、个人和家族势力的影响,我们实际上很难说清楚。

不过,可以肯定的是,爱尔兰很早就与神圣罗马帝国建立了联系,成了神圣罗马帝国商业系统的一个组成部分。相关历史可追溯至14世纪。《古制全书》(Senchus Mor)说,爱尔兰领主"从神圣罗马帝国那里获取'利益份额',或者用英格兰人的话来说,爱尔兰实际上是在向神圣罗马帝国进贡……那时,都柏林(Dublin)、沃特福德(Waterford)和利默里克(Limerick)的海港都处于'神圣罗马帝国'的统治下"。爱尔兰早期文学中的奥斯特曼人(Ostmen),实际上包括爱尔兰人"招待"的外国商人,也包括伊士曼人(Eastmen),即伊斯特林人。奥斯特曼人后来逐渐成为爱尔兰天主教高级教士。因此,我们可能更喜欢与后来发展壮大的伊斯特林人打交道。有证据表明,当时,奥斯特曼人或伊斯特林人在爱尔兰各城市中形成了一股强大的力量。由此可见,爱尔兰在汉萨同盟或神圣罗马帝国的商业体系中扮演了一个多么卑微的角色:向佛兰德斯人提供羊毛,向西班牙人提供兽皮和粮食。由于约克家族成员向汉萨同盟投降,在维护国家利益的政治派别的支持下,都铎王朝(Tudors)最终将爱尔兰逐出英格兰王室的统治区域,而此时爱尔兰人仍然忠诚地守护着他们与神圣罗马帝国的关系。

[①] 什鲁斯伯里的理查(Richard of Shrewsbury, 1473—1483)。——译者注

英国历史上看不见的手：从玛丽一世到乔治五世

当然，宗教不是爱尔兰和都铎王朝统治下的英格兰王国发生冲突的根源和主要原因。早在宗教改革前，神圣罗马帝国就把爱尔兰变成了其对抗英格兰国王亨利七世[①]的爪牙。因此，兰伯特·西姆内尔[②]和珀金·沃贝克[③]这两位伪装成约克家族成员的人都登陆了爱尔兰。在都柏林，兰伯特·西姆内尔被基尔代尔伯爵(Earl of Kildare)[④]推举为领主，并且在施瓦茨[⑤]的引领下，率领爱尔兰和神圣罗马帝国的联合舰队横渡北海海峡，结果在斯托克平原战役(Battle of Stoke Field)中被击败，部队惨遭屠杀。

由于当时英格兰王国国力较弱，亨利七世尝试了与爱尔兰人和解、让爱尔兰人自治的政策。他邀请爱尔兰主要官员到伦敦，并且慷慨地提供了兰伯特·西姆内尔进贡的葡萄酒。当人们说基尔代尔伯爵在爱尔兰的势力十分强大时，亨利七世回答道："那就让基尔代尔伯爵统治爱尔兰吧！"

珀金·沃贝克的入侵也是从佛兰德斯经由爱尔兰发动的，同样惨遭失败。基尔代尔伯爵和神圣罗马帝国政府之间的联系持续了很长一段时间。一度在安特卫普集结了一百七十艘战舰、准备入侵英格兰的查理五世与杰拉尔德家族(The Geraldines)和奥布赖恩家族(The O'Briens)保持着密切的联系。出于宗教信仰方面的因素，基尔代尔伯爵偏袒查理五世——查理五世曾洗劫罗马、监禁教皇[⑥]。研究过基尔代尔伯爵和查理五世性格的人几乎都会认为，他们之间的密切联系实在令人难以理解。

这些有趣的通信可以在弗劳德[⑦]的作品中找到，信中内容表明爱尔兰的

---

① 亨利七世 (Henry VII, 1457—1509)。——译者注
② 兰伯特·西姆内尔 (Lambert Simnel, 1477—约1534)。——译者注
③ 珀金·沃贝克 (Perkin Warbeck, 1474—1499)。——译者注
④ 即杰拉尔德·菲茨杰拉德 (Gerald Fitzgerald, 1456—1513)。——译者注
⑤ 即马丁·施瓦茨 (Martin Schwartz, ? —1487)。——译者注
⑥ 即克莱门特七世 (Clement VII, 1478—1534)。——译者注
⑦ 即詹姆斯·安东尼·弗劳德 (James Anthony Froude, 1818—1894)。——译者注

第12章 三国联合

贵族称查理五世为"我们的君主",并且宣称他们愿意把爱尔兰置于神圣罗马帝国的统治下。查理五世与杰拉尔德家族、奥布赖恩家族之间的通信和爱尔兰的叛乱最终使亨利八世①认识到英格兰王国对爱尔兰实行的和解政策是失败的。亨利八世于是开始实施征服和定居政策。后来,伊丽莎白也大力支持征服和定居政策。杰拉尔德家族成员曾受到都铎王朝的信赖,被亨利八世授权管理爱尔兰。然而,杰拉尔德家族成员有计划地背叛了亨利八世的信任。从早期的史实中,我们看到了英格兰王国对爱尔兰的政策转变,即从允许其自治到进行强势统治,从与其和解到武力镇压。我们同时看到了这种政策转变的原因:杰拉尔德家族的自治政策导致了爱尔兰的无政府状态和对英格兰王国的背叛;在外部入侵的威胁下,都铎王朝被迫将爱尔兰的控制权掌握在自己手中或交到代表英格兰王国利益的爱尔兰人手中。

我们能够追溯到的史实证明,17世纪,爱尔兰王国与英格兰王国在商业上存在竞争关系,这加剧了两国间的民族敌意和宗教敌意。斯特拉福德伯爵(Earl of Strafford)②是17世纪一位杰出的英格兰人。他曾说过,英格兰王国以前的贸易体系完全"被海盗破坏了"。他采取了一些有效措施,打压了那些"比斯开船员"(Biscayners)③。爱尔兰王国的对外贸易活动因此受益,增长迅速。

斯特拉福德伯爵曾说过如下一段话:

> 虽然爱尔兰人几乎没有织造厂,但一些规模较小的布匹作坊有发展壮大的趋势。我应该尽快遏制这种壮大的趋势。爱尔兰人

---

① 亨利八世(Henry Ⅷ, 1491—1547)。——译者注
② 即托马斯·温特沃斯(Thomas Wentworth, 1593—1641)。——译者注
③ 指西班牙海盗。——译者注

的行为会损害英格兰布匹贸易的安全发展。如果让爱尔兰人自由生产羊毛布匹，一旦他们的布匹产量激增，那么我们不仅会失去现在通过加工爱尔兰羊毛而获得的利润，还会在海关税收方面蒙受极大的损失。人们可能还要担心爱尔兰人是否会通过低价出售的方式把英格兰人赶出羊毛布匹业。爱尔兰人绝对有能力做到这件事。不过，现在爱尔兰人还不能加工衣物。由于国情，他们即便能做些布匹，也必须到英格兰王国来加工衣物。因此，从某种程度上来说，爱尔兰人的生计当下依然依赖英格兰王国。

斯特拉福德伯爵提议用亚麻布贸易来补偿爱尔兰人：

> 不过，我想到了一种办法能够让爱尔兰人有事可做，那就是把亚麻布的生产及贸易活动带到爱尔兰来。爱尔兰妇女天生都是纺纱能手，爱尔兰的土地又适宜种植亚麻，所以相比其他产业，发展亚麻布产业对爱尔兰王国是有利的。

斯特拉福德伯爵提出的用亚麻布产业补偿爱尔兰人毛织品产业损失的想法在当时是比较合理的。除了没有形成商业规模的、作坊式的饰带产业，爱尔兰的毛织品产业最终没有发展起来。但斯特拉福德伯爵离任后，一种毫无远见的国家政策[①]随即取得了优势。紧随其后的是狂热的英吉利共和国的建立和复辟运动。不久，爱尔兰的生牛就被英吉利共和国拒之门外，甚至爱尔兰王国与北美洲种植园经济区的粮食贸易也被迫停了下

[①] 威廉三世统治时期，英格兰王国对爱尔兰实施了一些惩罚措施，如对出口国外的爱尔兰羊毛征收重税，利用《航海法案》阻止爱尔兰布出口到北美洲种植园经济区等。——译者注

第12章 三国联合

来。爱尔兰人于是转向羊毛产业，开始向法兰西王国和西班牙王国大量供应羊毛。法兰西人操作着使用爱尔兰羊毛的织布机昼夜不停地工作，甚至连敦刻尔克和比斯开的海盗都因此收益颇丰。

由于爱尔兰的食物、羊毛和劳动力都很便宜，大量来自英格兰南部和西部的织布工移居到爱尔兰，很快在都柏林和其他几个城镇建立起繁荣的布匹贸易中心。

英格兰王国从事布匹业的人迅速察觉了这一现象。越来越多的辉格党人要求惩罚爱尔兰的布匹业。因为历史积怨——荷兰人曾与爱尔兰人就亚麻布贸易展开过激烈竞争，所以荷兰人十分憎恨爱尔兰人。威廉三世成了现成的工具[1]。随后，爱尔兰羊毛在出口时被征收重税，《航海法案》被用来阻止爱尔兰布匹出口到北美洲种植园经济区，甚至亚麻布产业——爱尔兰王国唯一的支柱产业也遭到了惩罚。

英格兰王国对爱尔兰王国实施的政策是灾难性的。"毁灭，"莱基说，"将是绝对的、最后的结果。"英格兰王国当时对爱尔兰王国实施的政策重创了爱尔兰的新教徒。成千上万名爱尔兰新教徒不得不前往殖民地求生存。这些爱尔兰人心生怨恨，逐渐成为威胁英格兰王国安全的不稳定因素。还有一部分爱尔兰人前往法兰西王国，通过走私的方式出口爱尔兰羊毛，进一步增强了英格兰王国的强大对手——法兰西王国的实力。当时，英格兰王国针对爱尔兰王国实施的政策对其的经济影响是灾难性的：爱尔兰人被迫从事农业。不久，糟糕的气候导致了饥荒。斯威夫特[2]是爱尔兰王国当时最杰出的作家。他写了大量文章，形象描绘了爱尔兰王国的悲惨境遇。即使是现在，我们在读到他的作品时也会深有触动。斯威夫

---

[1] 威廉三世来自荷兰共和国。——译者注
[2] 即乔纳森·斯威夫特（Jonathan Swift, 1667—1745）。——译者注

特注重现实的写作才能、无情的讽刺、狡黠的机智将爱尔兰王国当时的境遇刻画得入木三分。不过，这些文章除了赢得爱尔兰人的崇拜，没有任何意义。斯威夫特对爱尔兰王国国家政策的认识是深刻的：爱尔兰王国只有依靠本国生产的产品才能实现国家的独立。这一点尽管被人们忽视了，但仍然是两国和解的真正基石。

因此，就在辉格党人通过大量政治技巧让苏格兰王国建立自己的产业、利用英格兰王国的市场影响爱尔兰王国利益时，盲目惩罚爱尔兰王国的政策不期而至，并且影响深远、令人唏嘘不已。残忍和不公正的行为可能会被遗忘，但不断损害国家利益的政策会永远被人们铭记，因为其影响无处不在。爱尔兰王国和英格兰王国的联合主要是为了保障大不列颠岛的安全：爱尔兰王国是英格兰王国的一扇后门，所有对手都曾试图通过爱尔兰王国进入大不列颠岛。不过，如果爱尔兰王国与英格兰王国的联合是必要的，那么国家间的相互补充就应该公正，爱尔兰王国应拥有平等地位和一定特权。国家联合政策的制定不能只是为了一方的利益，只有考虑到双方利益的国家联合政策才能更加长久。值得我们记住的是，在试图与爱尔兰王国建立政治联合前，小威廉·皮特曾试图在财政政策上公平对待爱尔兰王国。1785年，他提出爱尔兰王国与英格兰王国之间应实现自由贸易、互惠互利。他的提议被爱尔兰议会接受，但被英格兰人拒绝了。随后，小威廉·皮特的提议被重新修改，最终损害了爱尔兰王国的利益。修改后的提议被英格兰议会接受，但被爱尔兰人拒绝了。如果最初的提议被双方接受，那么英格兰王国与爱尔兰王国的联合很可能像英格兰王国与苏格兰王国的联合一样受到大家的欢迎。

第13章 和平进程停滞

A STALEMATE PEACE

辉格党是代表商业和制造业的政党,其统治基础是至高无上的国家利益。在基于国家利益制定的国家政策中,保护制造业及"销售市场"的安全、维护海权就成了首要问题。就宗教问题来说,辉格党赞成威廉·佩蒂[①]主张的,不算是十分合理的"容忍异教徒"政策。"一般来说,每个国家的非主流群体都是最勤劳的,对国家财富的贡献也最大。"不过,天主教徒没有资格享有这种宽容政策,因为当时属于天主教国家的法兰西王国是英格兰王国最大的贸易竞争对手。

代表地主和教会利益的托利党——当时地主和教会的利益几乎是一致的——对法兰西王国没有这样的怨恨和不满。英格兰的乡绅喜欢法兰西的红葡萄酒和白兰地酒,并且偶尔能在法兰西王国为富余的玉米找到销路。达文南特[②]写了一本题为《保守主义和商业贸易的分歧》(Toryism and Trade can never Agree)的宣传册,非常轻蔑地引用了据说是卡斯尔梅恩伯爵(Earl of Castlemaine)[③]说过的一句话:"即便没有任何对外贸易活动,英格兰王国也可以生存下来。我们完全没有必要与其他国家开展贸易活动。"

比较政治化的、代表大不列颠商人利益的宣传册作者极力证明对外贸易活动减少后,大不列颠王国国内的货币财富就会增多,土地租金也会随之上升,从而让依赖土地的利益集团相信对法兰西王国发动战争对他们也有好处。代表大不列颠商人利益的宣传册作者说了如下一段话:

> 当与法兰西王国的贸易活动停止时,英格兰王国土地租金会很快上涨;工业生产会得到鼓励;新的生产商每天都会不断

---

① 威廉·佩蒂(William Petty, 1737—1805)。——译者注
② 即查尔斯·达文南特(Charles Davenant, 1656—1714)。——译者注
③ 即罗杰·帕尔默(Roger Palmer, 1634—1705)。——译者注

第13章 和平进程停滞

地涌现；穷人能充分就业；布匹价格也会随之上涨……绅士、农民、贸易商人和生产商很快就能体验到由此带来的巨大好处。

不过，乡绅不太能被这种逻辑或所谓的花言巧语说服。事实上，他们更清楚地意识到，当劳动力被转移时，相比以前，他们平均需要在每英镑的基础上多支付几先令的土地税。为此，乡绅很难认可马尔伯勒公爵耗资巨大取得的胜利。

在这种情况下，托利党高层博林布罗克子爵走上了政治舞台。在为征服加拿大而进行了一次"合法赌博"①后，大不列颠王国最终选择了和平的外交政策。现代历史学家倾向于将《乌得勒支和约》的签订视为明智、温和的政治选择。明智但稍显软弱的莱基虽然谴责了托利党的做法，但对大不列颠王国和法兰西王国签订的《和平条约》（Treaty of Peace）和《商业条约》（Treaty of Commerce）中的条款都很满意。莱基写了如下一段话：

> 有点丢脸的是，在安妮女王执政时期，严重损害托利党利益的措施却被托利党人认为是一种荣耀。博林布罗克子爵意图在大不列颠王国和法兰西王国之间建立高度开放的自由贸易体系。这件事如果成功了，那么无疑会大大促进大不列颠王国的商业繁荣，增加持久和平的可能性。

不幸的是，应该在什么样的情况下才能和其他国家缔结条约，这个问题并没有引起大不列颠王国的注意。为了特定目的，大不列颠王国在特

---

① 指大不列颠王国与法兰西王国争夺加拿大的控制权。——译者注

定条件下签订了《和平条约》和《商业条约》。实际上，在当时的情况下，大不列颠王国不应该与法兰西王国单独签订条约。然而，博林布罗克子爵一意孤行，独自与法兰西人进行谈判，缔结了条约。这两个条约本应该在不损害大不列颠王国与其他国家联盟的利益的情况下才能签订。博林布罗克子爵一方面向荷兰共和国保证，没有荷兰共和国的同意他不会采取任何措施，另一方面积极安排亲信与法兰西王国谈判。为此，博林布罗克子爵任命奥蒙德公爵（Duke of Ormonde）①为前线指挥官，替换了马尔伯勒公爵，并且指示奥蒙德公爵不要与法兰西人作战。虽然马尔伯勒公爵击败了法兰西军队，但奥蒙德公爵拒绝把胜利的消息传回英格兰。从奥蒙德公爵写给法兰西人圣约翰②的一封信中，我们可以看出，大不列颠王国将军——马尔伯勒公爵取得的军事胜利被博林布罗克子爵无视到了何种地步：

> 欧根亲王（Prince Eugene）③和荷兰共和国提议要正面攻击法兰西人，如果这样做太危险，那么可以围攻勒凯努瓦（Le Quesnoy）。博林布罗克子爵担心很难掩饰他反对一切攻击提议的真正原因，因为没有任何借口可以拖延大不列颠王国和荷兰共和国的军事行动。所有军队和重型大炮都将在星期六到达或运至指定地点。

随后，事情变得更加糟糕。为打败大不列颠王国的盟友——荷兰共和国，奥蒙德公爵与法兰西的维拉尔④元帅通信商议。听说欧根亲王准备出

---

① 即詹姆斯·巴特勒（James Butler, 1665—1745）。——译者注
② 即圣约翰·喇沙（St.John Baptist de La Salle, 1651—1719）。——译者注
③ 即弗兰茨·欧根（Franz Eugen, 1663—1736）。——译者注
④ 即克洛德·路易·赫克托尔·德·维拉尔（Claude Louis Hector de Villars, 1653—1734）。——译者注

奥蒙德公爵詹姆斯·巴特勒

迈克尔·达尔（Michael Dahl, 1659—1743）绘

其不意攻击法兰西的某个城镇时，奥蒙德公爵立即向博林布罗克子爵报告道："我认为应该找到一些合适的方法向维拉尔元帅提出一些建议，这样将来他就很可能会认为是我们协助他取得了胜利。"对这件事，即使后来大不列颠王国与法兰西王国之间的自由贸易带来的巨大好处也难以抹去大不列颠王国荣誉上的这个污点。

大不列颠王国与法兰西王国单独缔结《和平条约》之事最终尘埃落定：大不列颠王国的士兵一边咒骂着奥蒙德公爵和博林布罗克子爵，一边闷闷不乐地待在军营中，毫无脸面面对自己的盟军——荷兰军队。后来，有些士兵干脆去荷兰军队中服役，还有些人不得已退出了军队。一想起马尔伯勒公爵的辉煌时代，大不列颠王国士兵的眼中就会充满泪水。有人说大不列颠王国厌倦战争，这种说法在政治上有着充分的理由。财政大臣牛津伯爵(Earl of Oxford)①曾写过以下内容：

> 大不列颠王国臣民绝对会支持和平而不是战争。他们对战争早已怨声载道，和平措施如果被进一步拖延，那么很有可能会激怒他们。到时候，下议院即便想要转变政策，也无法向大不列颠王国臣民交代。大不列颠王国臣民都知道不必要的拖延已经让他们损失了数十万英镑……因为在此期间，商人停止了活动，不再出入港口开展贸易。

值得记住的是，在这场背叛行为中，伦敦商人并无不当行为：为了国家的荣誉和利益，商人往往比政治家更可靠。

---

① 即罗伯特·哈利 (Robert Harley, 1661—1724)。——译者注

第13章 和平进程停滞

那么，基于国家利益的国家荣誉到底是什么？从国家利益的角度找寻国家政策的根源可能会被认为是一种不光彩的行为。我不能忽视这一事实，即大不列颠王国的玫瑰虽然扎根在大不列颠王国的土壤中，却是在阳光下成长起来的。国家政策的路线应该靠利益来决定，而国家荣誉必须取决于国家利益的实现情况。国家荣誉是一个国家的更高利益，并且国家荣誉依赖于一个国家对邻国的信任和本国臣民的信用。一个国家如果背离了国家荣誉，那么也就等于降低了过去和未来所有条约和联盟的可信价值，降低了国民在世界上的地位。一个国家的对外承诺通常服务于其直接利益：直接利益应该与总体利益保持一致。也就是说，大不列颠王国的国家荣誉建立在国家利益的基础之上。

博林布罗克子爵不希望别人知道是他主导签订了《和平条约》。他认为，大不列颠王国臣民普遍存在厌战情绪，并且托利党在议会中占有多数席位，这些足以使他渡过难关。但有一个难题一直无法解决：商人始终不愿意再"进入港口"开展贸易活动。大不列颠王国的商人是在国家利益的基础上组织起来的，是国家各行各业的领导者。当时，几乎所有商人、织布业行会和公司都不赞成大不列颠王国和法兰西王国签订《商业条约》。不过，莱基认为这样的条约才是安妮女王统治时期的荣耀所在。

大不列颠王国与法兰西王国签订的《商业条约》，当时被称为两国的"自由贸易"条约。这项条约使大不列颠王国与法兰西王国相互间获得了最惠国待遇。依照《商业条约》，当法兰西商品进入大不列颠王国市场时，法兰西商人需按照新的关税税率缴纳税款。新关税税率与1664年的关税税率相差无几。虽然莱基说"某些类别商品"的关税税率可以在未来谈判中再次商议，但并没有提到这些商品应该包括大不列颠王国生产的布匹，这也是迄今为止大不列颠王国出口量最大的商品。此外，大不列颠王国与法兰西王国签订的《商业条约》使之前的《梅休因条约》自动废止。大不列颠王国因此面临巨大危险，并且仅仅依靠莱基的断言绝对证明不了"大不列颠王国毛织品在法兰西王国将获得巨大市场，获得的利润会远远超过大不列颠王国与葡萄牙王国之间所有贸易活动的利润总和"。

就制造业来说，当时的法兰西王国是大不列颠王国的强大竞争对手。人们认为，法兰西王国当时的人力成本较低，因而在竞争中具有明显优势。另外，法兰西人拥有栗子等大量价格低廉的食物，生活成本和工资水平比大不列颠人要低得多。大不列颠王国制造商提供的大量数据可以证明这一观点。如果我们现在有理由怀疑制造商的观点，那是因为法兰西王国废除了《南特敕令》，后来大不列颠王国的机械也获得了一定程度的发展，这些因素影响了两个国家工业发展成果的对比状况。不过，后来发生的事情在当时都是难以预知的。

于是，大不列颠王国的商人组织起来，走上街头游行示威，反对签订《商业条约》。议会也进行了热火朝天的讨论。即使是现在，人们仍然可以读到当时的宣传资料。一方是代表伦敦众多公司的商业组织，即大不列颠王国的商人联盟；另一方是支持自由贸易的商人——大多数人认为笛福是其主要宣传者，这部分人代表了博林布罗克子爵和阿瑟·穆尔[①]的观点。

大不列颠王国的商人联盟并不满足于仅仅就《商业条约》的具体内容进行争论。他们深入探讨问题的根源，阐述了大不列颠王国的商业原则，并且重申了国家保护主义的基本原则："大不列颠王国首要的也是最好的市场主体就是大不列颠王国的民众。"

1713年6月9日，下议院开始了内部辩论。当时，议会委员会审议了

[①] 阿瑟·穆尔（Arthur Moore, 1666—1730）。——译者注

第13章 和平进程停滞

一项法案。这项法案涉及《商业条约》中第八条和第九条何时生效的问题。阿瑟·穆尔代表博林布罗克子爵在下议院发言。"阿瑟·穆尔似乎是博林布罗克子爵在这个问题上唯一咨询过的人。人们怀疑阿瑟·穆尔存在腐败行为,并且他毫无政治影响力。"

我们可能会同意下议院的观点,不是因为大家熟知的理由,即阿瑟·穆尔是"狱卒莫纳汉[①]的儿子",而是出于阿瑟·穆尔对这件事情的得失所做的考虑。影响他做决定的是《阿西索合约》(Assiento Contract)。这份合约给了南海公司(South Sea Company)在西印度群岛的一部分贸易特权。《阿西索合约》也是大不列颠王国与法兰西王国签订的《和平条约》的一部分。阿瑟·穆尔当时是南海公司的一名董事。不过,不久前南海公司曾指责他进行过有损公司利益的秘密贸易活动。总而言之,阿瑟·穆尔这位有进取心的爱尔兰人的"先进观点",无论给现代自由贸易者留下了多深的印象,都不可能说服那个时代稍显偏执、愤世嫉俗的大不列颠王国的臣民。

与阿瑟·穆尔、博林布罗克子爵的观点相反的是大不列颠王国有组织的商业组织。土耳其公司(Turkey Company)、与葡萄牙和意大利进行贸易的公司,以及所有毛织品和丝绸制品公司的代表,争先恐后出现在议会中,陈述了此后与法兰西王国的贸易活动将给大不列颠王国带来的巨大伤害。结果没有一个议员回应这些代表的说法,甚至也没有议员说明大不列颠王国与法兰西王国之间的自由贸易会带来什么好处来反驳他们的说法。显然,在这件事上,大不列颠王国政府没有征询过任何一个商业组织的意见。

接下来,我们需要引述一下廷德尔[②]的文字,来进行补充说明:当大

[①] 即莫纳汉·穆尔(Monaghan Moore,生卒年不详)。——译者注
[②] 即尼古拉·廷德尔(Nicolas Tindal,1687—1774)。——译者注

不列颠王国商人给阿瑟·穆尔的陈述书出现在负责对外贸易和北美洲种植园经济区的官员面前时，"阿瑟·穆尔，这个没有受过任何教育、从一个男仆做起、逐渐成长为一个了不起的商人的人，也是财政大臣宾利男爵(Baron Bingley)①最信任的人……立即把陈述书拿走了，之后再没有将陈述书带回来，而是交给了博林布罗克子爵。博林布罗克子爵把陈述书带到了巴黎。问题在巴黎得到了处理。"

根据议会议事录的说法，下议院首先听取的是库克②的发言。库克是一名商人。他代表黎凡特公司发表了长篇演讲。演讲内容论据充足，非常有说服力，充分表明了与法兰西王国开展的自由贸易活动将对大不列颠王国的毛纺织业、丝绸业，以及几乎所有分支行业造成多么不利的影响。1713年6月10日，"在西班牙、意大利和葡萄牙等地从事贸易活动的商人，以及伦敦织布商"递交了请愿书。其中，有一人发言十分放肆。"一些法庭成员提出要谴责他"，但斯坦诺普③、莱奇米尔④男爵、彼得·金⑤爵士和约翰·史密斯⑥说"除非给商人充分的言论自由，否则下议院永远不可能对事情的重要性做出正确判断。我们不希望有人为了大不列颠王国的贸易问题挺身而出却受到追责。"这一原因，再加上大量商人代表在下议院展现出的高尚斗争精神，使托利党议员和辉格党议员全部站了出来为此人辩护。最终，法庭成员决定不再追究此事。之后，怀亚特⑦代表在意大利从事

---

① 即罗伯特·本森（Robert Benson, 1676—1731）。——译者注
② 即小伊莱沙·库克（Elisha Cooke Jr., 1678—1937）。——译者注
③ 即菲利普·斯坦诺普（Philip Stanhope, 1673—1726）。——译者注
④ 即尼古拉·莱奇米尔（Nicholas Lechmere, 1675—1727）。——译者注
⑤ 彼得·金（Peter King, 1669—1734）。——译者注
⑥ 即约翰·史密斯（John Smith, 1657—1726）。——译者注
⑦ 即约翰·怀亚特（John Wyat, 1700—1766）。——译者注

第13章 和平进程停滞

贸易的商人发言；米尔纳爵士[1]代表在葡萄牙从事贸易的商人发言；勒库克斯[2]代表伦敦织布工发言。事实上，关于《商业条约》中第八条和第九条何时生效的法案，只有阿瑟·穆尔为其进行了辩护，"但他的论据不充分"，就连他所属政党都拒绝接受他的说法。

托利党领袖托马斯·汉默爵士[3]认为，贸易商和生产商的说法有一定道理。关于《商业条约》中第八条和第九条何时生效的法案最终未被议会通过。该项法案如果通过了，那么"将对大不列颠王国的羊毛制品和丝绸业造成极大伤害，进而会增加穷人的数量，并且最终影响整个大不列颠王国的土地收益。"事实上，商人纯粹是通过辩论的方式说服了土地权益拥有者。当时，人们十分信赖托马斯·汉默爵士。他的意见直接左右着该项法案的讨论结果。最终，该项法案以一百九十四票的反对票比一百八十五票的赞成票——大多数政府成员和苏格兰议员投票支持该项法案——遭到否决。大不列颠王国政府惊慌不已。牛津伯爵甚至建议放弃讨论关于《商业条约》中第八条和第九条何时生效的法案，认为该项法案肯定会被上议院否决。"不管怎么说，"博耶尔[4]说，"因为该项法案被否决，伦敦的布匹加工商、绸缎加工商和织布工欣喜若狂。1713年6月19日星期五晚，他们举行篝火活动和烟火表演，以此表达内心的欣喜之情。"

关于《商业条约》中第八条和第九条何时生效的法案最终被否决，这标志着博林布罗克子爵时代的终结。虽然博林布罗克子爵可能是当时最杰出的演说家和最聪明的政治家之一，知道如何迎合爱国民众和安妮女王的

---

[1] 即威廉·米尔纳爵士（Sir William Milner，1696—1745）。——译者注
[2] 即彼得·勒库克斯（Peter Lekeux，1649—1723）。——译者注
[3] 托马斯·汉默爵士（Sir Thomas Hanmer，1677—1746）。——译者注
[4] 即亚伯·博耶尔（Abel Boyer，约1677—1729）。——译者注

想法，一直被当时甚至是现在的英国人认为是最坚强的人，但在维护国家荣誉和忠于国家利益方面，他是彻头彻尾的失败者。随着大不列颠王国逐渐重视个人品格而不是演讲口才，博林布罗克子爵再没能恢复以往的职位。后来，博林布罗克子爵逃到了法兰西王国，躲过了弹劾。不久，沃波尔[①]上台执政，开始替博林布罗克子爵收拾残局。

  沃波尔的长期执政建立在农业利益和商业利益的和解上，而农业利益和商业利益的和解正是由《商业条约》之争促成的。

[①] 即罗伯特·沃波尔（Robert Walpole，1676—1745）。——译者注

第14章 查塔姆伯爵

CHATHAM

英国历史上看不见的手：从玛丽一世到乔治五世

现在，我们即将走近英国历史上有着最杰出人物的辉煌时刻了。不过，要了解老威廉·皮特主张的国家政策的特征，我们还必须了解他生活的时代背景、面对的问题及困难。

大不列颠王国起初认为，自己能够在汉诺威王朝控制的区域进行贸易活动是件幸运的事。这既是因为汉诺威王朝控制了汉堡、施塔德和埃姆登，还因为汉诺威王朝给大不列颠王国提供了一个反抗和抵御波旁家族威胁的盟友。当汉诺威王朝试图将不来梅纳入其领土时，毫无疑问是因为大不列颠王国希望在波罗的海地区拥有一个商业和海权的开拓基地。然而，汉诺威王朝此举附带有对大不列颠王国不利的条件。汉诺威王朝有时会要求大不列颠王国承担汉诺威地区的防卫责任，这使大不列颠王国有时和汉诺威王朝的利益交换行为得不偿失。汉诺威平原虽然遥远，但处于法兰西王国的野心范围之内，并且其难以对法兰西王国采取有效的军事防御措施。大不列颠王国想要的只是进入神圣罗马帝国的市场，但被几位乔治国王强迫去保卫其内陆[①]，并且需要负担起相应的费用。大不列颠王国很不喜欢汉诺威王朝的大陆政策。大不列颠王国就像童话故事中的美人鱼一样，不得不用脚代替鱼尾，痛苦地拖着身体走过那些丑陋和陌生的地方。在奥地利、法兰西和德意志数不尽的阴谋和战争中，大不列颠王国的海洋控制权和海上利益逐渐被抛到了脑后。

沃波尔执政时依赖的城乡联盟不是很牢固。他一直尽力巩固自己的执政地位，遵守着与法兰西王国签订的《和平条约》。他采取的国家政策以国内生产为基础，这也是大不列颠王国的传统国家政策。他没有依靠腐败手段来执政，否则不可能找不到一丝痕迹。沃波尔之所以能够得到人们

[①] 乔治一世、乔治二世和乔治三世除了是大不列颠王国的国王，还是汉诺威的统治者。为了维护汉诺威的利益，他们经常对抗欧洲大陆的其他国家。——译者注

第14章 查塔姆伯爵

的支持，是因为他没有改变大不列颠王国的传统国家政策。不过，他一定知道他依赖的与法兰西王国签订的《和平条约》并不稳定，因为该条约使大不列颠王国和波旁家族之间存在的所有问题悬而未决。这些问题如果得不到解决，那么双方就不可能获得安宁。大不列颠王国与西属美洲之间的确存在着走私贸易。我们为这种走私贸易的正当性寻求理论基础当然是不光彩的，但严酷的现实容不得我们过多地考虑走私贸易是否符合道德要求。西班牙王国得到了法兰西王国的秘密支持，决定重罚大不列颠王国的走私者。大不列颠王国处境艰难，要么与西班牙王国开战，要么接受惩罚。沃波尔长期忽视海军建设，不能维护大不列颠王国至高无上的国家利益和国家荣誉，只能被迫下台。

随后，卡特里特[①]成功走上政治舞台。一提到英勇无畏的卡特里特，大不列颠人就会特别自豪。不过，人们有时会怀疑他是否能够真正理解大不列颠王国的国家利益这个概念。他和当时的大不列颠国王[②]一样，也是一个以欧洲大陆为中心的政治家。卡特里特对福克斯[③]说了以下一段话：

> 我认为你应该制订一些远大计划，把欧洲各国的君主耍得团团转，从混乱中寻找可能对我们国家有利的事情。谁是法官，谁是主教，和我有什么关系呢？我要巧使妙计，决定谁当哪个国家的国王或皇帝，维护欧洲的势力平衡。

[①] 即约翰·卡特里特（John Carteret，1690—1763）。——译者注
[②] 即乔治二世（George Ⅱ，1683—1760）。——译者注
[③] 即史蒂芬·福克斯（Stephen Fox，1627—1716）。——译者注

卡特里特最终还是失败了，没能像弗雷德里克·诺斯[①]勋爵和老威廉·皮特那样，看到国家力量的平衡实质上是海军力量和贸易力量的平衡。卡特里特一心扑到欧洲事务上，最终失去了民心。相比之下，老威廉·皮特十分清楚法兰西王国和大不列颠王国之间的战争结果取决于大不列颠王国能否控制北美殖民地、印度和地中海附近地区，其中，北美殖民地对大不列颠王国的国家实力意义重大。

老威廉·皮特为何会有这种远见？这是一个无解的问题，就像问济慈[②]或莎士比亚[③]如何找到写诗的灵感一样。人类的潜力无限，能够转化万物，正如可以让外科学徒成长为诗人一样，也可以让庸人成长为精明的政治家。老威廉·皮特继承了英国历史上一脉相承的传统，即以国家利益为基础制定国家政策。老威廉·皮特能够从当时的宣传手册和国家报刊中发现清晰的、有逻辑的关于大不列颠王国国家利益的叙述内容。他非常清楚大不列颠王国的利益所在。伦敦城有大量商业公司，这些公司的职员全是大不列颠人，并且所有人发誓要为公共利益服务。伦敦城也是一所政治技能培训"学校"。老威廉·皮特无疑继承了祖父[④]在伦敦城的一些人脉关系，其成就来源确实可以在他收到的、来自伦敦城商人的信中找到些许线索，如西印度群岛"制糖业之王"威廉·贝克福德、伦敦市议员塞尔[⑤]、巴斯的艾伦[⑥]等。伦敦城商人信任老威廉·皮特，支持他对抗王室、宫廷党（Court Party）、纽卡斯尔公爵[⑦]及比特伯爵。那些精明的商人，表面上说要拓展

[①] 弗雷德里克·诺斯（Frederick North, 1732—1792）。——译者注
[②] 即约翰·济慈（John Keats, 1795—1821）。——译者注
[③] 即威廉·莎士比亚（William Shakespeare, 1564—1616）。——译者注
[④] 即托马斯·皮特（Thomas Pitt, 1653—1726）。——译者注
[⑤] 即斯蒂芬·塞尔（Stephen Sayre, 1736—1818）。——译者注
[⑥] 即拉尔夫·艾伦（Ralph Allen, 1693—1764）。——译者注
[⑦] 即托马斯·佩勒姆-霍利斯（Thomas Pelham-Holles, 1693—1768）。——译者注

第14章　查塔姆伯爵

大不列颠王国的对外贸易，实际上是想通过拥护老威廉·皮特来实现自身的商业利益。这些商人很幸运，因为他们遇到了老威廉·皮特这样一位杰出的人物。他们相信、追随并热情地崇拜老威廉·皮特。我用的这些词听起来可能很可笑，但毫不夸张。

当时，大不列颠王国遭受了或者说自认为遭受了法官、大臣和政客带来的巨大痛苦。在相对开明的时代，人们可能无法相信法官是个不受欢迎的群体。对这种非同寻常的偏见，我们甚至可以追溯到爱德华一世[①]统治时期。为了赢得臣民的支持，爱德华一世甚至将当时的一名首席法官施以绞刑。这位殉难者被指控的罪名是腐败。在那个时代，腐败就像巫术一样，都被认为是重大犯罪。爱德华三世统治期间，固执己见的下议院上书请愿，认为法官不能被授予各郡骑士的头衔，因为法官会利用职位优势做出不当裁决，大部分情况下只会考虑服务对象和自己的利益，对广大民众的利益不屑一顾。这种偏见甚至一直持续到了18世纪。

老威廉·皮特对法官也有这种莫名其妙的厌恶情绪。这可能是因为法官很容易受到政治家的影响，经常使老威廉·皮特不能安心处理政事和行使权力，也可能是因为老威廉·皮特对法官充满蔑视，他认为法官的行为让人们对法律失去信心，让本来简单的事情变得更加复杂。在一次不怎么重要的议会会议中，老威廉·皮特将矛头直指默里[②]。他说："我现在必须对法官说几句话。法官人数虽少，但个个都像匕首一样，仅靠寥寥数语就可以决定别人的生死。"听到这些话后，默里十分激动。老威廉·皮特停顿了一下，继续说"费斯特斯法官（Judge Festus）总有一天会理解我说的话。"还有一次，他突然把所有法官说成"威斯敏斯特大厅里臃肿的毒蜘蛛"。

[①] 爱德华一世（Edward Ⅰ，1239—1307）。——译者注
[②] 即曼斯费尔德伯爵（Earl of Mansfield）威廉·默里（William Murray，1705—1793）。——译者注

在那个时代，大部分人认为政治家应该受到诅咒而不是祝福——我们祖辈的偏见竟然达到了这种程度。当然，这种貌似奇怪的观点是有一定道理的。现在的下议院掌握在像埃利班克男爵①这样值得信赖的公仆管理的核心委员会手中，与之相对的是，当时的下议院受一两个大家族的影响较大。当时的议员不会受到公共资金的腐蚀，这虽然听起来不可思议，但的确是事实。这并不是因为当时的议员不接受贿赂，而是因为贿赂议员使用的是私人资金。通过行贿，纽卡斯尔公爵控制了五十名议会议员，不包括苏格兰人。据说，纽卡斯尔公爵的大部分财产都用在了这一不光彩的事情上，尽管没有任何记录表明他曾为此向我们国家的潜在对手募集过钱财。在纽卡斯尔公爵生活的时期，大不列颠王国的执政者总是遵循着一条原则，那就是"大多数政治工作几乎不需要什么能力就可以完成"。这条原则今天听起来一定很奇怪，因为我们现在总是挑选最优秀的人去做政治工作。因为这条原则，老威廉·皮特一直找不到立足之地，并且议会议员一直不允许他掌权。后来，大不列颠王国陷入了非常危险的境地。也只有在这样的情况下，那些政客才开始担心国家利益，更确切地说是担心自己的出路。我们可以这样理解，老威廉·皮特就像格列佛（Gulliver）一样，被一群俾格米人用编织出来的无数条带子绑在地上，动弹不得②。然而，不得不说，在这个能够证明老威廉·皮特能力的时代，他尽管患有痛风，并且脾气暴躁、缺乏一定政治技巧，但最终还是获得了管理大不列颠王国的权力。

我们已经看到，法兰西王国正尽力扶植国力日渐衰微的西班牙王

---

① 即亚历山大·威廉·查尔斯·奥利芬特·默里（Alexander William Charles Oliphant Murray, 1870—1920）。——译者注

② 出自《格列佛游记》。格列佛到达的小人国充满尔虞我诈。此处用格列佛在小人国的处境来代指老威廉·皮特当时的处境。——译者注

第14章　查塔姆伯爵

国，利用西班牙王国庞大的殖民地支撑法兰西王国在海上日益增长的实力。法兰西王国制造的精美商品和马赛的区位优势使法兰西王国逐渐占据了黎凡特的商品市场。黎凡特曾处于威尼斯的统治下。法兰西王国在加拿大的疆域和布雷顿角的防御工事使其控制着木材贸易，以此支撑其航运业的发展。法兰西王国控制着西班牙王国和地中海地区价值巨大的渔业贸易。法兰西王国还从事毛皮贸易，以维持其制帽业在欧洲大陆的垄断地位。法属西印度群岛[①]几乎控制了除英格兰王国以外的所有欧洲国家的糖料供应。法兰西王国在印度日益增长的军事力量同时威胁到了英格兰东印度公司和荷兰东印度公司。

不过，我们还是需要看一下当时法兰西王国在欧洲的势力范围，才能真正认识到其巨大威力。法兰西王国掌控着莱茵河口，控制着神圣罗马帝国的南部。1748年，在大不列颠王国和法兰西王国签订《亚琛条约》（Treaty of Aix-la-Chapelle）前夕，法兰西军队正在入侵荷兰。瑞典王国和丹麦王国是法兰西王国的盟友。波旁王朝还和那不勒斯王室、丹麦王室建立起亲密的关系。1756年，法兰西王国破坏了奥地利大公国和大不列颠王国的联盟。此时，大多数人认为法兰西王国已成为一个世界帝国。通过建立联盟，法兰西王国控制了奥斯坦德（Ostend）、纽波特（Nieuport）和布鲁日。法兰西王国的军队入侵汉诺威，夺取了埃姆登港，从海上包围荷兰共和国。大不列颠王国布匹贸易在神圣罗马帝国北部的大仓库汉堡，以及在莱茵河流域的仓库荷兰省岌岌可危。很早以前，伯利男爵威廉·塞西尔就告诉过伊丽莎白，荷兰是英格兰王国领地的安全前沿。1750年，老威廉·皮特说过同样

[①] 1492年，西班牙殖民者最早控制西印度群岛。17世纪至18世纪，法兰西王国、大不列颠王国和荷兰共和国参与瓜分西印度群岛内各岛屿。众多岛屿几经易主，所以存在法属、西属等说法。——译者注

的话：" 如果荷兰人被打败、神圣罗马帝国皇帝[1]被赶走，那么我们的国家……一定会屈服，对手可以随心所欲地向我们提出任何要求。"随着梅诺卡岛(Minorca Island)的丧失，大不列颠王国在地中海陷入了绝望的境地。执政第一年，老威廉·皮特的权力受到了多重限制。他甚至提出用直布罗陀海峡的控制权来换取梅诺卡岛和西班牙王国的中立。

正是在这种情况下，大不列颠王国上下一致反对纽卡斯尔公爵执政，并且要求老威廉·皮特上台执政。伦敦城，这个由来已久的国家政策大本营，支持老威廉·皮特采取措施对抗大不列颠王国宫廷势力和纽卡斯尔公爵控制的政府。老威廉·皮特激发了土地利益集团对伦敦的忠诚。他发出的呼吁触及了大不列颠王国爱国主义的核心。"皮特的计划及他明确表示的不分党派的爱国意识，唤醒了人们对公共事务新的热情。'土地利益集团不再沉溺于声色犬马。'格洛弗[2]说：'他们积极履行议会职责，在辉格党新领导人、英勇的汤森[3]的领导下，公开支持老威廉·皮特。'"

老威廉·皮特坚持的基于国家利益的国家政策有大不列颠王国作后盾，还有"一个愿意无私奉献的下议院。下议院权力很大，国王做任何事情都需要征求下议院的意见"。

老威廉·皮特采取的政策是大不列颠王国传统国家政策适应世界帝国新形势发展的需要。尽管大不列颠王国卷入了与欧洲大陆各方势力的争端，如与普鲁士、汉诺威及意大利各地势力都发生过战争，但其主要计划仍然是从源头上打击法兰西王国的世界贸易。大不列颠王国的第一次重大胜利是夺取了法属西非。这一区域为法兰西王国提供了丰富的象牙和染

---

[1] 即弗朗茨一世 (Francis I, 1708—1765)。——译者注
[2] 即理查德·格洛弗 (Richard Glover, 1712—1785)。——译者注
[3] 即乔治·汤森 (George Townshend, 1724—1807)。——译者注

第14章 查塔姆伯爵

料,以及为法属西印度群岛的甘蔗种植园提供了大量奴隶。老威廉·皮特这样做主要是因为他听取了一位贵格会商人的建议。由于这是一场没有流血的胜利,这位贵格会商人的良心因此得到了宽慰。此外,老威廉·皮特的朋友——伦敦市议员塞尔向他提出了大量有益的建议。不过,老威廉·皮特很清楚法兰西王国力量的主要源泉在北美洲。因此,把法兰西王国赶出北美大陆应该是大不列颠王国国家政策的主要目标。

众所周知,大不列颠王国后来便开始了征服北美洲的历史进程。在这一段时期内,大不列颠王国经历了一系列史诗般的重大事件。关于博斯科恩[1]和桑德斯爵士[2]、阿默斯特[3]男爵、何奥[4]伯爵和沃尔夫[5]的事迹,我们不必细说了。然而,从他们的实践中,我们应记住一条实用格言,那就是战争的策划者需要首先制定出战争的主要原则,并且根据是否有热情、有精力和是否足够年轻来选择指挥者。与拿破仑[6]一样,老威廉·皮特不是很相信那些年龄比较大的人。

老威廉·皮特对国家行政管理的一腔热情有力地鼓舞着大不列颠王国的士兵在战场上奋力拼杀。此外,他还改革了海军部,重建海军及陆军,极大地鼓舞了军队的士气。为进行防卫,大不列颠王国甚至在一些地方部署了德意志雇佣兵。当某支探险队启航时,枪炮、弹药和补给都是他关心和焦虑的事情。只要某件事对大不列颠王国的战略有所贡献,这件事就绝不是无关紧要的小事。他对对手的精准打击源于精益求精的选择和准

---

[1] 即休·博斯科恩(Hugh Boscawen, 1707—1782)。——译者注
[2] 即查尔斯·桑德斯爵士(Sir Charles Saunders, 1715—1775)。——译者注
[3] 即杰弗里·阿默斯特(Jeffery Amherst, 1717—1779)。——译者注
[4] 即理查德·何奥(Richard Howe, 1726—1799)。——译者注
[5] 即詹姆斯·沃尔夫(James Wolfe, 1727—1759)。——译者注
[6] 即拿破仑·波拿巴(Napoléon Bonaparte, 1769—1821)。——译者注

备。无论一件事多么合乎法理，他都不会轻易冒险去做。他一定要做足准备和计划，确保这件事一定能够取得成功才去做。

　　囿于本书的篇幅，我们不再详细叙述老威廉·皮特的成就。不过，我们必须注意到，他在法属西印度群岛获得的成就与征服加拿大具有同等重要的意义。法兰西王国曾从法属西印度群岛的甘蔗种植园获取了巨额财政收入。现在，因为失去西印度群岛大量岛屿的控制权，法兰西王国损失惨重，国家财政入不敷出。大不列颠王国将法属西印度群岛的收益收入囊中，并且由此控制了欧洲的糖料贸易。他的这些成就正是在朋友——伦敦商人的鼓励下取得的。仅在瓜德罗普岛（Guadeloupe），大不列颠王国第一年就通过控制糖料贸易获取了价值四十二万五千英镑的利润，此外还获得了一个繁荣的制成品市场。就地理位置来说，瓜德罗普岛的战略价值也毫不逊色。不久，克莱武①男爵和库特爵士②接连取得了军事胜利。法兰西王国彻底输掉了对印度的控制权。大不列颠王国不断取得胜利，走向世界指日可待了。

　　不过，总有人想破坏伟人取得的成就。1761年9月，老威廉·皮特发现犹豫已久的西班牙王国最终决定加入法兰西王国和奥地利大公国组建的"家族盟约（Family Compact）"。凭着对战争的本能感知，他建议大不列颠王国先发制人，否则大不列颠王国有可能会遭受打击。然而，政界人士和那些尸位素餐的官员对这种想法恐惧至极。老威廉·皮特说："我向战战兢兢的议会委员会提交了立即宣战的建议。"根据截获的情报，他认为，西班牙王国正在等待其珍宝船队到达加的斯（Cádiz），不会主动攻击大不列颠王国。他计划夺取这支船队，出其不意地给予西班牙王国一次致命打击。

---

① 即罗伯特·克莱武（Robert Clive, 1725—1774）。——译者注
② 即艾尔·库特爵士（Sir Eyre Coote, 1726—1783）。——译者注

第14章　查塔姆伯爵

老威廉·皮特的同僚就是否夺取西班牙王国的珍宝船队这一提案组织了三次内阁会议(Cabinet Council)进行辩论。不过，每一次内阁会议都否决了该提案。老威廉·皮特和坦普尔①随即辞职。三个月后，西班牙王国的珍宝船队顺利抵达加的斯。此时，大不列颠王国发现自己只能被迫向西班牙王国宣战。后来，比特伯爵执掌的大不列颠王国政府背叛了其盟友普鲁士王国，同时放弃了自己取得的部分成就。比特伯爵结束了与普鲁士国王腓特烈大帝(Frederick the Great)②的联盟，理由是腓特烈大帝不愿达成和平。大不列颠王国随即与法兰西王国进行了秘密的单独谈判。正如为比特伯爵作传的一位优秀传记作家所说，他面临的最大麻烦是"大不列颠王国军队取得的一连串胜利"。我们知道，在大不列颠王国军队取得这些胜利前，老威廉·皮特早已针对法兰西王国制定出了相应的协议条款。与这些条款相比，比特伯爵执掌的大不列颠王国政府与法兰西王国签订条约中的相关条款对大不列颠王国十分不利。瓜德罗普岛(Guadeloupe)、马提尼克岛(Martinique)、玛丽-加朗特岛(Marie-Galante)和圣卢西亚岛(St.Lucia)又回到了法兰西王国的控制下。在西印度群岛，法兰西王国占据了更加强大的地位。最糟糕的是，法兰西王国重新控制了纽芬兰渔场。老威廉·皮特认为纽芬兰渔场是法兰西王国海上力量的秘密源泉。因此，他一直坚定不移地对纽芬兰渔场采取控制政策。纽芬兰渔场是法兰西王国国家财富的主要来源之一，也是法兰西王国海员的中转站。夺取纽芬兰渔场等于剪掉了波旁"参孙"③的头发。老威廉·皮特曾说过，为确保纽芬兰渔场的安全，他宁愿在

---

① 即理查德·格伦维尔-坦普尔(Richard Grenville-Temple, 1711—1779)。——译者注
② 即腓特烈·威廉二世(Frederick William II, 1744—1797)。——译者注
③ 参孙是《圣经》中的大力士，头发是他的力量之源。因头发被剪，力量全失，参孙被对手打败。此处，伊恩·科尔文将法兰西王国比作大力士参孙，而纽芬兰渔场是其"头发"，即力量之源。——译者注

北美殖民地再战斗六七年。然而，大不列颠王国现在束手就擒，使法兰西王国轻松地再次控制了纽芬兰渔场。

以上这些事情是让大不列颠王国的国家荣誉受损更多，还是让大不列颠王国的国家利益受损更多，我们已无法回答。如果治国有道，那么国家的荣誉和利益是一体的。大不列颠王国维持与普鲁士王国的联盟是荣誉问题，而促成这一联盟实现的根本原因是利益问题。对普鲁士王国的背叛也是对大不列颠王国国家利益的背叛，破坏了大不列颠王国的国家荣誉。大不列颠王国不得不与真正的对手联合，同时遭到真正的盟友的厌恶。

这次背叛国家利益的行为很快就带来了严重后果。法兰西王国在西印度群岛的贸易份额中一枝独秀，这比其他任何理由都更能诱使北美洲殖民者放弃对大不列颠王国的忠诚。大不列颠王国试图要求其在北美洲的殖民者服从自己的统治，但徒劳无功，因为此时拥有强大海军力量的法兰西王国立即进行了干预。正是由于政客的背信弃义和懦弱无能，大不列颠王国失去了其最好的帝国疆域。

现在，我们来谈谈老威廉·皮特在北美殖民地地位大争论中所起的作用。在这场争论中，他或多或少被人误解了。他是个重商主义者，不甘心放弃旧英格兰[①]对制造业的垄断和对贸易政策的控制，也不愿答应新英格兰[②]发展制造业的请求。富兰克林[③]提议，希望大不列颠王国取消对北美殖民地制造业的所有限制。结果没有得到老威廉·皮特和辉格党的支持。老威廉·皮特也不重视北美殖民地在西印度群岛的商业利益。在这方面，他秉持相对狭隘的观点。然而，在税收这个小问题上，他完全赞成与北美

---

① 指大不列颠岛上的英格兰。——译者注
② 指北美洲东海岸地区，即今美国东北角，毗邻加拿大的区域。——译者注
③ 即本杰明·富兰克林（Benjamin Franklin, 1706—1790）。——译者注

第14章　查塔姆伯爵

洲殖民者协商。他采纳了切斯特菲尔德伯爵在给儿子[①]的一封信中写得最好的一句话："我从来没有见过一个任性的孩子能够通过鞭打被纠正过来。"老威廉·皮特说："我不想让我的国家从一个怜爱"孩子"[②]的母亲变成一个恶毒的继母。我们在北美殖民地的贸易活动每年能带来两百万英镑的收入，而印花税 (Stamp Duty) 估计一年不过带来十万英镑的收入。我决不会仅仅为了获得十万英镑的税款就损失掉庞大的贸易收入，或者让北美殖民地人民承受损失巨大贸易收入的风险。"

老威廉·皮特和切斯特菲尔德伯爵一样明智，绝不会杀鸡取卵。不过，他的愿望仅仅是把北美殖民地像家禽一样关在围栏里为伦敦城商人"下蛋"吗？如果这就是他对那些新兴的大不列颠王国附属联邦的设想，那么他拥有的天赋将毫无意义，大不列颠王国附属联邦的未来就不值一提。这样的话，大不列颠王国及附属联邦的稳定就不可能出现。这样的设想不会允许现在看起来年轻、强大的国家[③]当初能够从农业国发展到工业国，从原料生产地发展到商品生产制造地。

现在，有人相信限制北美殖民地制造业的发展就是老威廉·皮特的帝国概念。1766年，他做了一场关于印花税的著名演讲，其中包含对北美洲殖民者父亲般的慈爱和对他们正在进行的事业的支持。不过，演讲中的某些内容不合逻辑：

> 北美殖民地是大不列颠王国的亲生子，不是私生子。北美殖民地的议员代表着北美殖民地的利益，一直拥有行使宪法赋

[①] 即菲利普·斯坦诺普（Philip Stanhope, 1694—1773）。——译者注
[②] 指英属北美十三殖民地。——译者注
[③] 指美国。——译者注

予的自由处置自己财富的权力。如果不是这样，那么北美殖民地绝不会拥有任何权力。同时，作为最高的统治者和立法基地，大不列颠王国一直按照国家法律、贸易法规、航行法规、制造业法规，通过各种限制措施来统治北美殖民地。未经北美洲殖民者同意，我不会从他们的口袋里拿走他们的钱财。

老威廉·皮特还说了以下一段话：

如果尊贵的利特尔顿[①]男爵提出的观点正确——对大不列颠王国的北美洲殖民者不再执行《航海法案》和其他监管法案，并且经过合理的推算，这种做法能够促进利益互惠，还能够促进整个大不列颠王国的繁荣发展，那么在场的任何人，无论之前对大不列颠王国的北美洲殖民者存在多少偏见，都绝不会抵制或者粉碎北美洲殖民者所做的任何努力和尝试。

我认为，大不列颠王国对北美殖民地采取的各种统治措施实际上限制了北美殖民地制造业的发展，这种做法是武断的。对大不列颠王国的"亲生子"——北美殖民地来说，生产权力被剥夺确实是件很难接受的事，因为制造业的发展是北美殖民地人民赖以生存的生命线。不过，在大不列颠王国议会里，北美殖民地无权发声。老威廉·皮特的确声称有权向北美殖民地征税，但与大不列颠王国国内税收状况相比，两者间的区别绝不像人们想象的那么巨大。

---

① 即乔治·利特尔顿（George Lyttelton，1709—1773）。——译者注

第14章 查塔姆伯爵

很难相信，像老威廉·皮特这样有远见、对北美殖民地抱有强烈同情的政治家会满足于限制北美殖民地制造业发展的做法。当然，他知道当时北美殖民地的制造业不可能很强大，并且希望通过保障北美殖民地与西印度群岛间的贸易活动来消除走私贸易对北美殖民地的诱惑。不过，他那富有建设性和逻辑性的头脑绝不会满足于这样的权宜之计。他一定看得更远，并且意识到了大不列颠王国的对外贸易和制造业不可能永远只由议会来管理。对此，我们找到了相关证据。1773年10月24日，在给谢尔本伯爵（Earl of Shelburne）①的信中，老威廉·皮特写了这样一段话：

> 我希望大不列颠王国政府要有足够的智慧和仁慈，提出一个令人满意的替代方案，给北美殖民地一些宪法许可的议会代表名额，而不是冒险发动一场不公正和不切实际的战争。

关于如何分配大不列颠王国议会中北美殖民地的代表名额，我们在关于老威廉·皮特的两个文件中找到了相关方案：北美殖民地在下议院可以拥有五十名议员的席位，在上议院可以拥有十名议员的席位；议员由其地方议会选举产生。大不列颠王国绝没有区别对待北美殖民地。不过，当时这种方案在多大程度上可行是另一个问题。由于整个自治机构等级制度的问题，以及北美殖民地民族主义的发展，我们现在几乎可以肯定这种方案根本行不通。

不过，老威廉·皮特可能会默许一个类似的、更可行的计划，即组建内阁或帝国议会。在该计划中，大不列颠王国和所有自治领都应该在平等

---

① 即前文提到的威廉·佩蒂。——译者注

的基础上选派各自的代表组建内阁或议会。这可能是一个无限接近行政机构的机构，拥有从制宪会议获得的权力，不受议会公开辩论的挟制。这样的机构在大不列颠王国的殖民地会议中已有萌芽，也许可以解决大不列颠王国的自由和统一问题。然而，在如何建立一个自由和统一的帝国这个问题上，18世纪的大不列颠王国犯了灾难性错误。

我们如果总结一下老威廉·皮特的政策，那么就会发现他制定的国家政策是一种基于国家利益的政策。他让托利党代表的乡绅和辉格党代表的商人走到了一起，从而消除了两党纷争。这种基于国家利益的政策力图在海权的基础上建立一个强大、独立的大不列颠帝国，并且旨在摧毁波旁王朝的霸主地位，因为波旁王朝的霸主地位不仅威胁到了大不列颠王国在欧洲的商品市场，还对大不列颠王国的世界市场构成了挑战。为对抗波旁王朝，老威廉·皮特想方设法打击其在加拿大和西印度群岛的国家财富来源，竭尽全力阻断其海军力量源泉。他虽然深知欧洲陆地战场也十分重要，但还是寄希望于大不列颠王国的海军，重点攻击波旁王朝的海军及支持者。在政策的实施过程中，他主要依靠伦敦城众多公司和商人的支持，深知他们当时代表着先进的生产力，代表着大不列颠王国的根本利益。

第15章 海军政策

NAVAL POLICY

我们如果一直往前追溯，那么就会回到英格兰王国还没有建立海军的时代，如亨利六世[①]统治时期，还有英格兰人被禁止将商品运到海外的时期，如爱德华三世统治时期。中世纪时期，汉萨同盟用尽一切手段来执行"只用汉萨同盟船、只载汉萨同盟货物"的政策，并且傲慢地垄断了英格兰人在北海开展的贸易活动。汉萨同盟击沉英格兰的船、摧毁英格兰人在贝尔根的商人定居点，以及封锁英格兰的港口，以加强这一贸易政策的执行力度。玫瑰战争期间，汉萨同盟经常对英格兰港口实行封锁。例如，在逃往佛兰德斯时，爱德华四世被当时封锁林恩 (Lynn) 的神圣罗马帝国的船队追捕。当时，林恩是英格兰东海岸的主要港口之一。

在很长一段时间内，众多英格兰国王满足于从德意志人手中购买船。通过对厄勒海峡的占领，德意志人控制着英格兰海军建设的原料产地。德意志人通常充当英格兰王室的银行家、铸币人和收税人。因此，英格兰王国的政治权力、海军权力都掌握在德意志人手中。中世纪时期，英格兰王国尝试摆脱德意志人剥削的斗争从未间断，这种斗争的规模有时甚至非常宏大。在写到玫瑰战争时，一位来自但泽的编年史作家说："英格兰人支持任何反对德意志商人的政党。"

《英格兰王国政策批评词》(Libel of English Policy) 的作者是英格兰第一位政治经济学家，但绝不是不重要的政治经济学家。在亨利六世统治的黑暗岁月里，这位作者写道，英格兰人应该在英吉利海峡驻扎强大的海军来遏制神圣罗马帝国的强权。当时，德意志人想要得到食盐，就必须通过布列塔尼 (Brittany)。英格兰人可以在此拦截他们。

---

① 亨利六世 (Henry VI, 1421—1471)。——译者注

第15章 海军政策

> 我们与德意志人已不可能成为朋友。
> 如果选择在海上突袭他们,
> 那么我们一定能赢。

显然,这位作者主张的是一种保护政策,一种发展海权的政策,并且重心在于发展海权。

> 把大海变成我们的城墙吧!
> 这样的英格兰王国,
> 上帝会亲自保佑。

只有建立在国家利益基础上的强权政策才是确保和平的最佳手段。"发展海上强权最终会带来和平。"发展海上强权应该成为英格兰王国的国家政策。

> 我们如果没有办法阻止货物从陆路运到德意志人手中,
> 那么还可以牢牢控制海路,
> 让他们的海上线路行不通。
> 我们应该阻止他们,
> 我们应该毁灭他们,
> 我们应该像对待囚犯一样激怒他们。
> 我们应该打击这些残暴的对手。
> 对这些对手有怨言的,
> 我们应该争取与其成为朋友。

> 换句话说，我们应该控制英吉利海峡，封锁佛兰德斯，只有这样，我们才可以让整个欧洲获得和平。

这位来自15世纪的无名英格兰诗人，这位现实中的梦想家，他的想法引人深思，与我的观点不谋而合。这位无名诗人悲哀地俯视着一片荒尘中的国家：英格兰王国的海军被出卖；政治家被贿赂；穷人变成了外国高利贷和外国商人的牺牲品。除了哀叹现实，这位无名诗人还利用高超的语言能力追溯了欧洲贸易是如何在英吉利海峡汇合的发展史。这位无名诗人还认识到，英格兰王国的国家政策必须建立在经济独立和海权上。他甚至预见到了马汉[①]的到来，并且提前一百年奠定了重商主义政策的基础。但这位无名诗人得到的荣誉实在太少了，我们甚至遗忘了他的名字，这绝对是我们国家历史上的一桩悲剧。

然而，英格兰人想要打败德意志人，将面临重重困难。德意志人控制着黄金的开采，控制着海军发展所需物资的来源。匈牙利王国和波希米亚王国的金矿及波罗的海地区的木材、亚麻、大麻和沥青等都掌握在德意志人手中，这一切使德意志人坚不可摧。

为了打破垄断，爱德华六世统治时期，英格兰人成立了莫斯科公司，并且通过阿尔汉格尔斯克路线成功地实现了海军补给的独立供应。当时，制作欧洲金币的黄金来自西印度群岛。虽然德意志人控制了西印度群岛，但英格兰人可以通过海上开采活动获得同样成色的黄金。另外，伊丽莎白统治时期，英格兰人前往北美洲，寻找、开发木材和沥青的替代品。随后，英格兰人又在北美洲大力发展金属产业和帆布制造业，开始建

[①] 即阿尔弗雷德·赛耶·马汉（Alfred Thayer Mahan, 1840—1914）。——译者注

第15章 海军政策

造自己的船。从此，英格兰王国不再从吕贝克购买军舰。英格兰的海军力量第一次建立在本国坚实的经济基础上。

英格兰海军的主要任务是确保英格兰王国布匹贸易的销售市场。汉萨同盟制定的政策旨在用神圣罗马帝国的船把英格兰布匹运到佛兰德斯。于是，都铎王朝采取措施，让布匹贸易活动牢牢掌握在商业探险家同盟手中。英格兰海军的主要任务之一就是护送运送英格兰布匹的船前往埃姆登或汉堡。德意志人认为，他们可以依靠其中立政策和西班牙王国的保护运送货物。即便德意志人的船人手不足、装备不全，也可以轻松将英格兰人赶出整个贸易系统。德意志人的船队非常庞大，但人手极少，有时只有几个技术并不熟练的年轻孩子在掌舵，并且没有装备任何火炮。与之相对的是，英格兰人的船队，无论是商人组织的船队，还是伊丽莎白组织的船队，都装备了足够的火炮，配备了大量武装人员。只要汉萨同盟能够真正保持中立，那么德意志人的贸易策略就可以取得成功。但不幸的是，伊丽莎白发现了汉萨同盟与西班牙王国之间存在违禁品贸易，便命令弗朗西斯·德雷克立刻发动攻击。短暂交锋后，弱小的神圣罗马帝国海军舰队和大量货船就成了英格兰人的战利品，被带到了英格兰王国的海事法院（Admiralty Courts）受审。因此，弱小、成本相对低廉的商业体系最终会被强大但花费相对较高的商业体系驱赶出海洋商业体系。

荷兰人也反对汉萨同盟，并且通过艰苦的战斗和勇敢的航行最终夺取了海上霸权。他们成功地贿赂了丹麦王国，让丹麦王国在厄勒海峡给予他们一些优惠条件，并且把英格兰商人赶出了俄罗斯，从而确保了对食品杂货生意的实际垄断。同时，荷兰人垄断了英格兰东印度公司的贸易项目。荷兰人的策略非常成功。他们因此逐渐变得非常富有。不过，荷兰共和国的税收名目繁多，同时荷兰人很贪婪，后来他们被迫通过节省海军开支来节省资金。

荷兰人的政策既狡猾又愚蠢。他们试图用法律准则取代海军力量，并且聘请律师撰写关于海洋自由的书籍。荷兰人没有认识到，只有建造更多的军舰、生产更多的枪炮和弹药才能维护这种自由。17世纪初，格劳秀斯提出了"公海自由"（Mare Liberum）的概念，宣扬公海自由的运动自此开始。公海自由的概念曾让英格兰的法学家钦佩之至。这个概念主张公海应该对所有人开放，尽管当时荷兰人正竭尽所能封锁印度洋，阻止英格兰的商业公司进入该地区。作为回应，约翰·塞尔登[1]提出了爱国的"领海主权"（Mare Clausum）概念，但詹姆斯一世担心这种说法可能会冒犯岳父丹麦国王[2]。当时，詹姆斯一世因欠丹麦国王大量债款，于是发布命令，禁止发行约翰·塞尔登的书籍。

荷兰人试图使商品比生命更神圣。英格兰的自由主义历史学家和辉格党历史学家对此深表同情。加德纳说了以下一段话：

> 在使公海自由法律化的进程中，荷兰共和国起了带头作用。最终，荷兰共和国的主张得到了欧洲其他国家的赞同。1650年，英格兰王国与西班牙王国签订条约。其中，有些条款体现了公海自由的原则，即两国对公海上的敌国货物应持中立立场，违禁品除外。然而，在与西班牙王国签订的条约中插入这些条款时，英格兰王国根本就没有考虑荷兰共和国的权威及其国际法规方面的意见。英格兰王国的做法证明了英格兰王国的法院只是将所谓的公认学说简化为可接受的实践活动，但英格兰王国的做法

---

[1] 约翰·塞尔登（John Selden, 1584—1654）。——译者注
[2] 1589年，詹姆斯一世迎娶了丹麦国王腓特烈二世的女儿丹麦的安娜。——译者注

第15章 海军政策

对荷兰共和国的贸易活动造成了严重的破坏。同时，很有可能的是，荷兰共和国如果不同意英格兰王国的做法，那么其商业活动肯定会遭到更加严重的破坏，否则海牙的政治家绝不可能允许英格兰王国的主张不受质疑地获得通过。

加德纳承认自己对以下这些事情的无知：

第一，荷兰海军已陷入"低效状态"。

第二，英格兰商人被用"武力和欺诈的方式"赶出了东印度群岛。

第三，荷兰人已从丹麦王国那里获得了在波罗的海厄勒海峡的优势地位，"这一优势伴随着丹麦王国的一项声明得到了确认，即任何其他国家都不会获得类似的优势"。

荷兰人之所以宣扬公海自由，主要是为了便于和交战双方开展贸易活动，同时可以节省大量军费。这项"仁慈的政策"如果得以实施，那么肯定会损害英格兰王国的利益。不过，英格兰当时的执政者是克伦威尔，而不是爱德华·格雷。克伦威尔立即颁布《航海法案》予以回应。

《航海法案》的内容并不新颖，但与之前不同的是，英格兰人在执行《航海法案》时非常严格，这在荷兰人看来是件新奇的事。《航海法案》和其他鼓励英格兰人开展海上贸易的奖励法迫使荷兰人不得不对英格兰人宣战。"金山之国"与"铁山之国"随即爆发了战争。战争给实力相对较弱的荷兰人带来了巨大灾难。荷兰人因贪婪和短视而受到了惩罚。约翰·德·维特做了如下评价：

荷兰人就是这样，除非危险降临，否则绝不愿花一分钱去加强防卫。荷兰人在该省钱的地方大手大脚，在该花钱的地方却常常吝啬、小气。

"荷兰共和国拒绝从逆境中吸取任何教训，海军管理仍然粗枝大叶，军队内部腐败盛行，军费开支大幅下降。在西班牙王位继承战争中，荷兰舰队表现得一塌糊涂"，甚至出现了"英格兰人每损失一艘军舰，荷兰人肯定会损失五艘军舰"的局面。更糟糕的是，这种损失比例"让人们普遍认为只有使用英格兰王国的船运送货物才更加安全"。

荷兰共和国曾是海上强国。它的衰落无疑是其自由贸易政策的必然结果。荷兰共和国忽视本国制造业，极度依赖其他国家的工业生产。托马斯·芒明智地指出了荷兰共和国的这一根本弱点。虽然当时荷兰共和国仍然是区域霸主，但托马斯·芒把它比作一只到处借羽毛来打扮自己的小鸟，"一旦其他鸟索取之前借给它的羽毛，那么这只鸟马上就会赤身裸体、动弹不得"。托马斯·芒补充道："荷兰船的设计受贸易影响较大，过多考虑装载量，不太注重防卫功能。"荷兰最杰出的政治家约翰·德·维特曾警告荷兰人自由贸易危害极大，但徒劳无功，"英格兰布匹在进入荷兰共和国时完全不用缴税，在荷兰共和国境内，英格兰商人享有的自由和免税特权甚至比荷兰人还要多"。约翰·德·维特指出，国家力量应当建立在本国的制造业基础上，而不应以对外贸易为基础。

我们知道，此前，佛兰德斯、布拉班特和荷兰省的许多居民是依赖制造业、渔业和给大量往来船提供服务维持生活的。当时，属于汉萨同盟商人的伊斯特林人是唯一的海上商品运输者和

第15章 海军政策

水手来源。后来，也有很多来自其他地方的商船船主逐渐被荷兰人的制造业、渔业和大量往来的船吸引，最终放弃了海上贸易活动及那些伊斯特林人，转而选择在荷兰共和国谋生。

由此得出的结论是，正如海军实力一样，制造业实力也是商业力量的重要源泉，忽视这一基础的国家将无法维持其上层建筑。

荷兰共和国的衰落证明了以上观点。在捍卫自己的海外贸易和海上商业帝国的强大根基消失后，荷兰共和国仍然试图继续从事海外贸易、维护其帝国体系，这样的行为是绝对不会成功的。

英格兰王国采取了相反的政策。英格兰王国立足于自己的制造业，将航运业当成附属行业来发展。商业探险家同盟拥有足够数量的船，能够将英格兰布匹运到外国港口出售，并且将其交换所得带回国内。负责运送货物的船全副武装，同时配备了训练有素的军事人员来保护沿途开展的贸易活动。英格兰王国不相信产品价格是对外贸易是否获利的关键因素。与之相反，英格兰王国相信低廉的商品价格在强大的国家实力面前不值一提。

事实最终证明了英格兰王国这一观点的正确。《航海法案》实施初期，英格兰王国对外贸易的数量和利润可能的确有所减少，但英格兰商人相互联系并形成了强大的国家组织，并且后来英格兰本土海员源源不断地参与进来。荷兰共和国为本国船配备了外国海员，但英格兰王国坚持本国船必须由英格兰人操控。英格兰王国愿意承担这些成本，因为只有这样，国家才会不断强大，对比优势才会不断累加。

至于成本问题，英格兰王国有自己的解决办法。英格兰王国生产的布匹和其他产品很多都是其他国家的日常必需品。另外，英格兰王国可以自由规定，这些商品必须由英格兰的水手驾驶英格兰的船进行运输。荷兰人没有类似的产业，只能从事部分贸易活动，先在国外市场上买到某种商品，然后将其从一个港口运输到另一个港口。贸易活动不是财富的根本来源，仅仅是交换的手段而已。荷兰共和国在贸易中所处的地位是脆弱的、不稳定的。当其他国家的海上力量足够强大、能够进行自主贸易活动时，荷兰共和国除了耍阴谋、搞腐败和运输违禁品，别无他法。由此可见，正是荷兰法学家提出的航运自由和商品贸易自由最终导致了荷兰共和国的毁灭。然而，这些政策曾备受加德纳和某些现代政治家的钦佩和推崇。

法兰西王国效仿英格兰王国，发展国内制造业，同时开展对外贸易活动，并且由此建立了强大的海军。随后，法兰西王国利用其强大的国力，破坏荷兰共和国和英格兰王国的商业制度。18世纪下半叶，荷兰共和国的商业体系完全成了法兰西王国的附庸。此时的大不列颠王国因为拥有强大的海军，不仅可以对抗法兰西王国，还可以镇压殖民地的起义。荷兰共和国却只能与法兰西王国和美洲开展违禁品贸易。这种贸易当然有利可图，但贸易模式岌岌可危。一旦违禁品贸易被禁止，荷兰共和国除了冒险一战，毫无应对之策。

荷兰共和国采取的国家政策建立在廉价商品的基础上。在激烈的国家竞争中，这种政策可能是最糟糕的国家政策。荷兰共和国还不舍得将从事贸易活动的船抽调出来建造海军。后来，尽管荷兰共和国与几乎所有欧洲列强联手，共同对抗大不列颠王国，但狮子[①]的爪子只需轻轻一挥，荷兰共和国这样的"罂粟花"就会立即化为尘土。

回想1780年12月20日大不列颠王国对荷兰共和国宣战时的情景，我们可以更加深刻地理解以上结论。当时，大不列颠王国和法兰西王国、西班

[①] 指大不列颠王国。——译者注

第15章 海军政策

牙王国及美洲殖民地的联合军队剑拔弩张。北方联盟 (League of the North) ——俄罗斯帝国、普鲁士王国、丹麦王国、瑞典王国和荷兰共和国——决心联手捍卫海牙主张的航行自由和商品贸易自由。大不列颠王国迫不得已,只能对法兰西王国和美洲殖民地采取封锁措施。当时,几乎所有在美洲殖民地有利益关系的欧洲国家都联合了起来,力图打败大不列颠王国。大不列颠王国单枪匹马,能依赖的只有本国的海军。在这样的形势下,荷兰共和国当然会认为自己是绝对安全的。

然而,大不列颠王国在生产能力、经济独立和海军实力上表现强势,勇敢地对抗北方联盟,最终迫使北方联盟各国签署了持久的和平协议。北方联盟要求"航行自由",也就是说,可以利用中立国船与交战各方进行自由贸易。大不列颠王国则坚持伊丽莎白很久以前对汉萨同盟大使提出的主张。

伊丽莎白的主张就是法学家瓦特尔[①]提出的主张,即"如果在中立国的船上发现了敌国物品,那么根据战争权,其效力等同于发现了敌国的船"。伊丽莎白拒绝只扣押违禁品,也不允许敌国的贸易活动由其他国家代为进行。大不列颠王国勇敢面对强权,并且最终依靠强大的海军消灭了对手。

大不列颠王国实施的对外政策被现代诡辩家提升到了道德层面。这些诡辩家极力主张所谓的道德观念,即在战场上,商品比生命更神圣,或者至少比士兵的生命更神圣。这一观点可能是由某个计较得失的商人提出来的。除了只考虑得失,这一观点在道德层面上或其他任何层面上都没有基础,这对所有人来说是件显而易见的事情。既然战争对"上帝的气

[①] 即艾默瑞奇·德·瓦特尔(Emmerich de Vattel, 1714—1767)。——译者注

息"——生命的毁灭，都是可以接受的，那么人的财产、劳动成果为什么不能被破坏？商品比生命更神圣的观点又是建立在什么道德标准上？实际上，商品与生命哪个更重要的问题是一个政策问题，而不是道德问题。商品比生命更神圣的观点明显是海上强国充分利用自身强权制定的政策。

　　荷兰共和国与大不列颠王国北美殖民地的违禁品贸易中心是圣尤斯特歇斯岛（Saint Eustatius）。这个岛上的贸易带来了巨大的海上贸易额。乔治·布里奇斯·罗德尼（George Brydges Rodney）男爵称它为"世界上最大的商场"。实际上，圣尤斯特歇斯岛的大部分区域是含铁量极低的山区，整个岛上只驻扎五十五名士兵。在圣尤斯特歇斯岛及邻近的一些岛屿上，乔治·布里奇斯·罗德尼男爵缴获了一百五十艘走私船和大量货物。这些走私船和货物，连同岛上的店铺，总价值不低于四百万英镑。此外，荷兰共和国的一支西印度群岛船队也被俘获了。这支船队包含三十艘大型船，但仅有一艘非常简陋的军舰护送。当然，这笔巨大的财产全部落入大不列颠王国手中。

　　夺取圣尤斯特歇斯岛的财产触动了伯克[①]的敏感神经。莱基认为，"应当强烈谴责此事"。因为在此次事件中，大不列颠王国扣押大批船和货物的行为只是看似符合交战国战争权的相关规定，其实大不列颠王国扣押的大批船和货物并不全部属于违禁品。我不是精通相关法律的律师，分不清运送的货物是否真的属于违禁品。因此，我们只能这么认为，当时查处的货物全部属于违禁品。当时，圣尤斯特歇斯岛上的事情纷繁复杂，并且岛上的财产的确属于敌国或者要运往敌国。我们为什么要指望这些诚实的大不列颠王国海军士兵能对如此琐碎的细节分得那么清？在圣尤斯特歇斯岛，英格兰人战果累累。正如莱基所说："这一打击可能是荷兰共和国遭

[①] 即埃德蒙·伯克（Edmund Burke，1729—1797）。——译者注

第15章　海军政策

受的最可怕的打击之一。"荷兰共和国的殖民地德梅拉拉(Demerara)、埃塞奎博(Essequibo)、伯比斯(Berbice)、尼加帕坦姆(Negapata)、苏门答腊(Sumatra)和亭可马里(Trincomail)相继被占领；荷兰共和国的商业体系也随之被摧毁。荷兰共和国的商业体系建立在国家间相互宽容和虚无缥缈的法律基础上，这与真正的强权并不匹配。历史上发生的事实再次证明，没有国家强权保护，国家财富永远不可能长期保存下去。

那些哀叹大不列颠王国实施的对外政策太过苛刻的人最好反思一下，我们的国家财富正是在大不列颠王国的强权保护下才取得的。荷兰人也是用武力从西班牙人和其他人手中夺取了大量财富。不过，某个国家在强盛时期取得的财富在国家衰落时还能继续完好无损，并不是什么合理的事情。实力衰弱的财富拥有者总是试图用法律条文代替强权来保护自己的财富，但强权的继承者绝不会尊重阻碍他们获取大量财富的那些法律条文。我们暂且不管利用强权获取国家财富的做法是否道德，但没有强权就不可能获取国家财富是历史留给我们的教训。

与荷兰共和国不同，法兰西王国的海上实力建立在国内制造业的基础上。正因如此，就大不列颠王国的敌对国家来说，法兰西王国比其他国家要强大得多。除了强大的军事力量，法兰西王国还竭力在欧洲大陆推行其商业体系。法兰西王国的商业、政治影响力延伸到了西班牙、意大利、德意志南部和荷兰。大不列颠王国则继续保有原汉萨同盟城镇、葡萄牙的部分地区，以及地中海的某些岛屿和要塞。

法兰西国内工业需要的大部分原材料来自东印度群岛、西印度群岛、布雷顿角和加拿大。因此，大不列颠王国能够从工业源头、海上交通方面打击法兰西王国，而首当其冲的便是纽芬兰渔场。法兰西王国依靠纽芬兰渔场培训水手，为船队提供食物，并且为其与西班牙王国的贸易活动提供了大量贸易产品。法兰西王国和大不列颠王国都很清楚，两国的国家强权都依赖于对纽芬兰渔场的占有。为此，法兰西王国雇用了近三千艘船和一大批训练有素的水手去抢占纽芬兰渔场。1761年，在与法兰西人进行和平谈判时，老威廉·皮特说"为获得纽芬兰渔场，我宁愿在北美殖民地再继续战斗六七年。如果在不能获得纽芬兰渔场的情况下就与法兰西人签署和平条约，那么我肯定会死不瞑目。如果真是这样，那么我因痛风而肿胀的右手将会恢复如初，拿起武器，继续与法兰西王国战斗。"舒瓦瑟尔公爵（Duke of Choiseul）[①]的态度同样坚决，说"纽芬兰渔场是最好的渔场"，并且坚决拒绝放弃对其的权利主张。正是对纽芬兰渔场的权利分歧，导致了法兰西王国和大不列颠王国和平谈判的失败。

加拿大的木材和毛皮资源同样重要。木材可以为法兰西王国的海军造船厂提供原材料，而毛皮可以为法兰西王国生产的衣服、帽子等商品提供原材料。同时，就热带地区的贸易活动来说，西印度群岛成为法兰西王国主要的产品来源地。

以上经济因素决定了七年战争（Seven Years' War）的总体战略形式。老威廉·皮特计划利用大不列颠王国的商业体系打击法兰西王国。大不列颠王国在欧洲大陆采取的行动也不是纯粹的军事行动，而是一场争夺大不列颠王国布匹贸易主要集散地指挥权的斗争。

法兰西王国只要继续坚持独立的生产政策，那么就会一直坚不可摧。但不幸的是，法兰西王国出现了一批哲学家，他们攻击基于国家利益的国家政策，鼓吹普遍流行的自由贸易主义。根据与大不列颠王国签订的《伊登条约》（Eden Treaty），法兰西王国最终背离了国家制造业的利益。大不

---

① 即艾蒂安·弗朗索瓦（Étienne François, 1719—1785）。——译者注

舒瓦瑟尔公爵艾蒂安·弗朗索瓦

路易-米歇尔·凡·卢（Louis-Michel van Loo，1707年3月2日至1771年3月20日）绘

列颠王国廉价的布匹、棉织品、丝织品的入侵引发了法兰西王国的经济危机，最终导致了法兰西大革命。法兰西大革命严重影响了法兰西王国的海军建设。在加拿大，法兰西王国也损失惨重。法兰西王国的海军力量最终被严重削弱，而大不列颠王国赢得了极大的海上优势。除了这一优势，大不列颠王国还拥有大量一流的、具有高超才能的海军士兵。我们甚至可以这样说，当时即便西班牙王国与法兰西王国联手对抗大不列颠王国，大不列颠王国也完全有能力击败这两个国家。

在欧洲大陆，拿破仑所向披靡。他四处打击大不列颠王国的商业体系，试图重塑法兰西王国与大不列颠王国的势力平衡。在两国随后的战争中，大不列颠王国快速机动的海盗船发挥了极大的作用，正如现在德意志帝国的潜艇扮演的角色一样。法兰西共和国的海上政策非常失败，18世纪末，"海上甚至没有一艘商船悬挂的是法兰西共和国的国旗"。

另外，大不列颠王国虽然损失了许多船，但从此垄断了世界贸易，从中获得了丰厚利润。因此，大不列颠王国的总财富几乎没有明显的损失。据估算，大不列颠王国大概只有百分之二的船被法兰西人损毁，但贸易垄断大大增加了大不列颠王国的货运量和交易总额。正如拿破仑所说，法兰西人不得不使用征服欧洲大陆获得的利益来弥补海洋上遭受的损失。法兰西人驱赶了荷兰的奥兰治家族（House of Orange），再次胁迫荷兰人卷入了对抗大不列颠王国的战争中。汉堡和不来梅暂停了与大不列颠王国的所有贸易活动。拿破仑的胜利接踵而至：从埃姆登到的里雅斯特（Trieste），欧洲几乎所有港口都关闭了与大不列颠王国的贸易大门。

汉堡是大不列颠王国和法兰西王国陆权和海权冲突的中心。自伊丽莎白统治时期以来，汉堡一直是大不列颠王国布匹在北欧的大仓库。汉堡还是商业探险家同盟的主要贸易中心。在汉堡从事商业活动的商业探险家同

第15章 海军政策

盟公司后来转变为汉堡公司，在原汉萨同盟区域的商业活动中占据着主导地位，正如当年汉萨同盟的施蒂尔亚德公司在伦敦占据的地位一样。

当法兰西军队进入比利时(Belgium)和荷兰，关闭安特卫普和阿姆斯特丹的港口，禁止大不列颠王国的船进入时，大不列颠王国商人却仍然能在汉堡成功地开展大量贸易活动。"虽然街道上没有灯光，路面也不平整，但当时商人的盛宴简直可以和当年卢库鲁斯(Lucullus)[①]举办的盛宴媲美。现在还会有人说，你可以在苏格兰吃早餐，在法兰西喝几口酒，但一定要来汉堡用晚餐。在汉堡以外的欧洲任何地方，你都不可能从任何一个商人那儿订购到三十二种葡萄酒，并且都是上等品。"汉堡几乎算得上一座大不列颠王国城市。大不列颠王国的船挤满了汉堡的码头；大不列颠王国制造商的货物堆满了汉堡的仓库；当地的商人坐在大不列颠王国制造的椅子上、睡在大不列颠王国制造的床上、在大不列颠王国制造的桌子上用餐。汉堡的英文周报《汉堡通讯》(Hamburgischer Correspondent)是大不列颠王国在欧洲比较有影响力的报刊之一。汉堡的街道上挤满了反对共和制的法兰西保王派。

拿破仑很快就意识到汉堡是大不列颠王国北欧商业体系的中心，这一清晰的认识促使他在该地实施了新的政策。早在1798年2月23日，拿破仑就向法兰西共和国的督政府报告说，在与大不列颠王国的竞争中，有四条路线可以实施：第一，尝试武力入侵；第二，夺取汉诺威和汉堡；第三，远征黎凡特；第四，如果所有这些都做不到，那么就与其缔结和平条约。

1800年底，拿破仑实现了部分计划，建立了包括俄罗斯帝国、瑞典王国、丹麦王国和普鲁士王国在内的第二次武装中立联盟(Second League of Armed Neutrality)。不过，在建立第二次武装中立联盟时，拿破仑找的借口是共同防

[①] 古罗马将军和执政官，后期离开政坛，过着奢靡豪华的生活。他因举办奢华的宴会而闻名。——译者注

御大不列颠王国。第二次武装中立联盟借鉴了荷兰共和国很早就提出的"中立船贸易自由政策"。第二次武装中立联盟的第一条规定，中立国船可以享有在交战国海域自由航行的权利；第二条规定，中立国船可以自由运送属于交战国各方的货物；第三条定义了"严格封锁"的概念；第四条和第五条则限制了搜查权和扣留权。这些条款也预示了1856年的《巴黎海战宣言》(Paris Declaration on Naval War) 和1909年的《伦敦海战法规宣言》(London Declaration Concerning the Laws of Naval War) 的颁布。第二次武装中立联盟的目的没有改变，仍然是削弱大不列颠王国的海军力量。

第二次武装中立联盟导致的部分结果是将这些欧洲大国与大不列颠王国对立起来。大不列颠王国海军不会束手就擒。因此，第二次武装中立联盟的缔约国只能被迫对大不列颠王国采取封锁措施。就这样，拿破仑巧妙地使这些国家加入了排挤大不列颠王国商业体系的计划。沙皇保罗一世[①]将第二次武装中立联盟强加于根本不愿意配合的俄罗斯商人身上。1801年3月29日，丹麦军队进入汉堡，并且宣布对英国关闭易北河口岸。几天后，丹麦军队以同样的目的占领了吕贝克。普鲁士军队占领了汉诺威和不来梅，并且关闭了威悉河 (Weser) 口岸和大量其他贸易口岸。英国对此的回应是武装巡航波罗的海的厄勒海峡，并且武力攻击哥本哈根 (Copenhagen)。

在纳尔逊[②]将军的炮火面前，第二次武装中立联盟毫无意义。几个星期后，丹麦军队撤出汉堡。普鲁士军队不久也撤离了不来梅。1801年6月，俄罗斯帝国与英国签署了一项海上公约。

1803年，法兰西共和国和英国再次发生战争。拿破仑意图重新执行之前的计划。他迅速夺取了汉诺威和汉堡的控制权，之后与普鲁士王国商

---

① 保罗一世 (Paul I，1754—1801)。——译者注
② 即霍雷肖·纳尔逊 (Horatio Nelson，1758—1805)。——译者注

第15章 海军政策

议，如果普鲁士王国同意执行他提出的海岸体系计划，那么他将以普鲁士领地自治权作为回报。

普鲁士王国拒绝了拿破仑的提议，随后耶拿战役 (Battle of Jena) 爆发。由于普鲁士王国战败，原汉萨同盟城镇被迫向法兰西征服者开放。汉堡拒绝与普鲁士王国结盟，更倾向于法学家提出的维持中立的政策。在拿破仑面前，这些政策都是徒劳的，汉堡将是他的囊中之物。

1806年11月21日，拿破仑颁布了《柏林法令》(Berlin Decrees)，宣布封锁大不列颠群岛，并且禁止英国与欧洲大陆进行贸易活动。

莫蒂埃[①]受命指挥法兰西帝国大军第八军占领汉堡、不来梅和吕贝克。他还奉命解除当地居民武装，占领库克斯 (Cuxhaven)，封锁河流口岸以防英国人逃跑。莫蒂埃下达命令，抓捕所有英国人，没收英国人的房屋和商品。"不用详述大家肯定也看出来了，这次行动的重点是解除英国人的武装和逮捕所有英国人，甚至包括在德意志经营了二十年的英国银行家。" 1807年1月23日，拿破仑正式下令，没收在原汉萨同盟各城镇缴获的所有英国本土生产的商品和殖民地生产的农产品。

为了应对这些敌对措施，英国立即颁布了枢密令，对法兰西帝国及盟国实施反封锁的措施。但英国的主要目标是迫使欧洲大陆各国放弃封锁，购买英国的商品。英国制定这样的政策不仅是为了建立起自己的封锁线，也是为了迫使对手放弃他们的封锁线，这是一个基于商业利益、充满智慧的复杂系统。

最后一批商业探险家同盟成员归化为汉堡公民，并且作为英国利益的非正式代理人在汉堡继续存在。汉堡所有人都了解走私贸易的相关知识

---

① 即爱德华·莫蒂埃 (Édouard Mortier, 1768—1935)。——译者注

和方式，这使《柏林法令》形同虚设。甚至连拿破仑派驻在汉堡的指挥官布列纳[1]也加入了走私贸易活动，并且为走私贸易活动提供便利，以此赚取巨额财富。拿破仑在波兰的军队甚至穿着七万件由布列纳帮助走私运入的英国披风。德意志北部的海岸线地形复杂，非常适合走私贸易，因此很自然地成了英国大量违禁品的贸易基地。1807年9月5日，在海军上将罗素[2]的指挥下，"马杰斯蒂克"号（Majestic）占领了当时丹麦的黑尔戈兰岛（Heligoland）。于是，这一"周长约两英里、长满青草的细长地带"便成了英国贸易活动中的一个大仓库。各行各业的商人、办事员和走私者迅速涌入这座满是海鸥的小岛。黑尔戈兰岛上的英国商人组成商会。商会报告说，从1808年8月9日至1808年11月20日，有一百二十多艘满载货物的船在岛上卸货，该岛每年转运和进口的货物价值高达八百万英镑。大量人员，以及运输使用的桶和箱子的涌入，使岛上特别拥挤。当法兰西政府禁止精糖贸易时，黑尔戈兰岛上的商人将原糖运入了欧洲大陆。当原糖被禁止时，黑尔戈兰岛上的商人又运来了大量的原糖水。当法兰西海关禁止原糖水输入时，黑尔戈兰岛上的商人悄悄地贿赂了法兰西海关官员。黑尔戈兰岛上的商人有时甚至伪装成葬礼队伍来运输货物。其中，英国殖民地出产的大量货物就以这样的形式悄悄运送到欧洲大陆。总之，所有手段都用上了。1809年，法兰西帝国对英国的封锁实际上被打破了。

英国当时制定的政策合乎商业发展的要求，因为英国是工业制成品的来源地，同时控制着世界上最大规模的殖民地生产的产品。拿破仑制定的政策与商业发展的规律相悖，旨在阻止历史发展的潮流。他制定的封锁政策漏洞百出。

---

[1] 即路易·安托万·福弗莱·德·布列纳（Louis Antoine Fauvelet de Bourrienne, 1769—1834）。——译者注
[2] 即托马斯·麦克纳马拉·罗素（Thomas Macnamara Russell, ？—1824）。——译者注

第15章 海军政策

在莱比锡（Leipzig）和法兰克福的集市上，每个摊位上都陈列着英国商品。在回忆录中，来自威斯特伐利亚的奥斯纳布吕克（Osnabruck）的一名市民写道："1808年至1809年，长长的马车车队将英国商品从北海海岸经由威斯特伐利亚运入欧洲。国王热罗姆[①]默许了车队的通行。"拿破仑命令在荷兰的弟弟路易[②]执行对英国的封锁法令，但徒劳无功。"在仁慈对待走私者之前，你必须先要为你的君主服务，"拿破仑写道，"你看到了……我之所以颁布这样的法令，就是要通过欧洲大陆的陆地政策去征服英国的海洋贸易体系。"然而，不管拿破仑如何命令，走私贸易活动仍无停止的迹象。1810年10月，《枫丹白露敕令》（Fontainebleau Decrees）将大陆封锁体系推向了高潮。根据《枫丹白露敕令》，所有英国商品都将被没收和焚烧。拿破仑设立专门法庭审判那些仍然从事走私贸易活动的人，同时重奖告密者。拿破仑还"根据情况"继续修订大陆封锁体系。然而，黑尔戈兰岛的众多商店主人说，只要北海沿岸还有一个地方继续对英国商品开放，只要亚德河（Jade）、威悉河和易北河的口岸永远不关闭，那么英国商品就会继续流入欧洲大陆。达武[③]是拿破仑手下一名忠诚的追随者。在汉堡，达武不断向拿破仑报告英国商品的贸易情况。拿破仑步步紧逼，先后吞并了荷兰及原汉萨同盟城镇。

同时，拿破仑把战争带到了意大利。意大利和原汉萨同盟城镇一样，都是英国商品的贸易基地和仓库。拿破仑派遣了一支军队穿过西班牙，关闭了英国的重要市场里斯本港。

不可否认，这些措施有时会让英国陷入严重的贸易危机。情况最糟糕

---

① 即热罗姆·波拿巴（Jérôme Bonaparte，1784—1860）。——译者注
② 即路易·波拿巴（Louis Bonaparte，1778—1846）。——译者注
③ 即路易-尼古拉·达武（Louis-Nicolas Davout，1770—1823）。——译者注

时，英国在欧洲的贸易活动沦落到难以开展的境地。亚洲和美洲的市场不足以消化英国过剩的商品。不过，一个商品积压的国家总比一个挨饿的国家要好得多，英国肯定会比对手坚持得更久。法兰西帝国和英国之间的斗争产生了这样的政治影响，即试图打破封锁的英国，无论到哪里都会被视为欧洲的朋友和救世主。普鲁士王国虽然面临饥荒，但重整军队，再次对法兰西帝国发动战争，夺取了战场主导权。由于需要进口英国玉米和出口英国海军所需物资，俄罗斯帝国在拿破仑强加的政策下牢骚不断。受国内贵族逼迫，沙皇亚历山大一世[①]最终冒着与法兰西帝国开战的危险，与英国达成了和平协议。1812年7月，英国和俄罗斯帝国签订了和平条约，"结束了拿破仑的大陆封锁体系"。瑞典王国尽管受到法兰西帝国的威胁，但最终与俄罗斯帝国一样，向英国提出了类似诉求。后来，北欧各国都起来反抗拿破仑强制实施的食品管制政策。

在随后与英国的战争中，拿破仑力图保住汉堡，但达武被英国军队包围，最终战败。法兰西帝国和英国斗争的最终结果证明，相对陆地权力，掌握海洋权力更加重要。在此次斗争中，依靠海洋贸易和依靠给各国海军提供补给来维持生存的北欧国家遵循的是海上贸易的需求。另外，之前依赖大陆贸易体系的原汉萨同盟商人最终败给了依赖海上贸易的英国商人。

在对抗英国的海上封锁行动中，法兰西帝国遭受了巨大损失。当时的见证者生动地讲述了其惨状。马汉引用了一位美国旅行者的话写下了以下内容：

> 1807年，我看到的法兰西帝国的情况与英国的情况截然不

[①] 亚历山大一世（Alexander I，1777—1825）。——译者注

第15章 海军政策

同。在法兰西，对外贸易的损失造成的影响随处可见：曾经的商业城市中，有近一半处于荒废状态，法兰西人整日无所事事；居住在内陆城镇的人们非常贫穷，生活条件无丝毫改善的迹象；许多大型建筑的断壁残垣随处可见；道路上，行人寥寥无几，车辆十分稀少。这表明了法兰西帝国国内消费市场和贸易市场的萎靡不振；法兰西帝国的居民，特别是南部居民，承担了过高的税收负担，生活极端贫困，生产的产品缺乏销路。1807年，法兰西帝国内陆城镇到处是乞丐，数量多得令人难以置信。

法兰西国内商品的价格比伦敦商品的价格高百分之五十，甚至翻了一番，但法兰西人只能购买这些价格较高的商品。事实上，随着其他大陆国家和巴黎之间距离的增加，商品价格会相应下降。值得注意的是，在这场生死搏斗中，双方都无视所谓的《国际法》。英国议会对拿破仑颁布的各种法令做出以下回应：

> 此后，法兰西帝国及盟国的所有港口和地区、与英国交战的任何国家、所有虽然没有与英国交战但排斥英国商品的欧洲港口或地区、与英国为敌的国家的所有殖民地港口和地区，在贸易和航行方面都应受到同样的限制。在以上港口和地区，英国实施的限制措施与其在其他地区采取的严厉措施别无二致。

事实上，《国际法》不比交战各国制定的、服务于战争的规则更有约束力。试图在《国际法》中找到一种所有国家都应遵守的准则，并且要求所有人服从的人，注定会永远在谬误的迷宫和大量的例外中徘徊不前。

值得一提的是，英国当时并不羞于利用本国颁布的法规来扩大自身贸易活动，同时打击对手。作为不持偏见的中立者，马汉上尉对此做出了非常明智的评论：

> 英国采用的整个斗争体系在当时及后来一直遭到大肆的批评。有人认为，这个斗争体系中根本没有什么军事斗争，只是展示了英国巨大的军事野心。但这也是问题的核心所在，为打败法兰西帝国，英国一方面要削弱拿破仑的实力，另一方面还要保存和增强国家实力。海上强国和陆上霸权最终将要在商业体系上一较高下。

现在，我们能够以更加开阔的视野看待海军的威力：维护海军拥有者的经济实力，同时摧毁对手的经济体系。实际上，海军一直以来都有这样的用途。弱小的海洋国家总会制定出一些诸如《海牙公约》(Hague Conventions) 的国际法规。不过，一个国家的政治家如果足够明智，那么绝对会对这些法规不屑一顾，并且会永远信任本国海军，最大限度地发挥海军的价值。如果某些政治家愚蠢至极，对国家利益极不忠诚，那么国家的海军只会变成摆设，国家的政策偏好也必将是尽力与其他国家维持和平。

第16章 自由贸易理论

THE THEORY OF FREE TRADE

英国历史上看不见的手：从玛丽一世到乔治五世

宗教对国家的影响是不连续、不确定的，当然也无法测量。与宗教一样，哲学的影响也大抵如此。人类的思想对具体事务的影响比历史学家想象的要小得多，因为思想往往只是人类自身利益的外在体现。正如法兰西人罗什富科[①]所说，人类的思想建立在欲望上，但欲望绝不会建立在思想上。然而，我们需要承认，原则和口号会给人们的事业指明方向，有时甚至会带来暂时的胜利。尤其是当国家事务是通过民选政府[②]这种机制来决定时，情况更是如此。当然，在绝对集权的统治中，也会有一些统治者在一系列错误观念的影响下，使臣民遭受巨大损失和灾难。俄罗斯帝国女皇叶卡捷琳娜一世[③]曾和狄德罗[④]有过一番对话。明智的政治家肯定对此记忆犹新。当时，思想激进的丹尼斯·狄德罗敦促叶卡捷琳娜一世把他的想法付诸实践。叶卡捷琳娜一世做了如下回答：

> 狄德罗先生，我非常高兴地听了你这些充满才智的想法。你说的那些了不起的原则通俗易懂，人们可以利用这些原则写出非常棒的书籍，但用这些原则做生意将会非常糟糕。在所有改革计划中，你忘记了一点，那就是我们的出发点不一样。你只是在纸上谈兵。你说的那些原则貌似经得起一切考验，并且你的想法可以激发人们的想象力，以进行文学创作。但我这个可怜的女

[①] 即弗朗索瓦·德·拉·罗什富科（François de La Rochefoucauld, 1747—1827）。——译者注
[②] 民选政府可以理解为民主政府，即民选、民治、民有的政府。——译者注
[③] 叶卡捷琳娜一世（Catherine Ⅰ, 1684—1727），彼得大帝的第二任妻子与皇后。她本是立陶宛一位农民的女儿，在大北方战争中被俄军俘虏，后受到彼得大帝的宠爱。彼得大帝驾崩后，在近卫军的支持下，她登基成为女皇。不过，她不太参与国政，实权被权臣缅什科夫控制。1727年，在驾崩前数日，她签署诏书，将皇位传给彼得大帝的孙子，也就是后来的彼得二世。——译者注
[④] 即丹尼斯·狄德罗（Denis Diderot, 1713—1784）。——译者注

第16章　自由贸易理论

皇，要做的是像人的皮肤一样浅显的世俗事务，这些事务会涉及许多容易引起众怒的敏感问题。

现在与自由主义（Liberalism）联系在一起的自由贸易学说起源于法兰西王国，也许同时起源于英格兰王国。当时的农业从业者曾反对制造业新生力量的发展。亨利四世时期的政治家贝蒂纳被重农主义者视为守护神。他把耕地和牧场称为"法兰西王国的两个支柱产业"。他认为工匠的培养不可避免地会影响到士兵的素质，因此，极力反对法兰西王室鼓励制造业发展的政策。他还制定了反对使用奢侈品的法律，并且将其作为节约资本的最佳手段。亨利四世不认同贝蒂纳的观点。于是，持相反观点的一大批政治家受到了鼓舞，积极鼓励工商业的发展，同时对外开发殖民地。对外贸易活动因此得到了快速发展。然而，当时为这些冒险活动提供人力和后盾的农业步履蹒跚，就像跟随堂吉诃德的侍从桑丘·潘萨（Sancho Panza）一样[1]。在卢梭和魁奈[2]的作品中，农业对制造业的敌对情绪得到了表达。

卢梭和魁奈等哲学家认为，我们生活的世界曾是一个纯真、自由、人人平等的世界，现在完全堕落成了另一个样子。简朴的乡村生活最接近他们理想的生活状态。然而，卢梭简单地把私人利益和公共道德捆绑在了一起。同样，在蓬帕杜夫人（Madame de Pompadour）[3]的庇护下，魁奈整日待在公寓里无所事事，只能毫无根据地批判自己的国家，以此来打发无聊的时光。他阐述的内容更像一种邪教思想，毫无科学性。与卢梭相比，他虽然接受过

---

[1] 在小说《堂吉诃德》中，桑丘·潘萨是堂吉诃德的忠实侍从，稍显愚钝，为配角。此处用桑丘·潘萨比喻农业，说明农业在西欧国家历史上通常处于不被重视的从属地位，发展缓慢。——译者注

[2] 即弗朗索瓦·魁奈（Francois Quesnay，1694—1774）。——译者注

[3] 即让娜-安托瓦妮特·普瓦松（Jeanne Antoinette Poisson，1721—1764）。——译者注

更多的科学逻辑训练，但在他们那个时代，科学逻辑并不严谨，即使是在巴黎，医学也只是处于实证阶段。虽然"自由贸易之父"魁奈发现了社会资本的循环模式，但其经济学说根本经不起推敲。

卢梭如果现在生活在英国，那么肯定会被我们称为"小英国人"。他设想了一个足够小的国家，这个国家可以由全部公民进行直接管理。他认为，人们应该回到一个从来不存在的社会状态中去。在这样的理想社会中，家庭应该由国家管理，国家应该由个人管理；所有人的意见完全一致；男女关系不会受到任何约束，并且人们随意地生活在一起。

魁奈将社会管理的"自由主义"翻译成了经济学语言。他认为农业是唯一的生产性产业，并且将社会生活的其余部分归结为无用产业。由于财富是从农业生产活动中获得的，因此，只有土地才应被征税。这一结论一定会让魁奈唯一认可和钦佩的农业从业者尴尬不已。

这些想法曾给伏尔泰（Voltaire）[1]带来不少乐趣，也给当时到访法兰西王国的两位杰出的、受人尊敬的苏格兰哲学家留下了深刻印象。大卫·休谟[2]非常喜欢卢梭，并且邀请他到大不列颠王国访问。当时，卢梭正受到法兰西王国和其他一些欧洲国家的驱逐。因此，大卫·休谟的邀请可以被认为是一种善意的行为。卢梭随后前往大不列颠王国，但不久和大卫·休谟发生了意见冲突，两人不欢而散。可怜的大卫·休谟本来期待自己和卢梭能够产生一些思想共鸣，结果却大失所望。作为巴克卢公爵（Duke of Buccleuch）[3]的老师，亚当·斯密也访问了法兰西王国，并且对魁奈的观点很着迷。我们推测，亚当·斯密并不着迷于魁奈发现的社会资本的循环模式，也没有完全

---

[1] 即弗朗索瓦-马里·阿鲁埃（François-Marie Arouet，1694—1778）。——译者注
[2] 大卫·休谟（David Hume，1711—1776）。——译者注
[3] 即亨利·斯科特（Henry Scott，1746—1812）。——译者注

弗朗索瓦·魁奈

约翰·格奥尔格·威尔(Johann Georg Wille,1715年11月5日至1808年4月5日)绘

接受他只有农业才能创造财富的说法。但亚当·斯密至少相信其中部分内容，即农业从业者是国家最不可或缺的人。

因为人们通常认为，养育三个孩子的家庭肯定比只养育两个孩子的家庭对社会的贡献更大。那么相应地，由于农业养育人口较多，因此农业从业者的劳动肯定比商人、工匠和制造商的劳动更有成效。

比起商业和制造业，亚当·斯密更偏爱农业，这不能仅仅用他是为了向巴克卢公爵表示感谢，或者他对法兰西王国重农主义者有着超乎寻常的钦佩来解释。长期以来，偏爱农业的倾向影响了英国的政党制度。在斯图亚特王朝统治者和商业探险家同盟的争执中，很大一部分土地权益受益者站在了王室一边。白金汉宫的统治者对商业的敌意可能存在同样的原因。英格兰王国的农业从业者迟迟没有加入与法兰西王国的商业斗争中，是因为那些乡绅认为法兰西王国时常会成为他们手中粮食的销售市场，会影响英格兰羊毛的价格，还是他们最喜爱的葡萄酒的产地。当时，英格兰人偏爱法兰西生产的葡萄酒，认为这种葡萄酒是优雅的品质生活的标志。正是依赖农业提供的人力和金钱，英格兰的许多国王发动了一系列代价高昂却毫无收益的战争。安妮女王时代的托利党领袖博林布罗克子爵，以及乔治三世时代的托利党领袖比特伯爵和沃波尔等都是英格兰王国乡绅利益的代表，总是时刻准备与法兰西王国达成和平协议或保持和平状态。与之相对的是，同时期的辉格党是一个倾向于发动战争的党派，同时是一个积极采取措施保护国家利益的党派。

亚当·斯密是托利党的谦逊追随者。鸿篇巨著《国富论》(*The Wealth of Nations*)就是他的作品。直到今天，《国富论》仍被认为是自由主义的经典著作之一。当时，大不列颠王国正在与法兰西王国争夺工商业的控制地位，《国富论》的出版无意中会摧毁大不列颠王国的防御武器。在《国富

第16章　自由贸易理论

论》中，他投入了其作为苏格兰人的全部热情，充分发挥了一位毫无道德观念的哲学家危险又高超的逻辑思辨能力。

亚当·斯密有着很强的哲学思辨能力，这使《国富论》一书既有优势，又存在缺陷。《国富论》的优势在于其逻辑清晰：首先展示前提条件，然后自然地得出结论。《国富论》的缺陷在于其提供的前提本身，即人们工作的目的不是追求报酬。这样的前提不是过去历史和经验的主要内容，只是不值一提的历史点缀而已。由此可知，《国富论》的整个体系实际上建立在一种事实上并不存在的社会概念上。

善良的亚当·斯密虽然写出了《国富论》，但从来没有真正探讨过民族到底意味着什么。对他来说，国与国之间的冲突毫无意义，它们只不过是"白痴讲的故事，充斥着喧嚣和愤怒，毫无意义"。

亚当·斯密认为，社会不是由有组织的国家而是由自由的个体构成的。他认为，贸易活动是两个个体互惠互利的交换行为，产业分工最终会使整个社会普遍获益。如果世界上压根儿就没有国家存在，那么亚当·斯密经济体系的主要观点将无懈可击。不过，回顾历史，他不得不承认《航海法案》是其经济体系的一个例外。众所周知，他承认《航海法案》有实施的必要性。

此外，亚当·斯密仍然坚持自己的观点。这些观点有：劳动分工只应受市场大小的限制；廉价竞争和自由贸易是商业社会最好的甚至是唯一的指导原则；商业活动是一个交易双方都会受益的过程，人们对自由贸易的任何限制都是有害的。

不幸的是，历史并没有按照以上这些理想原则发展。正如自然界的其他组成部分一样，国与国之间的贸易活动充满着残酷的斗争。几乎任何时代的任何国家都曾利用其政治力量、军事力量从经济上奴役和剥削邻国。

如果贸易活动是互惠互利的，那么处于汉萨同盟控制下的英格兰王国就会和处于伊丽莎白统治时期国家政策保护下的英格兰王国一样，充满着繁荣和幸福的景象。如果贸易活动是一种和平的交换活动，那么荷兰人就不会试图对英格兰人关闭波罗的海和印度洋；法兰西王国和大不列颠王国也不会不顾一切地争夺对纽芬兰渔场和西印度群岛的垄断地位。各国通过各种政治手段控制原材料的行为也会无利可图；法兰西人和大不列颠人会永远满足于把本国羊毛送到佛兰德斯进行加工，也会永远满足于从西班牙人或荷兰人那里获取香料和糖料。在诸如此类的问题上，国家间的冲突此起彼伏。我们由此得出了这样的结论：亚当·斯密所述的观点并不准确，贸易活动并不是自然分工和产品的共赢交换，而是充满着大量的国家冲突和利益剥削。

不过，有一点是千真万确的，那就是在保护本国免受其他国家剥削，以及阻止某些国家剥削其他国家方面，国家政权和商业组织的结合是必要的。如果英格兰王国的贸易体系不是由商业探险家同盟在国家利益的基础上组织起来的，并且没有受到英格兰王国政府的保护，那么英格兰王国几乎不可能从汉萨同盟的"统治"中得以脱身。如果不去重整荷兰东印度公司的商业和海军资源，那么荷兰人就不可能从葡萄牙人手中夺取香料贸易的控制权。如果没有国家保护，那么在争夺印度市场时，大不列颠王国商人几乎不可能在有组织的商业冲突中生存下来。在其他国家对大不列颠王国和商业探险家同盟[①]发出禁令时，商业探险家同盟及当时大不列颠王国的其他贸易组织几乎全部加入了反抗外部经济入侵的斗争中，竭力维持大不列颠王国制造业的销售市场，以对抗波旁王朝和拿破仑颁布的无数禁令。

---

① 汉堡公司、黎凡特公司等通常被认为属于商业探险家同盟。——原注

第16章　自由贸易理论

无论是受国家管控的国有公司，还是私营股份制公司，都不会受到亚当·斯密的青睐。对于前者，他会说这些公司受到压制、毫无用处；对于后者，他会说这些公司效率低下、浪费资源。不过，亚当·斯密不得不为银行、运河等组织和设施破例，认为银行、运河等国家组织和设施"具有非常用途"。尽管如此，他原则上还是认为，为了公众的利益，国家政权应尽力阻止商业组织间的联合。在他看来，商业组织联合的主要目的是限制贸易活动和提高商品价格，对社会发展有害。因此，商业组织不应进行任何联合活动。

然而，在历史上，为保护国家贸易活动，英格兰商人一次又一次地联合起来，抵御外国竞争对手的攻击。如果没有相互间的联合，那么英格兰商人在很多事情上将会无能为力，无法保护自己的海外市场，也不能在通往海外市场的航线上畅通无阻。亨利七世统治时期，在国家政权的协助下，商业探险家同盟为英格兰布匹打开了荷兰市场；伊丽莎白统治时期，商业探险家同盟协助英格兰王国击败了西班牙无敌舰队，确保了英格兰王国商品市场的安全；老威廉·皮特执政时期，英格兰东印度公司击败法兰西人，在印度建立起庞大的商业帝国。总之，在国家贸易活动的各个方面，大商会一直发挥着重要作用。正如亚当·斯密承认的那样，长期以来，商业组织毫不动摇，在建设防御堡垒、发展海军，以及维持常备军队方面积极献策献力。亚当·斯密认为，如果上述事务由国家政权进行组织，那么效果可能更好。亚当·斯密的这一论点虽然与其提出的理论格格不入，但更容易得到大家的认可。不过，如果按照亚当·斯密的理论，国家军事事务也应该任其自由发展，根本就不需要任何组织进行维护。当然，这样的做法是绝对行不通的。

在对抗外部经济入侵时，以国家为基础联合起来的贸易组织一马当先，而关税和贸易补贴相辅相成。贸易组织如同冲锋陷阵的军队，而关税和贸易补贴如同保护军队的战壕。随后，我们将会看到，一旦"战壕"消失，国家将会遭受多么巨大的灾难。我们也将看到，在合理的关税和贸易政策下，一个商业帝国如何从一无所有中崛起。

第17章 两个相关实例

TWO CASES IN POINT

实例一

哈克卢伊特评论道，在伊丽莎白统治时期，大量具有较大落差的河流给英格兰毛纺织业带来了巨大的好处。这些河流为原本依赖人力进行布匹加工和漂洗的作坊提供了动力。一项发明通常会催生另一项发明。据说，早在18世纪，大不列颠王国就曾使用一种神奇的机器来纺纱。此外，珍妮纺纱机（the Jenny）的使用让纺纱效率大大提高。1771年，在诺丁汉，阿克莱特[①]爵士建立了一家以畜力为动力的纺纱厂。不久，他在德比郡（Derbyshire County）克罗姆福德（Cromford）的纺纱厂中使用流水作为动力。1775年[②]，人们开始用克朗普顿[③]发明的骡机纺纱。"这些改变，"威廉·坎宁安说，"使棉花梳理、粗纱制作和棉纺纱生产不再继续使用家庭佣工。这样一来，织布就成了布匹生产过程中唯一不在工厂集中进行的环节。"

1785年，诺丁汉开始使用水力作为动力。1789年，曼彻斯特（Manchester）开始使用蒸汽作为动力。实际上，早在1784年，"工厂的动力问题"就十分明显了。虽然直到19世纪初，棉花的纺织环节才由机器完成，但机纺羊毛纱线早在30年前就让大不列颠王国占据了有利的贸易优势。1771年至1775年，大不列颠王国每年平均进口原棉四百七十六万四千磅；1776年至1780年，每年平均进口六百七十万六千磅；1781年至1785年，每年平均进口一千零九十四万一千磅；1786年至1790年，每年平均进口两千五百四十四万三千磅。

大不列颠王国的棉花加工业的迅速发展不是因为自由贸易政策的推

[①] 即理查德·阿克莱特（Richard Arkwright, 1732—1792）。——译者注
[②] 原文可能有误，塞缪尔·克朗普顿于1779年发明了骡机。——译者注
[③] 即塞缪尔·克朗普顿（Samuel Crompton, 1753—1827）。——译者注

第17章 两个相关实例

动,而是因为大量贸易禁令的颁布。从18世纪初开始,大不列颠王国政府就通过了一系列法令,禁止从印度进口棉纺织品和印花布,需要进口后再出口的相关商品除外。由于曼彻斯特现在不是进行自由贸易的地方,因此,没有必要再次提及其工业曾经也是建立在保护政策基础之上的史实。

就毛纺织业来说,1785年前后,珍妮纺纱机逐渐进入使用阶段。不过,正如我们所知,缩绒机当时已经被人们广泛使用。因此,毛纺织业的发展只受到原材料供应的限制。

军械制造业的扩张更显著。大不列颠王国将煤用于炼铁,因此,走在了该行业前列,获得了比欧洲其他国家大得多的优势。

无论是在国内市场中还是在世界市场中,大不列颠王国的工业发展都处于十分安全的环境中,受到了国家关税政策和相关航海法律的保护。大不列颠王国政府与国家工业利益密切地联系在一起。大不列颠王国的工业拥有大量的原材料,发展迅速,门类齐全,满足着几乎整个世界的需求。在工业方面,大不列颠王国唯一的竞争对手是法兰西王国。18世纪末,相比竞争对手法兰西王国,大不列颠王国生产的绝大部分工业产品都更加质优价廉,唯独丝绸业还不能与其匹敌。法兰西王国掌控着丝绸生产的原材料,在丝绸业占据巨大优势。此外,法兰西王国的海关关税尽管十分高,但仍然阻挡不了大不列颠王国产品的大量涌入。

不幸最终还是降临到了法兰西王国。路易十六[①]时期的政治家热情地接受了魁奈与持相同经济学观点的重农主义学派经济学家的主张。重农主义学派认为农业是唯一不可缺少的产业,并且准备在重农主义体制的"祭坛"上牺牲制造业利益进而推进农业发展。1783年,美国与大不列颠王国

---

① 路易十六(Louis XVI, 1754—1793)。——译者注

签订了《巴黎条约》(Treaty of Paris)①。《巴黎条约》签订后的1786年,法兰西王国和大不列颠王国签署了《伊登条约》。《伊登条约》提供了一个检验重农主义学派经济原则的机会。1785年,法兰西政府致函大不列颠王国首相小威廉·皮特,要求他派遣全权代表到法兰西王国进行商业谈判。小威廉·皮特随即命令之后被封为"奥克兰男爵"(Baron Auckland)的威廉·伊登②前往法兰西。

威廉·伊登非常聪明,首先征求了大不列颠王国制造商的意见。在听取了谢菲尔德(Sheffield)、伯明翰(Birmingham)、曼彻斯特、诺里奇、约克、格洛斯特等地商人的意见后,威廉·伊登启程前往法兰西,准备寻求大不列颠王国制造商想要的"公平、简单的互惠"。他发现,"每一次谈判会面时,法兰西官员提出的条件和要求都很合理"。对此,他疑惑不解。在给卡马森(Carmarthen)市长③的信中,威廉·伊登写道:"如果法兰西人是为了让法兰西王国取得贸易优势,那么他们这样做就太难理解了,因为他们对待我们非常公正,并且毫无不光彩的行为。"威廉·伊登真的想知道法兰西人的动机是什么,难道他们想与大不列颠王国结盟对抗其他强国吗?"法兰西人的所作所为有没有什么阴谋和把戏?""无论法兰西人的真正动机是什么,有一点毫无疑问,那就是眼前的状况似乎对大不列颠王国非常有利。"

随着谈判的进行,威廉·伊登感觉事情越来越难以理解。我们真的可以这样利用这些头脑简单的法兰西人吗?正如博纳·劳④所说,我们对待法

---

① 1778年,在美国的独立战争中,法兰西王国和美国达成军事同盟,共同对抗大不列颠王国。因此,在1783年《巴黎条约》的签订过程中,法兰西王国一直积极参与。——译者注
② 威廉·伊登(William Eden,1745—1814)。——译者注
③ 即约翰·乔治·菲利普斯(John George Philipps,1761—1816)。——译者注
④ 博纳·劳(Bonar Law,1858—1923)。——译者注

第17章 两个相关实例

兰西人的方式看起来"就像在偷小孩的糖果一样"。于是,威廉·伊登给小威廉·皮特写信,信中有以下一段话:

> 目前,国内有人正在酝酿一项计划,意图在马赛的波尔多(Bordeaux)等地建立商品仓库,将大不列颠王国的商品推向全世界。我觉得应该给那些想利用这个机会大肆投机的人泼泼冷水了。

威廉·伊登再次表示:"我坚信,拟定合约中规定的关税税率能够让我们完全打开法兰西市场,但法兰西人肯定会认为这样的关税过低,随后很可能会对此表示强烈抗议。"

由于法兰西官员在谈判中表现得很随和,大不列颠王国提的要求自然随之提高。威廉·伊登抗议道,他不能"光明正大"地对法兰西人提出如此离谱的要求。尽管如此,大不列颠王国提的所有要求几乎都被批准了。虽然大不列颠王国禁止进口法兰西王国生产的丝绸制品,但大不列颠王国制造的几乎所有商品都能畅通无阻地进入法兰西市场,所需缴纳的关税税率为百分之十到百分之十二。当然,法兰西人也稍有所得。大不列颠王国降低了法兰西王国生产的葡萄酒和白兰地酒的关税,白兰地酒的关税从每加仑九先令六便士降至七先令,而葡萄酒的关税则从每吨九十六英镑四先令一便士降至四十五英镑十九先令二便士。这次减税后,就葡萄酒进入大不列颠王国的关税来说,法兰西王国享受与葡萄牙王国同等的待遇。不过,《梅休因条约》有一条保护性条款,即大不列颠王国可以按约定比例自由降低对葡萄牙王国生产的葡萄酒征收的关税。

对谈判中取得的这些胜利,威廉·伊登越发感到不安。当法兰西政府要求大不列颠王国对法兰西王国生产的丝绸制品降低关税时,他回答道，如果大不列颠王国同意这样做，那么斯皮塔佛德的织布商肯定会带头反对，骚乱也会随之发生。尽管大不列颠王国不同意降低关税，法兰西王国还是允许进口大不列颠王国生产的薄纱，这也是大不列颠王国优于法兰西王国的少数几种丝绸制品之一。

威廉·伊登向小威廉·皮特做了如下报告：

> 对大不列颠王国不同意降低关税的谈判结果，法兰西财政大臣[①]情绪非常激动，连连哀叹。他说，如果大不列颠王国不能降低法兰西王国生产丝绸的关税，那么法兰西王国就不应该对大不列颠王国放开丝绸市场。法兰西外交大臣韦尔热讷伯爵（Comte de Vergennes）[②]告诉法兰西财政大臣，"伦敦城大概有三万名贫困工人依赖丝绸业维持生计"。法兰西财政大臣回应道，里昂依赖丝绸业生活的贫困工人是伦敦的两倍多，这些人肯定会咒骂他允许大不列颠王国丝绸生产商进入法兰西王国，利用同样的技术和设备将法兰西王国唯一占优势的行业拉下神坛。

威廉·伊登责备自己"在一些重要的条款上，迫使法兰西官员制定了远低于正常水平的关税税率"。法兰西人一旦接受了这些条款，那么以后肯定会麻烦不断。在给卡马森市长的信中，威廉·伊登写了如下内容：

> 这不是一桩简单的生意，我对此刻获得的掌声和胜利感到担忧。法兰西王国如果到处是大不列颠王国生产的商品，但不能通

[①] 即夏尔·亚历山大·德·卡洛纳（Charles Alexandre de Calonne, 1734—1802）。——译者注
[②] 即夏尔·格拉维耶（Charles Gravier, 1719—1787）。——译者注

第17章 两个相关实例

过出口葡萄酒、白兰地酒、麻布、亚麻布等商品赚取利润,抵消贸易逆差,那么两国间的条约就不可能永久地执行下去。

这是一种敏锐的预感。1786年9月26日,大不列颠王国和法兰西王国最终签署条约。1787年11月8日,威廉·伊登写信给小威廉·皮特,信中他提到以下内容:

> 法兰西外交大臣蒙莫兰伯爵(Comte de Montmorin)[①]跟我重新谈论了我们两国签订的《伊登条约》。蒙莫兰伯爵说诺曼底的许多地区,还有波尔多都表达了反对进口大不列颠王国陶器和棉制品的意见,反对意见愈演愈烈,逐渐变成了骚乱,甚至变成了暴乱。据说,在诺曼底的鲁昂,有四千多家工厂倒闭,大批商人正沿街乞讨,等等。我希望我们把关于陶器和棉制品的关税税率定在百分之十五。现在,任何措施都无济于事……我认为需要采取一些实际行动,否则反对签订条约的愤怒不会得到平息。

对大不列颠王国制造商的贪婪,威廉·伊登禁不住连连哀叹,之前也是他们诱使自己对法兰西王国提出过高的要求。威廉·伊登这位睿智的外交家不断责备自己,认为正是自己提出并且接受了这些过高的要求,导致这种表面的胜利暗藏着许多影响两国条约长久执行的因素。他自我反省时具有的出色洞察力令人钦佩不已。

事实上,魁奈的哲学思想并不是影响这次谈判的唯一因素。大不列颠

[①] 阿尔芒·马克(Armand Marc,1745—1792)。——译者注

王国海军和普鲁士王国军队当时处于结盟状态，这也是当时大不列颠王国拥有的优势。人们可能还记得，荷兰共和国在法兰西王国的影响下一蹶不振。对大不列颠王国的利益来说，这种情况非常危险。当时，法兰西王国十分不尊敬荷兰共和国的奥兰治亲王妃 (Princess of Orange)[①]。小威廉·皮特立即抓住了机会。他命令派驻在普鲁士宫廷的使臣面见普鲁士国王[②]，说服他为自己的妹妹奥兰治亲王妃报仇雪耻。普鲁士王国军队随后涌入荷兰，而此时威廉·伊登和法兰西人正在就两国一般性条约进行谈判。法兰西王国随时可能会面临战争。小威廉·皮特此时不仅坚持要求法兰西王国结束对荷兰共和国的干涉，还要求法兰西王国将海军规模减少到仅能维持和平的水平。韦尔热讷伯爵的继任者蒙莫兰伯爵告诉威廉·伊登说，他宁愿与大不列颠王国开战，也不愿接受这样的和解。然而，蒙莫兰伯爵的主张遭到了当时的财政大臣[③]和图卢兹大主教 (Archbishop of Toulouse)[④]等人的否决。虽然上述这些人的影响力最终阻止了大不列颠王国与法兰西王国之间的战争，但"他们的许多思想决定了法兰西王国的命运"[⑤]。

随后，法兰西王国发生了许多大事，这也是事情发展的必然结果。大不列颠王国的商品洪流以毁灭性的态势涌入法兰西王国。法兰西王国这个制造业中心逐渐变得贫困不堪；全国到处是闲散的失业人员；社会革命一触即发。除了糟糕的贸易状况，农业歉收又加剧了社会危机。那些饥饿的流浪儿童及遭受国家背叛的、穷困潦倒的法兰西工匠纷纷涌入巴黎。当

[①] 即弗雷德里卡·索菲娅·威廉明娜（Frederika Sophia Wilhelmina, 1751—1820）。——译者注
[②] 即前文提到的腓特烈大帝。——译者注
[③] 即雅克·内克尔（Jacques Necker, 1732—1804）。——译者注
[④] 即艾蒂安-夏尔·德·洛梅尼·德·布里安（Etienne-Charles de Lomenie de Brienne, 1727—1794）。——译者注
[⑤] 这些人主张法兰西王国应该对大不列颠王国商品开放市场、降低关税，结果直接导致了后文所述的法兰西王国经济的崩溃和法兰西大革命的爆发。——译者注

第17章 两个相关实例

时，法兰西王国谣言四起。人们纷纷猜测影响法兰西政府部门背叛其国家利益的动机是什么。有人甚至说，代表法兰西王国进行商业谈判的雷内维尔[1]和韦尔热讷伯爵长期在大不列颠王国设立的基金中进行投机交易。

在《国家的力量》(The Strength of Nations)一书中，已故的韦尔斯福德[2]深入探讨了与大不列颠王国签订的《伊登条约》给法兰西王国造成的浩劫，以及法兰西大革命发生的原因。在该书中，韦尔斯福德还引用了阿瑟·扬[3]的话。1787年，阿瑟·扬在法兰西王国旅行，发现几乎所有法兰西王国制造商都变成了"优秀的政治家"——他们极力谴责法兰西王国与大不列颠王国签订的《伊登条约》。在亚眠，有人告诉阿瑟·扬"亚眠肯定会被毁掉，这一点毫无争议"。在博韦(Beauvais)，"制造商普遍认为，大不列颠王国生产的布匹在价格上占有巨大优势。由于法兰西政府采取了鼓励大不列颠王国商品输入的'英明政策'，博韦生产的布匹在竞争中必然处于劣势……制造商认为，与大不列颠王国签订的《伊登条约》让法兰西王国跌入了深渊，历史上任何一场大规模战争带来的危害都不能与之匹敌"。在里尔(Lille)，"大不列颠王国和法兰西王国签订的条约激发了人们强烈的反对情绪。制造商一点也不愿意谈论此事，只希望通过战争解决这一问题。甚至有人说，战争是他们祈祷的、避免此地成为废墟的唯一手段。来自大不列颠王国的布匹将大量涌入，与本地布匹展开激烈竞争。本地布匹业必将被毁灭，法兰西人对此深信不疑。法兰西制造商的说法给我留下了非常深刻的印象"。

---

[1] 即约瑟夫-马蒂亚斯·热拉尔·德·雷内维尔（Joseph-Matthias Gérard de Rayneval，1736—1812）。——译者注
[2] 即约瑟夫·威廉·威尔逊·韦尔斯福德（Joseph William Wilson Welsford，1856—1909）。——译者注
[3] 阿瑟·扬（Arthur Young，1741—1820）。——译者注

阿瑟·扬总结了大不列颠王国和法兰西王国签订的《伊登条约》给两国带来的影响。

1787年至1788年，来自大不列颠王国的布匹在竞争中占据了优势，成功地占领了法兰西王国的市场……法兰西王国本土织物的消费量下降了大约四分之三……不可避免的结果是，法兰西王国布匹业的大量工人由此失业了。

实际上，前文的内容并不是无稽之谈。与大不列颠王国签订的《伊登条约》的确摧毁了法兰西王国。大不列颠王国的制造商甚至不太相信自己竟然能够轻而易举地取得如此巨大的成功。一个来自格拉斯哥的制造商写了这样一段话：

法兰西王国竟然允许从大量养羊的国家进口毛织物，这件事真是非同寻常。简直难以相信……法兰西人还允许从世界上唯一一个经常在同一矿场或邻近海域就能发现铁矿石、煤和石灰——人们经常使用这几种物质炼铁[1]——的国家[2]进口铁制品……同样奇怪的是，法兰西人竟然从一个黏土质量仅次于中国、盛产煤炭的国家[3]进口陶器……法兰西人还允许从那些在西印度群岛拥有殖民地的国家进口棉织品……棉织品的价格很大程度上取决于机械的应用水平。相比法兰西人，我们在机械应用方面拥有绝对优势。我们的煤炭价格便宜，依赖煤炭的蒸汽机产生的

---

[1] 在炼铁的过程中，煤主要用作燃料，石灰石主要用来使经过冶炼生成的铁与杂质分开。——译者注
[2] 可能指瑞典王国。——译者注
[3] 可能指神圣罗马帝国。——译者注

第17章　两个相关实例

动力远远强于水流产生的动力，这一点让我们在羊毛产业占尽优势。虽然到目前为止，理查德·阿克莱特爵士还只是用蒸汽机加工棉花，但毫无疑问，这些机器将来肯定会被用来加工羊毛。

这些事的确匪夷所思。法兰西王国由此遭到重创，导致拥有两倍于"三万名贫困工人"的里昂、四倍于"三万名贫困工人"[①]的巴黎都感觉被出卖了。法兰西城市中的这些贫困工人饥肠辘辘，生活困窘，决心"发出自己的呐喊"。他们威胁议会议员，要食其肉、饮其血；他们怒不可遏，对王公大臣恨之入骨。为应对局势变化，与伦敦塔一样老旧的巴士底狱 (the Bastille) 立即被法兰西政府改造成了军事据点，装备了大量枪炮，并且这些枪炮全部瞄准了巴黎的工业区。国民议会 (National Assembly) 的所有要求都得到了满足。不过，国民议会的要求只与宪法改革有关，对局势没有任何影响。饿着肚子的流浪者才不会关注议会的法案是否获得通过。巴士底狱随后被攻陷，法兰西王国君主制也随之垮台。新成立的督政府 (Directorate) 盲目地大肆复仇，将国家的糟糕处境归咎于那些王公贵族及支持者。拿破仑随后掌权，不久开始入侵荷兰共和国，同时采取措施阻挡大不列颠王国工业制品的涌入，试图恢复本国的制造业和贸易市场，但一切为时已晚。

实例二

拿破仑掌权后，发动了一系列战争，但最终战败，被赶出了法兰西帝国本土。他意图建立的大陆体系也随之土崩瓦解。不过，尽管《伊登条

---
① 此处使用"三万名贫困工人"主要是为了呼应前文夏尔·格拉维耶的说法。——译者注

约》几乎让法兰西成为一片废墟，但拿破仑还是成功地培育出了本国的制造业。拿破仑被赶下台后，法兰西帝国继续实施之前颁布的禁令，力图继续保护本国制造业。

长期以来，英国将德意志邦联和美国视为自己独占的商业市场。德意志甚至成了英国商业旅行者取乐的狩猎场。汉堡几乎变成一个英国城市；法兰克福和莱比锡的集市上摆满了英国商品；普鲁士农民，以及普鲁士掷弹兵身上穿着的衣物都是来自英国的羊毛制品。在这种情况下，德意志人成立了德意志关税同盟（Zollverein）。对英国制造商来说，德意志人的做法挑战了他们的利益和尊严，是一种违背上帝旨意的不敬行为。

1833年3月22日，普鲁士王国、巴伐利亚王国（Bavaria）、符腾堡王国（Wurtemberg）、黑森选侯国（Electorate of Hesse）和黑森大公国（Grand Duchy of Hesse）签订了《商业联盟条约》（Treaty of Commercial Union）。起初，普鲁士政府承诺对外国商品只征收较低的关税，以缓解英国人的恐惧。但正如英国外交官所述，随着时间的推移，他们发现普鲁士政府的承诺都是"虚假的"。由于关税太高，大量英国商品被挡在普鲁士王国境外。英国的对外贸易活动、棉纺织业和毛纺织业因此萎靡不振。当时情况十分紧急，英国政府于是派遣约翰·包令爵士[①]和德意志人进行交涉。

根据后人的描述可知，约翰·包令爵士非常睿智，爱好文学，曾写过一首赞美诗。这首赞美诗至今仍在福音派教徒中被人热情传唱。他曾两次经商，但都"因经营不善转而谋取国家公职"。与朋友科布顿[②]一样，比起处理私人事务，他更擅长处理公共事务。他是《谷物法》（Corn Laws）的主要反对者之一，是自由贸易派最杰出、最受人尊敬的倡导者之一。

[①] 约翰·包令爵士（Sir John Bowling, 1792—1872）。——译者注
[②] 即理查德·科布顿（Richard Cobden, 1804—1865）。——译者注

第17章　两个相关实例

关于德意志关税同盟，约翰·包令爵士专门写了一份十分有说服力的报告。1840年，他将该报告提交给了帕默斯顿勋爵[①]。该报告中的内容令人震惊，但充满了要与德意志人和解的意味。约翰·包令爵士警告英国制造商要特别注意德意志保护主义带来的危险，并且指出德意志人正在利用英国的自由贸易政策不断积累优势。在该报告中，"险恶"一词多次出现，每一次都被用来形容德意志制造商为保护自己免受来自英国的竞争而采取的种种尝试。不过，他对德意志关税同盟的出现给予了充分理解。德意志关税同盟是"正在德意志快速传播的某种情绪的实质体现，这种情绪显然就是提倡民族团结的民族主义情绪"。他很有远见，看到了德意志关税同盟将在政治上发挥十分重要的作用。

显然，商业利益和政治利益的关系密切。德意志关税同盟的倡导者肯定意识到了这一点。不过，政治联盟只有建立在物质利益和社会利益的基础上，才会变得无比强大。国家领导层只要充分发挥智慧，就能将德意志关税同盟变成一个强大的政治引擎，使其发挥出巨大的力量，对欧洲及世界的未来产生巨大的影响。

然而，德意志关税同盟发挥作用的过程蕴藏着一些危险因素。

就德意志关税同盟将会给德意志带来的影响来说，虽然预期结果貌似完全有利，但其中蕴藏着一些危险因素。这些危险因素

[①] 即亨利·约翰·坦普尔（Henry John Temple，1784—1865）。——译者注

将会产生于德意志关税同盟做出的各种努力和尝试中，如德意志人正在或已经通过保护和禁止措施重点帮助同盟内的弱势利益群体。不过，如果德意志人采取的关税政策变得温和、合理，并且允许商人根据消费者的意愿充分竞争——如果不强迫资本进入不能盈利的地区；如果制造商要求整个社会为他们做出牺牲的要求被拒绝；如果德意志邦联内有着巨大优势的农业受到了足够多的重视；如果对外贸易的重要性得到适当评估，简言之，如果德意志人继续对英国商人开放其国内市场，那么德意志关税同盟将对德意志社会的普遍繁荣产生巨大影响。

不幸的是，在实施对外贸易政策的过程中，德意志关税同盟出现的危险倾向越来越难以控制："普鲁士王国宣称其只打算征收百分之十到百分之十五的适度关税，但实际上并没有按照上述税率执行。"棉织品必须支付百分之三十到百分之一百二十的关税，毛织品的税率上升到百分之二十到百分之五十。德意志邦联采用按重量征税的方法，"在德意志人的关税政策下，劣质商品和从外国进口的一般消费品被拒之门外。这样一来，一般消费品只能由国内生产商生产"。英国商人发现，德意志人的关税政策带来的恶果越来越明显。在莱比锡集市上，"在曾经是英国商品大进口商的库房里……德意志邦联的商品逐渐代替了外国商品"。法兰克福受到的影响最大，因为其曾是英国商品极佳的货物集散港口。一年内，英国棉毛织品的销售额减少了约三分之一。在法兰克福一年一度的交易会上，许多曾存放英国商品的仓库被用作其他用途。

当然，将外国商品拒之门外的行为也将损害德意志制造商的利益，因为德意志人的行为"消除了……能够在很大程度上推动商品质量改进的竞

第17章 两个相关实例

争"。不管怎么说,"德意志人对棉毛织物的需求从外国转向本土已是大势所趋"。

约翰·包令爵士接着举了一个例子,这个例子肯定会让约翰·布赖特[①]及其朋友感到毛骨悚然。具体内容如下:

在柏林的施潘道街(Spandauer Street)附近,有一个人们称其为小曼彻斯特的地方,这里曾经有许多存放英国棉织品的大型仓库。现在,这些仓库几乎消失殆尽了。原来的仓库主人早已不再从事这种亏本的贸易活动,要么靠积蓄苟延残喘,要么尝试其他商业冒险活动,有些人甚至从事与英国商品竞争的制造业。就这样,曾经支持自由贸易的所有商业势力,被迫进入了倾向于贸易保护政策的商业体系中。

让约翰·包令爵士感到些许安慰的是这样一种认识:

德意志邦联的舆论倾向于自由贸易。几乎每一位声望卓著的作家都支持现有的自由贸易制度,将自由贸易作为促进商业自由的变革工具。德意志商业联盟(German Commercial League)中最杰出的一位作家,在告诫资本家不要把资本投向受政策保护的行业时说:"你们这样做无异于在沙地上建造高楼。"

对吕贝克、汉堡和不来梅等这些曾经的汉萨同盟城镇,这位德意志作

---

① 约翰·布赖特(John Bright,1811—1889)。——译者注

家抱有希望。他说，这些城镇实施的自由贸易政策吸引了"所有希望看到商业活动不受限制的人"的"极大兴趣"等。如果汉堡加入德意志关税同盟，那么英国人在汉堡的商品仓库肯定也会被毁掉。这位德意志作家的观点如下：

> 不管这些曾经的汉萨同盟城镇从德意志关税同盟那里将得到多么有利的条件，它们获得的利益绝不会超过其直接与国外开展自由贸易活动获得的利益。

然而，约翰·包令爵士希望英国能够改变当时的贸易政策。他认为，英国的《谷物法》如果被废除，那么将会增强德意志邦联的农业从业者及其他自由贸易从业者的利益所得。

> 如果德意志邦联的农产品能够进入国外市场，那么流向德意志邦联制造业的资本必将受到抑制。原因主要有两个方面：一方面，德意志邦联的农业劳动力需求将会大大增加；另一方面，由于德意志邦联当前的食品价格相对低廉，食品行业整体利润较高，德意志邦联的制造业将丧失优势。

这是约翰·包令爵士很想要实施的计划：英国只有废除农业保护政策，德意志邦联才有可能会采取自由贸易的政策。否则，他担心，虽然德意志邦联的保护政策"根本不太可能会促进德意志未来的福祉和永久利益"，但极有可能仍将继续存在下去。

第17章　两个相关实例

事实上，英国人只有一条路可以走。除非真的打算牺牲每年数百万英镑的贸易利润，否则必须调整英国的关税税率，以应对德意志商业联盟制定的关税政策。显然，这样的改变将会一劳永逸地解决两国间的贸易问题，一方面能够照顾到五千万英国人的利益，另一方面能够与越发团结的德意志人的利益相契合……我敢肯定，这种重大改变将受到英国人和德意志人的欢迎。

约翰·包令爵士认为，对德意志邦联开放农业市场的口头承诺不足以打动德意志人，英国应立即付诸实践。他的观点具体如下：

反对扩大贸易活动的邪恶势力确实变得越来越强。总的来说，英国应抓住时机，立即转变贸易政策。柏林方面态度尚好。在接待英国专员时，德意志人表现得十分亲切……然而，那些从垄断贸易中获利的人自然会产生抵制情绪，他们会竭尽所能，说服人们不要相信我主张的任何观点，并且激起人民的嫉妒心、对德意志邦联的强烈敌对情绪和英国人民的民族主义……我国的贸易限制政策、较高的关税和贸易禁令层出不穷，这无疑是我在谈判过程中面对的最大困难。

正因为约翰·包令爵士的奔走呼告，我们才看到英国最近颁布的法令中具有了明显的"自由贸易"倾向。也只有在此时，他才"在某些方面认可了英国的海关政策及法律对外国人展示出来的友好态度"。

可怜的约翰·包令爵士！尽管他很可爱，但几乎所有英国人，甚至那些自由贸易的支持者都不得不承认，在对外贸易政策上，他是一个十分刻薄、可鄙的人物。他极力奉承德意志人，但德意志人不为所动，始终坚持自身的对外政策。英国牺牲了大量的农业利益，但徒劳无功。普鲁士王国获得了英国给予的玉米自由市场，但没有给予英国任何回报。相反，依赖于德意志关税同盟和国家保护政策，德意志的国力日益增强，野心日益膨胀，最终给世界和平带来了巨大威胁。

结论

CONCLUSION

英国历史上看不见的手：从玛丽一世到乔治五世

现在，我们需要再次扬帆起航，踏上新的历史征程了。在本书中，我们进行了一次跨越两个世纪的极速之旅。由于篇幅有限，我们只能一瞥沿途壮丽风景的特色而已。在本次旅行出发之际，我们看到的是汉萨同盟"控制下"的英格兰王国。当时，英格兰王国只能算是神圣罗马帝国的"经济奴隶"。我们见证了英格兰王国被两个有组织的全国性力量——国家政府和商业探险家同盟——救赎从而取得自由的过程。缺乏两者中任何一个的配合，英格兰王国都不可能取得成功。我们看到，对英国的垄断组织及信用组织，如今仍有人颇有微词。然而，我们应当牢记，众多这种不断调整策略的、几乎涵盖英国各个行业的、与国家利益相辅相成的公司，才是我们赢得自由最主要的武器。

我们看到，英格兰王国建立在生产和安全基础上的国家垄断体系，最终粉碎了荷兰共和国建立在贸易和财富基础上的商业体系。之后，我们看到了英格兰王国和法兰西王国这两个国家体系间旷日持久、相互猜忌的冲突。英格兰王国之所以最终能够大获全胜，主要是因为当时法兰西王国采取的政策与其国内手工业匠人的利益背道而驰，而这些匠人的"精湛知识"过去是、现在仍然是这个天才汇集的国家的主要荣耀。

伴随着与欧洲各国规模巨大的冲突，英国在历史经验和战火的锤炼与洗礼中确定了适合本国实际的国家政策。这是那位无名诗人[①]曾倡导的一种国家政策，也是托马斯·格雷沙姆、伯利男爵、培根、托马斯·芒、克伦威尔、老威廉·皮特和小威廉·皮特等主张的政策。除了这些作家和政治家，英国的国家政策也是全体从事工商业及相关事务的英国人主张的国家政策，还是一项长期遭受讽刺和挖苦的政策，特别是这种政策中关于财富

[①] 指第15章中提到的那位无名的英格兰诗人。——译者注

结　论

和贸易平衡的部分曾被人严重歪曲。亚当·斯密提出的经济理论与这种政策格格不入，主要是因为他对重商主义创始人生活的时代一无所知。凭借着对贵金属的垄断，汉萨同盟和神圣罗马帝国的商业体系曾经让英格兰王国"几近毁灭"。让财富的来源掌握在本国商业银行家的手中，使英格兰王国能够独立于任何外部势力，这是伊丽莎白统治时期英格兰王国最迫切的需求。当时，英格兰人认为贸易平衡政策——出口额要超过进口额——是实现上述理想和目标的可行手段。现代的贸易实例和最严酷的贸易战也可以证明重商主义者当时采取的政策的正当性。在一系列的对外贸易斗争实践中，即便是英国主张自由贸易的金融家和政治家，也被迫采取了权宜之计，不得不用一系列出口禁令来保护英国的对外贸易。但仍然有人认为，无论怎样，英国都不应该提高关税。这些人简直不可理喻。不过，英国支持自由贸易的部分政治家除了采取一些贸易禁令，对本国的贸易活动不做任何保护。他们可以说确实很像严厉、讨厌的老顽固。这些政治家似乎也承认，为维护国家利益，战争有时是必要的，但就贸易政策来说，他们固执己见，认为一旦违背了正确的贸易道德和准则，任何人最终都将失去所有利益或幸福。

英国传统的国家保护政策主要有以下目标：

第一，实现一切战争必需品的独立。

第二，尽可能地依赖本国的土地供应本国人的食物。

第三，把本国的原材料加工成制成品。

第四，保护本国商品的本土市场。

第五，进口原材料和珍稀物品，出口工业制成品。

第六，在国外为本国制造商保持开放的"销售市场"。

第七，在荷兰，以及直布罗陀海峡、丹麦厄勒海峡等地与竞争国家抗衡，维护自己的利益。

第八，保持海上优势，以及欧洲均势。

第九，保持英国各地区的联合状态，从而确保大不列颠岛的安全。

在对英国国家政策的简要叙述中，我对农业这一产业的论述实在太少了。实际上，农业过去和现在一直都是英国国家利益的基础所在。不幸的是，农业利益群体经常与其他利益群体发生冲突。从某种程度上说，英国历史上发生的革命、内战和政党斗争正是这种激烈冲突的体现。

比起波旁王朝，18世纪英国农业利益面临的威胁更多地来自波罗的海地区。此时，托利党代表的农业利益只能在代表商业利益的辉格党人提出的、咄咄逼人的外交政策下痛苦地蹒跚前行。然而，每当国家处于危难时，那些来自乡村的、忠诚无畏的大不列颠勇士总能够展示出为国家利益甘愿放弃一切的爱国主义精神。在两任皮特首相的领导下，大不列颠王国人民在爱国主义的旗帜下团结一致、英勇战斗。正是在这种光荣、崇高的爱国主义的基础上，英国才取得了如今十分强大的国力。

在与拿破仑的长期斗争中，农业拯救了英国，既为威灵顿公爵（Duke of Wellington）[①]提供了兵员，又养活了大量的工业人口。但不幸的是，棉纺工人的不满导致商业利益群体最终背叛了农业利益群体。英国的商业利益群体以农业利益为代价，试图阻止德意志邦联和美国的关税改革，但最终徒劳无功。这种行为如同一只狗为了抓住大猎物虚幻的影子，最终丢掉了本属

[①] 即阿瑟·韦尔斯利（Arthur Wellesley, 1769—1852）。——译者注

威灵顿公爵阿瑟·韦尔斯利

威廉·赛伊(William Say, 1768—1834)根据托马斯·菲利普斯(Thomas Phillips, 1770年10月18日至1845年4月20日)所绘威灵顿公爵肖像制作

于自己的骨头。英国的农耕地区——养育我们民族的最好场地、我们工业产品的最好市场、抵御战争和饥荒等危险的最好屏障，就这样被毫无意义地牺牲掉了。

如今，我们又来到了一个新的历史关口，那个曾经沉睡了二百年之久的神圣罗马帝国又开始了复活之路。俾斯麦[①]说："我们现在才刚刚走出三十年战争的阴霾。"18世纪，德意志陷入全面衰退。当时，德意志的船在离港时，甚至只能用沙子压舱——法兰西人曾轻蔑地将这些沙子戏称为"来自德意志的产品"。

施莫勒是德意志帝国皇帝威廉二世最喜欢的经济学家，他这样描述了17世纪至18世纪神圣罗马帝国的悲惨状况：

> 那些曾经的汉萨同盟城镇要么忍受着来自荷兰共和国的商业管理者的压榨，要么遭受着英格兰王国债权人的奴役……1670年至1750年，德意志民族的处境非常艰难。德意志人对自己依赖外国商业体系的境况哀叹不已，对法兰西王国制造商怨声载道，对可以随意践踏神圣罗马帝国的外国商人无可奈何。人民对国家统治阶层的无能牢骚不断，这种不满不断累积，使神圣罗马帝国的危险境况像雪崩来临前一样一触即发……最后，人民呼唤改革的声音在学界和民间都达到了空前的统一。德意志人只有一条出路，即效仿荷兰共和国、法兰西王国和英国之前的做法，限制外国产品。我们必须再次做自己的主人。铁一般的事实清楚地告诉我们，我们的国家只有利用最极端的民族主义，利用所有财

---

① 即奥托·冯·俾斯麦（Otto von Bismarck，1815—1898）。——译者注

结 论

政、立法和武装的力量，利用海上法律和禁航法规，利用令行禁止的海军，利用国内企业的集体力量，利用国家统一指挥的对外贸易活动等手段进行集体反抗，才能打败那些不可一世的对手。

由于长期实施自由贸易政策，同时内部纷争不断，没有保障国内市场和本土产品的国家政策，德意志人经历了一段十分可怕的历史时期。曾经的汉萨同盟城镇风光无比，但一步步变成了英格兰王国制造商的仓库。在神圣罗马帝国的几乎每一座城镇里，英格兰商人都曾有自己的聚居地。美国刚刚成立时，情况与此类似。当时，几乎每家美国商店卖的都是大不列颠王国生产的商品。整个国家充斥着大不列颠王国的商品。

曾经的日子是多么快乐啊！当时的欧洲只有一个微不足道的"马克西米努斯[①]"力排众议、奋力反抗，他就是贫穷的、受迫害的、郁闷的李斯特[②]。这位宏观经济学家的学说曾启发了德意志邦联和英国的商业政策，但他最后在风雪交加中悲惨地死去。可怜的李斯特一直遭受着自己深爱的国家的无情对待——他被监禁，被流放。李斯特之所以有这样的遭遇，恰恰是因为他敢于独立思考国家的经济问题。他是英国不共戴天的敌人，但我似乎可以称他为志同道合的战友。他十分抵触英国人对德意志邦联的商业渗透，而我则非常憎恶德意志人对英国的商业渗透。

当时，李斯特担任德意志商业联盟的秘书，主张保护德意志邦联的制造商，极力反对当时德意志邦联的港口和城市采取的亲英政策。

李斯特写了如下内容：

[①] 指罗马帝国皇帝马克西米努斯·色雷克斯（Maximinus Thrax, 173—238）。他出身于蛮族，富有斗争精神。此处喻指不断奔走呼告、不轻易改变自己观点的弗里德里希·李斯特。——译者注
[②] 即弗里德里希·李斯特（Friedrich List, 1789—1846）。——译者注

英国人的卑鄙行径臭名昭著。英国政府拥有强大的、控制国外舆论的手段，只要有利于英国的商业利益，英国的秘密行动组织绝不会吝啬钱财。我们同时会发现，来自汉堡、不来梅、莱比锡和法兰克福的无数记者和社论作者组成的舆论大军会立即涌现出来，谴责德意志制造商要求统一征收保护性关税的做法为无理要求，并且用尖刻和蔑视的言语辱骂德意志制造商的经济顾问。比如，这支舆论大军会抨击某位经济顾问，说他对科学权威所述的政治经济学基本原则一无所知，或者说他不学无术，难以理解政治经济学基本原则。当时，德意志邦联内部众多学者的主流理论和意见与这支维护英国利益的舆论大军的看法基本一致。这支舆论大军操控起舆论来简直易如反掌。

现在去解读李斯特的著作绝对是一种奇特的体验，我会觉得我好像在读自己的作品，只不过一切都颠倒了过来。这种体验好像透过镜子看自己一样，只需用曼彻斯特、布拉德福德和伦敦替换掉文中的汉堡、不来梅和法兰克福即可。李斯特的著作可以很好地用于宣传英国的保护主义政策。值得注意的是，他非常隐晦地指出，德意志邦联内那些支持自由贸易的主要媒体作者可能接受了英国商人支付的报酬。他赞扬了英国的组织力，赞扬了英国政府和工业之间的相互支持，赞扬了英国商业政策具有的智慧和活力，赞扬了英国工人的节俭和高超的技能，赞扬了英国农业拥有的巨大生产力。他敬畏地注视着英国各行业的货物产量。"现在的英国，"李斯特说，"制造的钢铁制品比世界上其他国家生产的总和都要多。"当然，英国生产布匹、丝绸、皮具等的产业的确都是世界一流的。他特别痛恨英国，但不得不对其大加赞扬。他曾说过如下一段话：

结　论

英国是一个能够向所有国家提供工业制成品的世界大都市……是所有巨量资本的宝库。英国是所有国家都需要的银行机构，控制着整个世界的流通中介。通过贷款和收取利息，英国使地球上的所有人都成为其财富的来源……在内政和外交方面，在各种重大发明和大型企业的建设方面，在完善的工业流程和交通工具方面，等等，英国都是所有国家的榜样和典范。但德意志人会屈从于英国统治和英国文化吗？我们可以想一下英国人曾经是如何对待德意志人的：德意志邦联就像富兰克林曾经提到过的新泽西州（State of New Jersey），"一个被周边邻居敲打的'水桶'"……德意志人徒劳地把自己贬低到为英国人"砍柴""打水"的地步。英国人对德意志人的态度很恶劣……然而，德意志邦联的众多专家无数次传授着这样的贸易准则，即一个国家只能通过完全自由的贸易政策致富。这一准则让英国人对我们的蔑视与日俱增。

近年来，由于德意志关税同盟——当时只有部分德意志的城市加入了该同盟——实施了新的关税政策，上述情况正在好转。德意志关税同盟实施的关税政策至少阻止了国外较重货品的大量流入。

我们坦率承认，并且约翰·包令爵士也已清楚地表明，德意志关税同盟实施的新的关税政策并不像其之前声称的那样，仅仅是为了增加财政收入……我们可以确定地说，德意志人对日常用品征收了百分之二十至百分之六十的保护性关税。

这只是开始，德意志人必须采取更进一步的行动才能实现其目标。德意志人必须彻底摒弃亚当·斯密及赞同其经济主张的"世界主义学派[①]"。德意志关税同盟及其实施的关税政策是德意志后来发展壮大的基础，在"德意志关税同盟的旗帜下，德意志海军和商业船队的发展"，以及德意志统一、壮大需要的一切就变得顺理成章了。

有资料记载在《谷物法》实施期间，焦虑不安的李斯特来到伦敦，实地研究英国的政治状况。科布顿接见了他，并且得意地说："好吧，李斯特先生。这次到伦敦，我猜你肯定会改变你的看法。"李斯特对此回应道，他看到的一切使他更加坚信自己之前的观点。

两人的交锋高下立判，科布顿尽管是一个极具煽动性的政治家，但在这个问题上的认识实在是浅显无比，而当时的李斯特只不过是一个研究国际事务和历史的学者而已。回顾过去，正如我们在简短的历史回顾中看到的那样，国与国之间的贸易活动不是一种对双方都有利的交换行为，而是一种充满斗争和剥削的行为。在贸易活动中，强国通过剥削弱国获利。其中，必然有人胜利，有人失败。

从法兰西哲学体系中，亚当·斯密借用了理想世界和理想过去的概念。他用18世纪流行的小说思维进行思考，即人到底应该做高贵的野蛮人还是简单的生命体。李斯特对历史事务了如指掌，绝不会用小说思维进行思考。他了解汉萨同盟的力量源泉、汉萨同盟与伊丽莎白统治时期的英格兰王国的斗争、威尼斯和荷兰共和国的兴衰，以及英国的商业及海军政策。李斯特研究了国家之间商业斗争的所有要素，深知一个国家的政治组织和国家政策不可能脱离其经济生活，否则就会犯理念上的错误，面临实

[①] 世界主义学派认为，整个世界属于同一个理想社会，所有人类个体都是这个理想社会的成员；各成员相互尊重，共同承担自己应负的责任。——译者注

结　论

践中的灾难。

后来的历史证明李斯特主张的关税政策是正确的，但他一生抑郁不得志，还没有来得及验证他的理论观点便撒手人寰了。通过梳理从李斯特生前到现在欧洲发生的历史事件，我们可以探讨德意志帝国经济和政治的发展进程。这件事可能会很有趣，但只能在将来适当的场合再做讨论了。我们还必须指出，普鲁士王国起初是保护主义的主要障碍。后来，美国的粮食开始与普鲁士王国的粮食展开竞争，而普鲁士王国的农业利益此时才与其工业利益取得了一致。由于关税政策本身具备抵御外来商品入侵的功能，德意志关税同盟从一开始就具有贸易保护性质。俾斯麦一开始是自由贸易的支持者，后来与普鲁士容克（Prussian Junkers）一起变成了贸易保护主义者，并且在1879年将农业和制造业这两大利益群体统一起来，宣布实施贸易保护政策也有利于保护德意志帝国的农业。总之，德意志帝国工业的崛起与德意志帝国采取的保护主义政策和鼓励生产的国家政策密不可分。

任何了解经济史的人都不会认为，国家保护政策是培育制造业的唯一手段，同样不会认为，一个国家只需提高关税就可以发展国家的工业力量。李斯特将关税描述为"建立和保护国家制造业力量的主要手段"，这种说法是十分合理的。但保护性关税的实施必须有技巧，必须在专业知识的指导下使用，并且有一点已经得到了广泛认可，即在实施保护性关税的区域周边，自由贸易区域越大，保护性关税取得成功的可能性就越大。保护性关税的价值不仅在于给国内的工商业提供保护，还体现在与外国的谈判中。德意志人满怀钦佩地回顾了英国治国之道的杰作——与葡萄牙王国签订的《梅休因条约》，并且利用自己的关税政策达到了同样的目的——用德意志人生产的工业制成品交换其他国家的原材料。在商业条约涉及的商品方面，德意志人击败了英国人，并且德意志政治家手中有可以利用的筹码，而英国人什么也没有。同时，在商业及工业方面，德意志帝国击败了其他采用类似贸易保护政策的国家。这主要是因为在国家力量的其他组成方面，德意志帝国比其他国家更加强大，国家力量的利用也更加巧妙。

关税还有另一个重要的政治优势，那就是它能够统一和协调国家的内部利益。政府在特定时期会给国内的某些利益集团一定的关税优惠政策，最终使所有利益集团能够团结起来一致对外。公平地讲，英国内部的党派分歧是生产者和进口商之间的分歧：关税使权力的天平最终向生产者倾斜，这是理所应当的事。一个国家的商品生产者会完全忠于国家利益，最适合控制国家的关税政策。相比而言，以进口外国商品为生的商人或商品运输者往往会更关心商品来源国的国家利益。

因此，关税往往会创造和加强民族情感，并且以国家总体利益为中心，合理整合其他各方利益。事实上，关税是国家利益的基础所在，也是国家政策的主要武器。

然而，为了在工业实力上超越英国人，德意志人还采用了许多其他手段。对此，我们绝不能轻视。德意志人创立了能够团结公司负责人和工人的行会制度，能够调节运输业和制造业利益的出口制度，以及能够加强各行各业的合作从而占领国外市场的公司联络制度。此外，德意志人还建立了可以调节、培养和支持工业发展的银行制度，以及可以加强农业发展的贷款、购买和销售合作制度。德意志人还设立了专利法和技术教育体系，不断加大对本国商品生产者的铁路和航运补贴。这些措施十分重要，依靠帝国关税这一稳固基础来实施。德意志人做的一切效果十分明显。我们可以在战场上看出端倪。在战场上，德意志帝国使用重炮、速射枪和烈性炸药攻击对手，而英国人只能使用一些反应速度十分缓慢的轻型武器。受到重重保护的德意志帝国的工业，就像站在战壕内与对手作战的

结 论

士兵；英国的工业则像处于开阔地带，身无铠甲防护的士兵，只能奋力向前冲杀。这场战斗的胜负毫无悬念。

这就是我们经历无数痛苦吸取的教训。德意志人很早就意识到了国家垄断经济体系的重要性，而自由贸易的支持者在回顾历史时只能看到一连串令人不安的巧合。神圣罗马帝国曾一度放弃了其长期坚持的国家垄断经济体系，而英格兰王国则抓住时机，在都铎王朝的带领下，建立了同样的政治和经济体系。结果，英格兰王国逐渐走向了辉煌，而神圣罗马帝国逐渐走向灭亡。

舒尔策-盖维尼茨[①]说过如下一段话：

> 通过自由贸易，英国给我们带来的好处远大于我们两国政治对立时给我们造成的伤害。如果没有利润丰富又来者不拒的英国市场，那么德意志帝国工业进步的先锋——制糖业会出现在哪里呢？德意志帝国的纺织业和钢铁工业会出现在哪里呢？德意志帝国的新金融机构又会出现在哪里呢？在英国自由贸易政策的支持下，我们最终敢于向英国的世界强权发出挑战……因此，我们怎么能再去责怪英国人？

当前，英国和德意志帝国之间冲突激烈。为夺取世界经济主导权及海上霸权，两国互不相让。德意志帝国之所以敢于挑战英国权威，依赖的正是其实施的生产及贸易垄断政策。如今的德意志帝国实力强悍，敢于效仿汉萨同盟曾发出的自夸之词——"全世界都将被我们占领"。

---

① 即格哈特·冯·舒尔策-盖维尼茨（Gerhart von Schulze-Gävernitz, 1864—1943）。——译者注

当前，通过实施保护性关税政策，德意志帝国愈加强大，声势咄咄逼人。与此相反，由于放弃了国家保护政策，英国一蹶不振，百业萎靡。

国家安全肯定要比国家富裕更加重要。我们如果认可这一点，那么还会拒绝吸取历史教训吗？英国必须再次建立国家保护制度，保障国家制造业的安全发展；必须重新利用国家关税制度，保护国内的工农业生产。只有这样，英国才能维护国家安全，增强国家实力，最终实现国家经济的完全独立。